# Direito
administrativo
**contratual**

volume 2

Central de Qualidade — FGV Management
ouvidoria@fgv.br

SÉRIE DIREITO DO ESTADO E DA REGULAÇÃO

# Direito administrativo contratual

volume 2

Joaquim Falcão
Sérgio Guerra
Rafael Almeida
Rodrigo Vianna

Organizadores

Copyright © 2011 Joaquim Falcão, Sérgio Guerra, Rafael Almeida, Rodrigo Vianna

Direitos desta edição reservados à
EDITORA FGV
Rua Jornalista Orlando Dantas, 37
22231-010 — Rio de Janeiro, RJ — Brasil
Tels.: 0800-021-7777 — 21-3799-4427
Fax: 21-3799-4430
editora@fgv.br — pedidoseditora@fgv.br
www.fgv.br/editora

Impresso no Brasil/*Printed in Brazil*

Todos os direitos reservados. A reprodução não autorizada desta publicação, no todo ou em parte, constitui violação do copyright (Lei nº 9.610/98).

Os conceitos emitidos neste livro são de inteira responsabilidade dos autores.

1ª edição — 2011

Preparação de originais: Sandra Frank
Editoração eletrônica: FA Editoração Eletrônica
Revisão: Andrea Bivar | Sandro Gomes dos Santos
Capa: aspecto:design

**Ficha catalográfica elaborada pela
Biblioteca Mario Henrique Simonsen/FGV**

    Direito administrativo contratual / Joaquim Falcão (Org.)... [et al.]. — Rio de Janeiro: Editora FGV, 2011
    2 v. — (Direito do Estado e da regulação (FGV Management))

    Em colaboração com Sérgio Guerra, Rafael Almeida, Rodrigo Vianna.
    Publicações FGV Management.
    Inclui bibliografia.
    ISBN: 978-85-225-0858-7 (v. 1). 978-85-225-0859-4 (v. 2)

    1. Licitação pública. 2. Direito administrativo. 3. Contratos administrativos. I. Falcão, Joaquim, 1943- . II. Guerra, Sérgio, 1964- . III. Almeida, Rafael. IV. Vianna, Rodrigo. V. FGV Management. VI. Fundação Getulio Vargas. VII. Série.

                                                                               CDD — 341.3

*Nossa missão é construir uma Escola de Direito referência no Brasil em carreiras públicas e direito empresarial, formando lideranças para pensar o Brasil a longo prazo e ser referência no ensino e na pesquisa jurídica para auxiliar o desenvolvimento e avanço do país.*

**FGV Direito Rio**

# Sumário

Apresentação 11

Introdução 13

1 | Julgamento e classificação das propostas.
Tipos de licitação. Recursos administrativos.
Anulação e revogação das licitações.
Impacto da LC nº 123/2006 15
*Roteiro de estudo* 15
    Julgamento e classificação das propostas 15
    Tipos de licitação 17
    Homologação e adjudicação 22
    Recursos administrativos 24
    Anulação e revogação da licitação 34
    A sede constitucional do fomento às microempresas e empresas de pequeno porte 39
    A instituição de regras de licitação para as microempresas e empresas de pequeno porte por meio de lei complementar 39

A autonomia entre o usufruto dos benefícios
licitatórios e o usufruto do regime tributário
diferenciado 40

As inovações trazidas pela LC nº 123/2006
e seu impacto nas licitações públicas 42

A crítica à discriminação e à complexidade
que as proposituras da LC nº 123/2006
gerarão nos certames licitatórios 57

Questões de automonitoramento 59

2 | Contratação direta 61

Roteiro de estudo 61

Da obrigatoriedade de licitar 61

Contratação direta 62

Da licitação dispensada: alienação de bens da
administração (art. 17 da Lei nº 8.666/1993) 63

Da licitação dispensável
(art. 24 da Lei nº 8.666/1993) 73

Da inexigibilidade de licitação
(art. 25 da Lei nº 8.666/1993) 93

Controle das contratações diretas
(art. 26 da Lei nº 8.666/1993) 100

Questões de automonitoramento 101

3 | Aspectos gerais dos contratos 103

Roteiro de estudo 103

Origem histórica: breves reflexões 103

Contratos da administração: contratos
administrativos e contratos semipúblicos 105

Contratos administrativos 112

Aplicação do CDC aos contratos administrativos 127

Questões de automonitoramento 131

4 | **Cláusulas exorbitantes** 133
   *Roteiro de estudo* 133
   Conceito 133
   Fundamento 136
   Tipos de cláusulas exorbitantes 137
   Cláusulas exorbitantes na legislação brasileira em vigor 138
   Alteração unilateral 139
   Rescisão unilateral 149
   Controle do contrato 152
   Aplicação das sanções administrativas 154
   A inoponibilidade da exceção de contrato não cumprido pelo contratado 168
   Visão prospectiva: o futuro das cláusulas exorbitantes 170
   *Questões de automonitoramento* 173

5 | **Equilíbrio econômico-financeiro e duração dos contratos administrativos** 175
   *Roteiro de estudo* 175
   Da teoria do equilíbrio econômico-financeiro dos contratos administrativos 175
   Preço 176
   Reajuste 177
   Correção monetária 182
   Repactuação 186
   Revisão dos contratos 188
   Duração dos contratos administrativos 204
   *Questões de automonitoramento* 227

6 | **Tendências nas licitações e nos contratos** 229
   *Roteiro de estudo* 229
      Fundamento constitucional da licitação
      e sua vinculação ao princípio da eficiência 229
   *Questões de automonitoramento* 249

7 | **Sugestões de casos geradores** 251
   *Julgamento e classificação das propostas.*
   *Tipos de licitação. Recursos administrativos.*
   *Anulação e revogação das licitações.*
   *Impacto da LC nº 123/2006* (cap. 1) 251
   *Contratação direta* (cap. 2) 252
   *Aspectos gerais dos contratos* (cap. 3) 252
   *Cláusulas exorbitantes* (cap. 4) 253
   *Equilíbrio econômico-financeiro e duração*
      *dos contratos administrativos* (cap. 5) 254
   *Tendências nas licitações e nos contratos* (cap. 6) 255

**Conclusão** 257

**Referências** 259

**Organizadores** 277

**Colaboradores** 279

# Apresentação

Aliada na credibilidade de mais de meio século de excelência no ensino de economia, administração e de outras disciplinas ligadas à atuação pública e privada, a Escola de Direito do Rio de Janeiro da Fundação Getulio Vargas — FGV Direito Rio — iniciou suas atividades em julho de 2002. A criação desta nova escola é uma estratégia da FGV para oferecer ao país um novo modelo de ensino jurídico capaz de formar lideranças de destaque na advocacia e nas carreiras públicas.

A FGV Direito Rio desenvolveu um cuidadoso plano pedagógico para seu Programa de Educação Continuada, contemplando cursos de pós-graduação e de extensão. O programa surge como valorosa resposta à crise do ensino jurídico observada no Brasil nas últimas décadas, que se expressa pela incompatibilidade entre as práticas tradicionais de ensino do direito e as demandas de uma sociedade desenvolvida.

Em seu plano, a FGV Direito Rio assume o papel de formar profissionais preparados para atender às reais necessidades e expectativas da sociedade brasileira em tempos de globalização. Seus cursos reforçam o comprometimento da escola em inserir no mercado profissionais de direito capazes de lidar com áreas interdisciplinares, dotados de uma visão ampla das questões jurídicas e com sólidas bases acadêmica e prática.

A Série em Direito do Estado e da Regulação é um importante instrumento para difusão do pensamento e do tratamento dado às modernas teses e questões discutidas nas salas de aula dos cursos de MBA e de pós-graduação, focados no direito público, desenvolvidos pela FGV Direito Rio.

Desta forma, esperamos oferecer, a estudantes e advogados, um material de estudo que possa efetivamente contribuir com seu cotidiano profissional.

# Introdução

Este segundo volume dedicado ao estudo do direito administrativo contratual tem origem em profunda pesquisa e sistemática consolidação dos materiais de aula acerca de temas que despertam crescente interesse no meio jurídico e reclamam mais atenção dos estudiosos do direito. A intenção da Escola de Direito do Rio de Janeiro da Fundação Getulio Vargas é tratar de questões atuais sobre o tema, aliando a dogmática e a pragmática jurídicas.

A obra trata, de forma didática e clara, dos conceitos e princípios do direito administrativo, analisando as questões em face das condições econômicas do desenvolvimento do país e das discussões recentes sobre o processo de reforma do Estado.

O material aqui apresentado abrangerá assuntos relevantes como, por exemplo:

❑ julgamento e classificação das propostas, tipos de licitação, recursos administrativos, anulação e revogação das licitações, impacto da LC nº 123/2006;
❑ contratação direta;

- aspectos gerais dos contratos;
- cláusulas exorbitantes;
- equilíbrio econômico-financeiro e duração dos contratos administrativos; e
- tendências nas licitações e contratos.

Em conformidade com a metodologia da FGV Direito Rio, cada capítulo conta com o estudo de *leading cases* para auxiliar na compreensão dos temas. Com ênfase em casos práticos, pretendemos oferecer uma análise dinâmica e crítica das normas vigentes e sua interpretação.

Esperamos, assim, fornecer o instrumental técnico-jurídico para os profissionais com atuação ou interesse na área, visando fomentar a proposição de soluções criativas para problemas normalmente enfrentados.

# 1

Julgamento e classificação das propostas. Tipos de licitação. Recursos administrativos. Anulação e revogação das licitações. Impacto da LC nº 123/2006

**Roteiro de estudo**

*Julgamento e classificação das propostas*[1]

O julgamento das propostas é a terceira fase da licitação. Caberá à Comissão de Licitação ou ao responsável pelo convite julgar objetivamente a proposta mais vantajosa para a administração pública, de acordo com os parâmetros estabelecidos no edital, conforme prevê o art. 45, *caput*, da Lei nº 8.666/1993.

---

[1] Sobre o julgamento e classificação das propostas, emergem como questões polêmicas o conceito e a extensão do "empate", disciplinado nos arts. 44 e 45 da Lei Complementar nº 123, de 14 de dezembro de 2007. Nas licitações em que participarem microempresas ou empresas de pequeno porte, verificadas as condições estabelecidas nos ditos dispositivos, será declarado o "empate", e a estas empresas será concedido o direito de oferecer proposta inferior à considerada até então como a mais vantajosa para a administração. O tema será retomado mais adiante, em item específico sobre o impacto do Estatuto das Microempresas nas licitações públicas. De toda sorte, acerca desta questão confira-se Fernandes (s.d.).

Ademais, conforme o §1º do art. 44 da referida lei, não poderá a administração utilizar-se de qualquer elemento, critério ou fator sigiloso, secreto, subjetivo ou reservado que possa, de alguma maneira, violar o princípio da isonomia entre os licitantes.

Resta evidente, portanto, que deverá obedecer aos princípios do julgamento objetivo e da vinculação do instrumento convocatório, sob pena de a proposta ser desclassificada.

Hely Lopes Meirelles, citado por Mukai (1999:74), sintetiza:

> O julgamento das propostas é ato vinculado às normas legais e ao estabelecido no edital, pelo que não pode a Comissão desviar-se do critério fixado, desconsiderar os fatores indicados, ou considerar outros não admitidos no edital, sob pena de invalidar o julgamento.

Pode-se afirmar, então, que as vantagens oferecidas não contidas no edital deverão ser consideradas como inexistentes, uma vez que a administração pública deve se ater àquilo que está nele previsto.

Segundo Meirelles (1997:274), "o julgamento das propostas é o ato pelo qual se confrontam ofertas, classificam-se as propostas e escolhe-se o vencedor a que deverá ser adjudicado o objeto da licitação".

A fase de julgamento das propostas, de acordo com Di Pietro (2009:395), pode ser dividida em duas etapas, conforme se depreende do seguinte trecho:

> Na primeira, há a abertura dos envelopes "propostas" dos concorrentes habilitados, desde que transcorrido o prazo sem interposição de recurso ou tenha havido desistência expressa, ou após o julgamento dos recursos interpostos (art. 43, III); os envelopes são abertos em ato público previamente designado,

do qual deverá ser lavrada ata circunstanciada, assinada pelos licitantes presentes e pela Comissão; abertos os envelopes, todas as propostas serão rubricadas também pelos licitantes presentes e pela comissão (§§1º e 2º do art. 43).

Na segunda, há o julgamento das propostas, que deve ser objetivo e realizado de acordo com os tipos de licitação, os critérios previamente estabelecidos no ato convocatório e de acordo com os fatores exclusivamente nele referidos (art. 45).

Durante a análise das propostas a administração pública poderá solicitar aos licitantes a apresentação de informações, como: composição de custos, mediante planilha de todos os preços unitários ofertados, por item e subitem; marca dos materiais considerados na composição dos preços, especialmente as similares; amostra ou protótipo dos produtos cotados; informação do percentual dos benefícios e despesas indiretas (BDI) considerado na formação dos preços, quando for o caso, bem como pareceres técnicos (Ferreira et al., 2004).

Após o exame das propostas e sua compatibilidade com o edital, serão desclassificadas aquelas que não puderem atender às exigências contidas na licitação ou apresentarem preços excessivos ou com valor global superior ao limite estabelecido, ou, ainda, aquelas com preços manifestamente inexequíveis, conforme preveem os incisos I e II do art. 48 da Lei nº 8.666/1993.

Passa-se, desta forma, ao julgamento propriamente dito, de acordo com o tipo de licitação indicado no edital, como se abordará no próximo item.

## Tipos de licitação

Os tipos de licitação são os critérios de julgamento utilizados pela administração pública para seleção da proposta mais vantajosa.

A Lei nº 8.666/1993 estabeleceu, em seu art. 45, §1º, os tipos de licitação a serem utilizados, exceto na modalidade concurso. São eles: (a) menor preço; (b) melhor técnica; (c) técnica e preço; (d) maior lance ou oferta.

A regra geral das licitações no Brasil é a do tipo "menor preço", que leva em consideração o preço como único fator de julgamento, uma vez que classifica as propostas de acordo com preço apresentado.

Assim, pelo tipo "menor preço" entende-se aquele utilizado para compras e serviços de modo geral, nos casos indicados em decreto do Poder Executivo.

Ressalte-se que os produtos de informática seguirão o tipo de melhor "técnica e preço", conforme prevê o art. 45, §4º, da Lei nº 8.666/1993 (art. 3º, incisos I e II, e §2º da Lei nº 8.248/1991).

No entanto, leciona Justen Filho (2009:597):

> O dispositivo perdeu (se é que algum dia teve) sua razão de ser. Com a evolução e o progresso, os bens de informática inseriram-se no processo de produção em massa. Perderam suas especificidades. Isso significa que, tal como se passa com a maior parte dos produtos, os bens e serviços de informática podem ser distinguidos em duas categorias fundamentais. Há os padronizados, disponíveis facilmente no mercado, e há os dotados de peculiaridades e especificidades. [...] Ora, é evidente que essa espécie de bens e serviços não demanda licitação de técnica e preço, eis que não há sequer possibilidade de cogitação de variação técnica apta a satisfazer de modo mais adequado o interesse sob tutela do Estado. Aliás, o reconhecimento da procedência do raciocínio conduziu à possibilidade de utilização de pregão para a contratação nessa área.

Neste mesmo sentido, firmou entendimento a Procuradoria Geral do Estado do Rio de Janeiro, em seu Enunciado nº 11:

Para a aquisição de bens e serviços de informática já padronizados no mercado, poderá a administração pública Estadual adotar a licitação do tipo menor preço, tendo em vista que o art. 45, §4º, da Lei nº 8.666/1993 não se enquadra no conceito de norma geral.[2]

Conforme prevê o inciso IV do art. 43 da Lei nº 8.666/1993, deve-se observar se o preço é compatível com o corrente no mercado e que não haja óbice em contratar com base nele.

Assim, deverá ser verificado se a proposta atende às condições estabelecidas no edital e se o preço ofertado é o mais vantajoso, não podendo ser nem excessivo, nem inexequível, sob pena de desclassificação.

Nesse sentido, Sundfeld (1994:150) chegou a sustentar que "o menor preço é não o numericamente inferior, mas o que, sendo-o, ao mesmo tempo apresenta-se, como justo, porque compatível com o do mercado, e exequível, por permitir a fiel e integral execução".

De acordo com o art. 45, §3º, da Lei nº 8.666/1993, a classificação entre os licitantes no tipo "menor preço" se fará pela ordem crescente dos preços propostos. Em caso de empate, e após obedecido o disposto em seu art. 3º, §2º, a classificação se fará, obrigatoriamente, por sorteio, em ato público, como prevê o §2º do art. 45 do mesmo diploma legal.

O segundo tipo de licitação é o de "melhor técnica". Este, por sua vez, visa dar maior relevância aos fatores de ordem técnica, sem, no entanto, desprezar a questão do menor preço.

Conforme prevê o art. 46, *caput*, da Lei nº 8.666/1993, os tipos "melhor técnica" e melhor "técnica e preço" são

---

[2] Enunciado nº 11 da PGE-RJ, publicado no *Diário Oficial do Estado do Rio de Janeiro* em 18-11-2004.

utilizados exclusivamente para serviços de natureza predominantemente intelectual, em especial na elaboração de projetos, cálculos, fiscalização, supervisão e gerenciamento e de engenharia consultiva em geral e, em particular, para a elaboração de estudos técnicos preliminares e projetos básicos e executivos.

A regra do tipo de licitação "menor preço" será afastada nas hipóteses previstas no §3º do art. 46 da lei em tela, quando a obra, prestação de serviços ou fornecimento de bens necessitar de "tecnologia nitidamente sofisticada e de domínio restrito, atestado por autoridades técnicas de reconhecida qualificação", assim como nas hipóteses de serviços de natureza intelectual. Ademais, será utilizado quando a Comissão de Licitação constatar que o objeto pretendido não possa variar em fatores relevantes, como preço, qualidade, garantia, rendimento, entre outros (Rigolin, 1999:200).

O procedimento a ser seguido pelo tipo "melhor técnica", conforme exposto, não despreza a questão do menor preço, uma vez que se processa em três fases, com três envelopes,[3] contendo cada qual: documentos referentes à habilitação, proposta técnica e proposta de preços. Ressalte-se que a abertura dos envelopes deve manter a ordem acima.

Com efeito, após a habilitação e a decisão dos recursos porventura interpostos, passa-se à abertura dos envelopes referentes à proposta técnica, a qual deverá estar de acordo com os parâmetros fixados no edital. Uma vez obedecidas as condições, e após estabelecida a classificação quanto à técnica, serão abertos os envelopes com as propostas de preço.

---

[3] De acordo com Ivan Barbosa Rigolin, quando se tratar de *compras*, nos casos do §3º do art. 46 da Lei nº 8.666/1993, não existirá habilitação, devendo o certame ser procedido a partir da abertura das propostas. Afora essa exceção, três envelopes serão necessários.

Por conseguinte, o vencedor em técnica será consultado sobre aceitar (ou não) realizar a contratação com base na proposta de menor preço. Não aceitando, a administração indagará ao segundo classificado em técnica, e assim por diante, até que algum dos classificados aceite fornecer o que propôs pelo menor preço oferecido. Relevante destacar entendimento de Souto (2004a:202):

> Para a licitação de "melhor técnica", criou-se uma dinâmica toda especial para fechar o valor da contratação, firmando-se negociação com o proponente da melhor técnica com base no menor preço oferecido, que, restando frustrada, implicaria a convocação dos demais licitantes, observada a ordem de classificação técnica. Acaba por ocorrer de, na licitação de melhor técnica, não ser a melhor proposta técnica a ser escolhida (art. 46, §1º, III).

Desta forma, conclui-se que, não obstante a classificação quanto à melhor técnica, deverá o primeiro classificado se ater ao menor preço proposto entre os então classificados para ter o objeto adjudicado pela administração pública.

O terceiro tipo de licitação é o de melhor "técnica e preço". Trata-se do critério de julgamento em que a proposta mais vantajosa é a escolhida com base na média ponderada, considerando as notas obtidas nas propostas de preço e de técnica.

Consoante o §2º do art. 46 do Estatuto de Licitações e Contratos Administrativos, o procedimento para a escolha da proposta mais vantajosa no tipo "técnica e preço" será semelhante ao da "melhor técnica", até o momento em que são abertos os envelopes referentes aos preços. Após a abertura dos envelopes que contêm as propostas de preços, como ensina Mukai (1999:74), serão classificados os proponentes "de acordo com a média ponderada das valorizações das propostas técnicas e de preço, de acordo com os pesos preestabelecidos no instrumento convocatório".

Embora previsto na Lei nº 8.666/1993, art. 45, §1º, inciso IV, o quarto tipo de licitação não é descrito como os demais. Trata-se do tipo "maior lance ou oferta", também chamado de maior preço. É o tipo de licitação utilizado nos casos de alienação de bens ou concessão de direito real de uso. Nas palavras de Rigolin (1995:179), "sempre que a Administração deseje vender bens, como nos leilões ou nas concorrências para venda de imóveis caros, ocasiões em que lhe interessa obter não o menor preço, mas o maior".

Por fim, segundo Normando (1996:179-183),

> com a edição da Lei 8.666/1993, foi extinto o tipo de licitação de preço-base, previsto no art. 37 do derrogado Dec.-lei nº 2.300, de 1986. Ademais, a novel legislação vedou que o administrador criasse outro tipo de licitação (art. 45, §5º).

## Homologação e adjudicação

A homologação é o ato pelo qual a autoridade competente ratifica o resultado do julgamento apresentado pela Comissão de Licitação e o aprova, para que produza os efeitos jurídicos necessários.[4]

Assim, deverá a autoridade competente homologar o resultado quando verificada a legalidade dos atos praticados na licitação, bem como a conveniência da contratação do objeto da licitação.

---

[4] Cabe transcrever os seguintes efeitos jurídicos da adjudicação homologada, apontados por Meirelles (apud Souto, 2004a:208-209): "aquisição do direito de contratar com a Administração nos termos em que o adjudicatário venceu a Licitação; a vinculação do adjudicatário a todos os encargos estabelecidos no edital e aos prometidos na proposta; sujeição do adjudicatário às penalidades previstas no edital se não assinar o contrato no prazo e condições estabelecidas; impedimento de a Administração contratar o objeto licitado com qualquer outro que não seja o adjudicatário".

Ocorre que, sendo verificada alguma irregularidade, deverá o procedimento ser anulado ou revogado por razões de interesse público, mediante decisão fundamentada da autoridade competente, consoante prevê o art. 49 da Lei nº 8.666/1993. Note-se que a autoridade competente para a realização da homologação é diversa da Comissão de Licitação. Esta última tem competência para julgar as propostas, sendo certo que, após esta fase, os autos são remetidos à autoridade superior, que averigua se a comissão classificou corretamente as propostas, bem como se a proposta vencedora foi a mais vantajosa.

Estritamente ligada à homologação está a fase da adjudicação. Nas palavras de Mello (2004:559), adjudicação "é o ato pelo qual a promotora do certame convoca o vencedor para travar o contrato em vista do qual se realizou o certame".

Frise-se que, mesmo após a adjudicação do objeto licitado, pode a administração pública, de acordo com os critérios de conveniência e oportunidade, optar por não realizar a sua contratação. Assim, restou configurado no Mandado de Segurança nº 4.513/DF:

> É incontroverso na doutrina na jurisprudência que a adjudicação do objeto da licitação ao licitante vencedor confere mera expectativa de direito de contratar, submetendo-se ao juízo de conveniência e oportunidade da administração pública a celebração do negócio jurídico.[5]

Neste sentido, salienta Moreira Neto (2003b:154):

> O direito adquirido pelo adjudicatário *não é o contrato*, mas a *preferência na contratação*. A Administração poderá deixar de

---

[5] Processo nº 1996/0021490-5. Relator: ministro Vicente Leal. Data de publicação/fonte: DJ de 4-9-2000, p. 114.

contratar, mas, se o fizer, não poderá ser com outro que não o licitante vitorioso [grifos nossos].

Relevante destacar que, para grande parte dos doutrinadores,[6] a homologação antecede a adjudicação, sendo ambas realizadas pela autoridade superior. Entretanto, outros, como Figueiredo (1998:430) e Sundfeld (1994:168), em sentido contrário, sustentam que, por força do art. 38, inciso VII, da Lei nº 8.666/1993, a adjudicação é ato anterior à homologação. Sundfeld ressalta ainda que a adjudicação é ato da comissão, e não da autoridade superior. No entanto, vale lembrar que o art. 43, inciso IV, do Estatuto de Licitações e Contratos prevê expressamente que os atos de homologação e de adjudicação são de competência exclusiva da autoridade superior à comissão.

No que se refere à modalidade "pregão", criada pela Lei nº 10.520, de 17 de julho de 2002, a fase da adjudicação é anterior à da homologação, pela natureza da mencionada modalidade, o que confere mais praticidade e celeridade ao seu procedimento.

## Recursos administrativos

Sustentado pela previsão constitucional do art. 5º, incisos XXXIV, "a", e LV, o art. 109 da Lei nº 8.666/1993 disciplina o procedimento de interposição de recursos administrativos contra decisões e atos praticados no processo licitatório.

Para um conceito de recurso administrativo, confira-se o elaborado por Meirelles (2006:180):

> Recurso administrativo, em sentido amplo, é todo meio de provocação de revisão interna dos atos ou decisões da Adminis-

---

[6] Di Pietro (2009:399); Mello (2004:559); Justen Filho (2009:577-578).

tração; em sentido restrito, é a via específica para a correção de ato ou decisão inferior pelo superior hierárquico. Os recursos em sentido amplo abrangem a *representação*, nos casos em que não caiba *recurso hierárquico* e o pedido de *reconsideração* (art. 109, I a III) [grifos do autor].

Os referidos recursos administrativos devem ser interpostos no prazo de cinco dias úteis,[7] por escrito, a contar da publicação na imprensa oficial ou da lavratura da ata de reunião onde foi divulgada a decisão.[8]

A respeito do prazo para a interposição de recurso administrativo e do dever que a administração tem de facilitar a ampla defesa do interessado, vale colacionar algumas manifestações do Superior Tribunal de Justiça:

> Mandado de Segurança. Administrativo. Exploração do serviço de radiodifusão sonora. Concorrência pública. Habilitação desconstituída. Recurso administrativo hierárquico. Prazo. Afirmação de intempestividade. Conhecimento negado. Lei nº 8.666/1993 (arts. 109, I, 110 e §5º). Lei nº 9.648/1998. Edital 21/SFO/MC.
>
> 1. Nenhum prazo de recurso administrativo inicia-se ou corre sem que os autos do processo estejam com vista franqueada ao interessado (art. 109, §5º, Lei nº 8.666/1993). Se a Administração, por deliberação *interna corporis*, obstaculiza o conhecimento direto do processo, dificultada a ampla defesa, consubstanciado

---

[7] Salvo no caso de pedido de reconsideração, hipótese na qual o prazo é de 10 dias úteis, na forma do art. 109, III, da Lei nº 8.666/1993.
[8] A respeito da contagem do prazo, é de se conferir a disciplina da Lei nº 8.666/1993: "Art. 110. Na contagem dos prazos estabelecidos nesta Lei, excluir-se-á o dia do início e incluir-se-á o do vencimento, e considerar-se-ão os dias consecutivos, exceto quando for explicitamente disposto em contrário.
Parágrafo único. Só se iniciam e vencem os prazos referidos neste artigo em dia de expediente no órgão ou na entidade."

motivo extraordinário, assegura-se a contagem do prazo a partir da *franquia*. Sem prejuízo da regra geral excluindo o dia do início e incluindo-se o do vencimento (art. 110, Lei ref.).

2. Descogitada a prescrição ou a decadência na via judicial eleita (art. 18, Lei nº 1.533/1951) e afastada a preclusão na via administrativa, afirmada a tempestividade, edifica-se o direito líquido e certo do administrado recorrer hierarquicamente à autoridade competente, assegurado o processamento e decisão.

3. Segurança concedida.[9]

Administrativo. Licitação. Concorrência para a concessão se serviços se radiodifusão e imagens. Habilitação. Recursos tempestivos. Representações apresentadas sem vista da parte contrária. Mandado de Segurança parcialmente procedente.

Na interposição de recurso administrativo a Comissão de Licitação deve franquear à parte recorrida vista do processo. Inteligência do art. 109, §5º, da Lei nº 8.666/1993.

Mandado de Segurança parcialmente concedido para declarar nulos os atos posteriores à interposição das Representações.[10]

Já quanto à forma de interposição do recurso, é de suma importância considerar-se a realidade moderna e os avanços tecnológicos experimentados.

Dessa feita, tem sido admitida, muitas vezes, a interposição de recursos mediante fax, e-mail e outros meios eletrônicos. É de se observar, a respeito, que cumprirá ao edital dispor acerca de quais serão os meios aceitos para a interposição de recurso administrativo.

---

[9] MS nº 6048/DF. Primeira Seção. Relator: ministro Milton Luiz Pereira. Data de publicação/fonte: *DJ* de 5-6-2000, p. 101.
[10] MS nº 7106/DF. Primeira Seção. Relator: ministro Francisco Falcão. Data de publicação/fonte: *DJ* de 17-9-2001, p. 101.

Lima (2006:68) traz à tona o fundamento da admissão desses novos meios de veiculação dos recursos administrativos:

> Nesse contexto, tem sido aceita a interposição de recursos administrativos enviados por fax, desde que depois apresentados em originais. Isso decorre de aplicação analógica da Lei nº 9.800, de 26 de maio de 1999, que em seu art. 1º permite "às partes a utilização de sistema de transmissão de dados e imagens tipo fac-símile ou outro similar, para a prática de atos processuais que dependam de petição escrita".

Na forma do art. 109, §2º, da Lei nº 8.666/1993, os recursos que tenham por objeto a habilitação ou inabilitação de licitante, ou o julgamento de propostas, terão, além do efeito devolutivo característico, o efeito suspensivo. O mesmo parágrafo do art. 109 reserva, ainda, a faculdade de se conferir efeito suspensivo aos recursos que envolvam outras hipóteses que não as anteriormente referidas, desde que de forma motivada e presentes razões de interesse público (conceito jurídico indeterminado a ser administrativamente integrado em cada caso concreto).

Souto (1998a:352) respalda a característica de, em geral, os recursos administrativos não possuírem efeito suspensivo, na presunção de legalidade dos atos administrativos:

> Ao contrário do que ocorre no processo civil, a regra é que os recursos não tenham efeito suspensivo, o que significa dizer que o ato recorrido é imediatamente exeguível, ainda que sub judice. Isso nada mais é do que uma consequência da presunção de legalidade que milita em favor dos atos administrativos.

Na visão de Meirelles (2006:181-182), do efeito suspensivo do recurso administrativo advêm algumas consequências:

O recurso administrativo com efeito suspensivo produz de imediato, a nosso ver, duas consequências fundamentais: o impedimento da fluência do prazo prescricional e a impossibilidade jurídica de utilização das vias judiciárias para ataque ao ato pendente de decisão administrativa.

[...]

Somente após o pronunciamento final da Administração, tornando o ato exequível e estável, é que há lugar para o controle judicial da legalidade da decisão administrativa definitiva. Poderá, entretanto, a parte interessada na apreciação judicial abrir mão do recurso hierárquico para obter a operatividade do ato administrativo a ser submetido à decisão da Justiça comum. O que nos afigura juridicamente inconciliável é a concomitância do recurso administrativo com efeito suspensivo e do procedimento judicial objetivando o mesmo pronunciamento de invalidade do ato recorrido.

Lima (2006:69) endossa tais colocações e tece mais algumas orientações:

> A interposição de recurso administrativo não obsta que a licitante, considerando a urgência e a gravidade da situação, possa formular de imediato uma representação junto ao respectivo tribunal de contas ou buscar no Poder Judiciário amparo ao seu direito, cabendo ponderar, no caso concreto, sobre a conveniência de fazê-lo.
> 
> Isso é importante porque, em regra, se há efeito suspensivo no recurso administrativo, podem ser prejudicadas as outras iniciativas, por exemplo, como o uso do mandado de segurança, uma vez que o ato administrativo considerado ilegal ainda não estará dotado de caráter definitivo, ou seja, ainda não estará confirmado pela autoridade administrativa superior. Nessa hipótese, aliás, existe vedação expressa do art. 5º, inciso I, da Lei nº 1.533/1951, ou seja, não se admitindo mandado de se-

gurança contra ato do qual caiba recurso administrativo com efeito suspensivo.

Por fim, nos termos da Súmula nº 429 do Supremo Tribunal Federal, somente nos casos de omissão da autoridade é que se pode impetrar mandado de segurança quando houver recurso administrativo com efeito suspensivo.

Quanto à resposta ao recurso administrativo interposto, deve ser fundamentada e proferida em prazo razoável, sob pena de prejudicar o direito à ampla defesa e agravar ainda mais a situação da qual se recorre.

Veja-se a seguinte passagem de Lima (2006:69):

> A resposta do recurso administrativo precisa ser necessariamente fundamentada porque será em face da fundamentação utilizada que a empresa decidirá se formulará a representação administrativa interna, se formulará já uma representação junto ao tribunal de contas ou se adotará determinada medida judicial.
> Em suma, o agente público que não responde o recurso administrativo no tempo estabelecido e com a devida fundamentação acaba por prejudicar a garantia constitucional da ampla defesa da empresa licitante, o que torna o ato ilegal mais grave ainda.

Além disso, é de se notar a tendência doutrinária de não entender possível a *reformatio in pejus* quando da decisão do recurso administrativo, ressalvado o disposto no art. 64, parágrafo único, da Lei nº 9.784/1999, aplicável supletivamente quando se tratar de licitação em âmbito federal.[11]

---

[11] "Art. 64. O órgão competente para decidir o recurso poderá confirmar, modificar, anular ou revogar, total ou parcialmente, a decisão recorrida, se a matéria for de sua competência. Parágrafo único. Se da aplicação do disposto neste artigo puder decorrer

Representando essa tendência doutrinária, importa destacar o entendimento de Ferraz e Dallari (2001:155), lastreado em decisão do STJ:

> A tutela da ampla defesa envolve a possibilidade de, sem ser surpreendida, a parte rebater acusações, alegações, argumentos ou interpretações tais como dialeticamente postos, para evitar sanções ou prejuízos. Ver sua posição agravada sem contraditório, quando sequer houve recurso da parte contrária, é validar a restrita defesa, e não a ampla defesa de que cuida a Constituição. E é, também, fazer letra morta dos princípios da isonomia e da boa-fé (assim se pronunciou o STJ no MS nº 6.478/DF, rel. min. Jorge Scartezzini, *DJU* 29-5-2000, p. 110). Nem se diga que a repulsa à *reformatio in pejus* poderia conduzir à consolidação de ilícitos absolutos ou à fuga à verdade material: o que se defende é a impossibilidade do agravamento sem recurso (ao menos adesivo) da Administração ou sem se abrir margem ao precedente contraditório, na relação processual administrativa; mas a decisão do Estado-juiz poderá indicar o cabimento do enquadramento mais severo, daí podendo o Estado-administração vir a praticar os atos que entenda necessários e/ou convenientes, sem sacrifícios das tutelas constitucionais básicas, antes lembradas.

Tema interessante é o que toca à possibilidade de o autor de um recurso administrativo dispor (ou abrir mão) dele durante o seu processamento, fazendo restar extinto o processo administrativo em que tramita, sem julgamento do mérito.

---

gravame à situação do recorrente, este deverá ser cientificado para que formule suas alegações antes da decisão."

É de se observar, contudo, que a questão da disponibilidade dos recursos administrativos deve ser temperada, tendo em vista a natureza dos interesses envolvidos no recurso.

Uma vez que um recurso no procedimento licitatório veicule certo interesse disponível de seu autor, não haverá maiores questionamentos, sendo de se afirmar possível a renúncia a esse recurso, havendo, inclusive, previsão legal neste sentido.[12]

Por outra via, caso o recurso interposto veicule questões de ordem pública, cessa, para seu autor, a possibilidade de renúncia. Tanto se dá devido ao poder de autotutela da administração, assim como do mandamento de que esta se paute pelo princípio da legalidade, de modo que, em se tratando de questão de ordem pública, pouco importa por que meio tal questão foi posta aos olhos da administração. Ela deve perquirir a apuração da ilicitude apontada.[13]

Nesse sentido, é de se conferir a lição de Bruno (2005:159):

> Apesar de expressa previsão legal de desistência da tramitação do recurso, incumbe à autoridade ou mesmo à Comissão de Licitações verificar se o recurso é embasado em descumprimento de lei.
>
> Na hipótese do descumprimento de mandamento de ordem pública, assume o recurso caráter de indisponibilidade, eis que

---

[12] Tanto se pode extrair, inclusive, do disposto no art. 43, III, da Lei nº 8.666/1993:
"Art. 43. A licitação será processada e julgada com observância dos seguintes procedimentos:
[...]
III – abertura dos envelopes contendo as propostas dos concorrentes habilitados, desde que transcorrido o prazo sem interposição de recurso, ou tenha havido desistência expressa, ou após o julgamento dos recursos interpostos;"
[13] Nesse ínterim, vejam-se os enunciados nº 346 e nº 473 da súmula do STF:
"346. A administração pública pode declarar a nulidade dos seus próprios atos."
"473. A administração pode anular seus próprios atos, quando eivados de vícios que os tornam ilegais, porque deles não se originam direitos; ou revogá-los, por motivo de conveniência ou oportunidade, respeitados os direitos adquiridos, e ressalvada, em todos os casos, a apreciação judicial."

à Administração Pública cabe zelar pelo estrito cumprimento à legalidade dos atos administrativos, ensejando a obrigatoriedade em verificar a ocorrência da ilegalidade denunciada devendo, em caso positivo, conhecer do recurso e acolhê-lo por suas razões determinando a anulação da decisão guerreada.

Cumpre ainda observar que, conforme dispõe o §3º do art. 109 da Lei nº 8.666/1993, havendo recurso interposto por algum dos licitantes, os demais deverão ser comunicados, para que possam impugná-lo no prazo de cinco dias úteis.[14]

É preciso ressaltar também que, além do recurso administrativo propriamente dito (recurso hierárquico), há os recursos administrativos em sentido amplo (representação e pedido de reconsideração), previstos nos incisos II e III do art. 109 da Lei nº 8.666/1993.

A representação, prevista no art. 109, II, da Lei nº 8.666/1993, deverá ser interposta no prazo de cinco dias úteis, contados da intimação da decisão relacionada com o objeto da licitação ou do contrato de que não caiba recurso hierárquico.[15]

Tem por finalidade ampliar o controle da administração.

---

[14] Advirta-se, por relevante, que o PLC nº 32/2007, que pretende alterar dispositivos da Lei nº 8.666/1993, pode vir a modificar, profundamente, a sistemática recursal, reduzindo o prazo para a interposição de recursos – de cinco para dois dias úteis.

[15] A representação do art. 109, II, não deve ser confundida com a representação ao Tribunal de Contas, prevista no art. 113, §1º, ambos da Lei nº 8.666/1993. Enquanto aquela possui caráter de recurso destinado à autoridade superior, esta, prevista no §1º do art. 113, deve ser utilizada para acionar as cortes de contas a se manifestarem a respeito de ilegalidade em licitação ou contrato celebrado pela administração. Confira-se o art. 113, §1º:

"Art. 113. O controle das despesas decorrentes dos contratos e demais instrumentos regidos por esta Lei será feito pelo Tribunal de Contas competente, na forma da legislação pertinente, ficando os órgãos interessados da Administração responsáveis pela demonstração da legalidade e regularidade da despesa e execução, nos termos da Constituição e sem prejuízo do sistema de controle interno nela previsto.

§1º Qualquer licitante, contratado ou pessoa física ou jurídica poderá representar ao Tribunal de Contas ou aos órgãos integrantes do sistema de controle interno contra irregularidades na aplicação desta Lei, para os fins do disposto neste artigo."

Souto (1998a:352-353) exemplifica as hipóteses de sua aplicação:

> Cabível contra decisões não atacáveis através de recurso; são as várias decisões proferidas no curso da licitação, com ela relacionadas, tais como indeferimento de provas e diligências, contra os termos do edital, como definição e especificações do objeto, condições de participação etc., providências decorrentes da fiscalização, como agilização, refazimento ou complementação do objeto, afastamento de empregados do contratado, suspensão do contrato, ou mesmo outras situações como o recurso da decisão que julga um recurso.

Já o pedido de reconsideração, previsto no art. 109, III, da Lei nº 8.666/1993, é formulado em face da própria autoridade que emitiu o ato objeto de impugnação.

O referido artigo se refere à possibilidade de elaboração de pedido de esclarecimento apenas tendo por objeto atacar a aplicação de declaração de inidoneidade, sendo dirigido a ministros ou secretários. Essa disposição, contudo, é temperada pelos ensinamentos de Souto (1998a:353-354):

> O fato de o Estatuto só ter mencionado como fato motivador do pedido de reconsideração a aplicação de pena de declaração de inidoneidade não significa que não caiba tal pedido de outras decisões. Qualquer autoridade pode ser provocada a reconsiderar sua decisão, ainda que (como no processo civil) tal pedido não suspenda a execução do ato ou prazo para interposição do recurso ou a prescrição.
> Por fim, inerente ao dever de direção geral da Administração, sempre caberá a provocação do Chefe do Poder Executivo para modificação de decisões de Ministro ou Secretário do Estado, ainda que aí o controle seja mais político que técnico.

Aliás, quanto à parte final do art. 109, III, da Lei nº 8.666/1993, Gasparini (2006:632) desfere a crítica que segue:

> Cremos inconstitucional a parte do dispositivo em apreço que atribui a secretários a decisão desse recurso no âmbito dos demais entes federados (Estado, Distrito Federal, Município) por ser matéria de direito administrativo. Atribuir competências dessa natureza a agentes de tais entidades não é certamente da alçada da União, pois se reconhece a essas entidades plena autonomia para dispor sobre o regime de seus servidores, onde se inclui o rol de competência de cada um. A regra só obriga a Administração Pública federal direta e indireta.

## Anulação e revogação da licitação

Tanto a anulação quanto a revogação consistem em hipóteses de invalidação do procedimento licitatório.

Decorrem do poder/dever de autotutela da administração e da obediência que esta deve aos princípios da legalidade e da supremacia do interesse público, entre outros.

A disciplina da anulação e da revogação da licitação encontra-se afixada no art. 49 da Lei nº 8.666/1993, o que se revela, por sua vez, conforme com o Enunciado nº 473 da súmula do egrégio STF.

Meirelles (2006:175) diferencia os conceitos de anulação e revogação da licitação nos termos que seguem:

> Anulação é a invalidação da licitação ou do julgamento por motivo de ilegalidade; revogação é a invalidação da licitação por interesse público, embora regular seu procedimento.
> Anula-se o que é ilegítimo; revoga-se o que é legítimo, mas inoportuno ou inconveniente ao interesse público.

Dessa maneira, o que diferencia a anulação da revogação é o motivo/fundamento para a ocorrência de cada uma delas, além do fato de a revogação só poder se dar pela própria administração, enquanto a anulação pode se dar tanto pela administração quanto por manifestação do Poder Judiciário.

Enquanto a anulação se justifica na existência de uma ilegalidade no processo licitatório, a revogação se deve, nos termos do art. 49, *caput*, da Lei nº 8.666/1993, a "razões de interesse público decorrente de fato superveniente devidamente comprovado, pertinente e suficiente para justificar tal conduta".

Em virtude do tipo de justificativa que enseja a anulação (ilegalidade), é possível que ela seja integral ou, ainda, que se proceda apenas quanto a um ato inserido no procedimento licitatório, desde que o referido ato não tenha dado causa, consequentemente, a outras nulidades, o que importaria a necessidade de anular os atos subsequentes também.

No entender de Meirelles (2006:177), contudo, a afirmação não procede quando se está tratando da revogação:

> Diversamente do que ocorre com a anulação, que pode ser total ou parcial, não é possível a revogação de um simples ato do procedimento licitatório, como o julgamento, por exemplo. Ocorrendo motivo de interesse público que desaconselhe a contratação do objeto da licitação, é todo o procedimento que se revoga.

Veja-se que, apesar de as justificativas para a ocorrência da revogação e da anulação serem diversas, há aqui importante ponto comum, que é a necessidade do advento de uma justificativa. Trata-se de justa causa que deve ser devidamente demonstrada, até mesmo para que se assegure o direito de defesa, conforme preleciona o art. 5º, LV, da CF/88.

O STF, aliás, já se manifestou ressaltando o dever de observância, pela administração pública, do direito ao contraditório e à ampla defesa nos casos de anulação e revogação do processo licitatório. Confira-se o julgado abaixo:

> Agravo regimental no recurso extraordinário. Constitucional. Anulação de licitação pública. Contratos. Processo administrativo. Garantia do direito adquirido e do ato jurídico perfeito. A Administração pode anular seus próprios atos, quando eivados de vícios que os tornem ilegais, ou revogá-los, por motivo de conveniência ou oportunidade, respeitados os direitos adquiridos. Súmula nº 473/STF. Processo administrativo e garantia da ampla defesa. Inobservância. Agravo regimental não provido.[16]

Confira-se, também, a ementa do Mandado de Segurança nº 23.550/DF:

> I. Tribunal de Contas: competência: contratos administrativos (CF, art. 71, IX e §§1º e 2º). O Tribunal de Contas da União — embora não tenha poder para anular ou sustar contratos administrativos — tem competência, conforme o art. 71, IX, para determinar à autoridade administrativa que promova a anulação do contrato e, se for o caso, da licitação de que se originou.
> II. Tribunal de Contas: processo de representação fundado em invalidade de contrato administrativo: incidência das garantias do devido processo legal e do contraditório e ampla defesa, que impõem assegurar aos interessados, a começar do particular contratante, a ciência de sua instauração e as intervenções

---

[16] RE-AgR nº 342593/SP. Relator: ministro Maurício Corrêa. Órgão julgador: Segunda Turma. Data do julgamento: 17-9-2002. Data da publicação/fonte: *DJ* de 14-11-2002, p. 51.

cabíveis. Decisão pelo TCU de um processo de representação, do que resultou injunção à autarquia para anular licitação e o contrato já celebrado e em começo de execução com a licitante vencedora, sem que a essa sequer se desse ciência de sua instauração: nulidade. Os mais elementares corolários da garantia constitucional do contraditório e da ampla defesa são a ciência dada ao interessado da instauração do processo e a oportunidade de se manifestar e produzir ou requerer a produção de provas; de outro lado, se impõe a garantia do devido processo legal aos procedimentos administrativos comuns, a fortiori, é irrecusável que a ela há de submeter-se o desempenho de todas as funções de controle do Tribunal de Contas, de colorido quase jurisdicional. A incidência imediata das garantias constitucionais referidas dispensariam previsão legal expressa de audiência dos interessados; de qualquer modo, nada exclui os procedimentos do Tribunal de Contas da aplicação subsidiária da lei geral de processo administrativo federal (Lei nº 9.784/1999), que assegura aos administrados, entre outros, o direito a "ter ciência da tramitação dos processos administrativos em que tenha a condição de interessado, ter vista dos autos (art. 3º, II), formular alegações e apresentar documentos antes da decisão, os quais serão objeto de consideração pelo órgão competente". A oportunidade de defesa assegurada ao interessado há de ser prévia à decisão, não lhe suprindo a falta a admissibilidade de recurso, mormente quando o único admissível é o de reexame pelo mesmo plenário do TCU, de que emanou a decisão.[17]

Em virtude dessa necessidade de justificativa, que vincula e condiciona a ocorrência tanto da anulação quanto da revogação da licitação, nem uma nem outra pode ser considerada ato

---

[17] MS nº 23.550/DF. Relator: ministro Marco Aurélio. Relator para acórdão: ministro Sepúlveda Pertence. Pleno. Data de publicação/fonte: DJ de 31-10-2001, p. 6.

discricionário do administrador, sob pena de restar caracterizada sua arbitrariedade.[18] Na revogação, em específico, apenas a valoração do interesse público reside ao alcance do administrador (Meirelles, 2006:179-180).

Como as hipóteses de anulação e revogação da licitação estão previstas em lei, não se faz necessário que o edital veicule que a administração poderá fazê-lo.

É de se ressalvar, contudo, que não pode o edital conter cláusula alegando a isenção do dever de indenizar que pende sobre a administração em certos casos de revogação ou anulação da licitação. Trata-se de dispositivo diretamente conflitante com o previsto no art. 59, parágrafo único, da Lei nº 8.666/1993, para as hipóteses que este colaciona.

Por fim, merece referência, na jurisprudência do STF, julgado de relatoria do ministro Francisco Rezek, em que procedeu à distinção de interesse legítimo e direito subjetivo do licitante:

> Mandado de Segurança. Pressuposto. Subjetivo. Interesse legítimo. Critérios distintivos. Doutrina. Licitação. Direito a adjudicação. Adjudicar não é contratar. Não se confundem o direito à adjudicação com o eventual direito de contratar. O vencedor da concorrência, em hipótese onde sua proposta reponta, segundo

---

[18] A propósito, contudo, veja-se o seguinte entendimento do STF que, a nosso ver, parece ter incorrido em erro técnico ao caracterizar como discricionária a revogação do certame:
"Administração pública. Ato administrativo. Licitação. Concessão de exploração do serviço de radiodifusão de sons e imagens em certa cidade. Revogação do processo licitatório antes do início da fase de qualificação das propostas. Licitude. Interesse público declarado e reconhecido. Superveniência de fatores que recomendavam a prática do ato discricionário. Inexistência de ofensa a direito subjetivo dos concorrentes habilitados. Não incidência do art. 5º, LV, da CF, nem do art. 49, §3º, da Lei nº 8.666/1993. Mandado de segurança denegado. É lícito à administração pública, com base em fatos supervenientes configuradores do interesse público, revogar motivadamente, mas sem audiência dos concorrentes habilitados, procedimento de licitação antes do início da fase de qualificação das propostas" (RMS nº 24.188/DF. Relator: ministro Cezar Peluso. Segunda Turma. Data de publicação/fonte: *DJ* de 14-9-2007, p. 86).

os critérios do edital, a um só tempo como a mais vantajosa e a mais satisfatória, tem direito a adjudicação, e não apenas interesse legítimo. Recurso extraordinário não conhecido.[19]

## A sede constitucional do fomento às microempresas e empresas de pequeno porte

O fomento às microempresas e empresas de pequeno porte tem por objetivos precípuos tanto a inclusão daqueles que atuam no mercado informal, de modo que sejam abarcados pelo plano da legalidade, quanto o incentivo à criação de postos de trabalho, haja vista que as microempresas e empresas de pequeno porte constituem, em verdade, os grandes empregadores do mercado, claramente em virtude de sua menor automatização produtiva e recorrência à tecnologia que, em muitos casos, caracterizam-se, mesmo que colateralmente, por substitutivas de mão de obra.

Postos esses objetivos, e por indiscutível sua relevância, a Constituição, em seus arts. 146, III, "d", 170, IX, e 179, vale-se de previsões que legitimam a elaboração da Lei Complementar nº 123/2006 (Estatuto da Microempresa).

## A instituição de regras de licitação para as microempresas e empresas de pequeno porte por meio de lei complementar

A primeira questão que salta aos olhos quando da análise da disciplina das licitações públicas para as micro e pequenas empresas refere-se ao instrumento legal utilizado para tanto, qual seja, uma lei complementar. O art. 37, XXI, da CF/88, que dispõe sobre o processo de licitação, faz alusão tão somente à expressão "termos da lei". E tal comando remete, sem maior

---

[19] RE nº 107.552/DF. Relator: ministro Francisco Rezek. Segunda Turma. Data do julgamento: 28-4-1987. Data de publicação/fonte: *DJ* de 5-6-1987, p. 11115.

discussão, à elaboração de uma lei ordinária e, portanto, dotada de um processo legislativo mais simples, se comparado ao da elaboração de uma lei complementar, para tratar da matéria das licitações públicas. Ocorre que, não raro, e mormente quando envolvidas questões tributárias, tem-se observado a elaboração de leis complementares que tratam, também, de matéria de lei ordinária.[20] No caso da Lei Complementar nº 123/2006, deve-se ressaltar que seu principal objeto é a determinação de um sistema tributário simplificado e gradualmente diferenciado para as pequenas e microempresas, intitulado Simples. O tratamento do tema das licitações públicas vem a reboque, de modo a atender à economia legislativa. Quer-se dizer: como se estão elaborando regras de certa matéria que precisa ser tratada por lei complementar, aproveita-se para disciplinar assuntos correlatos à matéria, mesmo que afetos à lei ordinária.

Contudo, deve-se ressaltar que estes assuntos, como é o caso das licitações no Estatuto da Microempresa, permanecem sob a competência de lei ordinária, podendo, de tal modo, ser modificados por lei ordinária superveniente. Em suma, no que tange às licitações públicas no referido estatuto, o que há é uma lei formalmente complementar e, por outra mão, materialmente ordinária.

## *A autonomia entre o usufruto dos benefícios licitatórios e o usufruto do regime tributário diferenciado*

A Lei Complementar nº 123/2006, como já dito, teve por foco instituir regras para a criação de um regime tributário dife-

---

[20] Isso vem ocorrendo em virtude de o Código Tributário Nacional ter passado, com a Constituição de 1988, a ser uma lei formalmente ordinária, *porém materialmente reservada à lei complementar*, e só poder ser alterado por instrumentos legais deste porte, além das previsões dispostas no art. 146 da CF/88, que também só podem ser feitas por lei complementar.

renciado para as pequenas e microempresas. Para tanto, e a fim de evitar fraudes e identificar quais são as empresas de pequeno e microporte, foram estipulados requisitos formais que devem ser preenchidos pelas empresas que pretendem usufruir de tal benefício, como se extrai de seu art. 3º.[21]

Além do fomento por meio da instituição de um regime tributário diferenciado, o Estatuto da Microempresa predispôs, em seu Capítulo V (Do acesso aos mercados), Seção única (Das aquisições públicas), nos arts. 42 a 49, regras específicas para as micro e pequenas empresas no âmbito das licitações e contratações públicas.

Provavelmente, haja vista que se trata de cumulação de vantagens (de caráter tributário e referentes às licitações públicas), uma pequena ou microempresa se valerá de ambos os benefícios a ela legalmente acometidos. Observe-se, no entanto, que a Lei Complementar nº 123/2006 não estabelece relação condicionante entre o usufruto do benefício do regime tributário diferenciado e o dos benefícios afetos à disciplina das licitações públicas, ou seja, não se faz necessária a opção do regime tributário do Simples para poder-se valer das vantagens reservadas às pequenas e microempresas no tocante aos certames licitatórios. Basta preencher os requisitos formais dispostos no

---

[21] Cabe aqui uma explicação, que vem em nome da interpretação razoável do art. 55, XIII, da Lei nº 8.666/1993:
"Art. 55. São cláusulas necessárias em todo contrato as que estabeleçam:
[...]
XIII – a obrigação do contratado de manter, durante toda a execução do contrato, em compatibilidade com as obrigações por ele assumidas, todas as condições de habilitação e qualificação exigidas na licitação."
Não se quer que a pequena ou a microempresa permaneça pequena ou microempresa. A necessidade de manter as características do momento do contrato durante sua execução refere-se à liquidez e à capacidade técnica de cumprir o acordado com a administração, e não vem a ser um desestímulo à evolução econômica das empresas. Assim, se uma pequena ou microempresa vence uma licitação e se torna grande, não parece que, em tais circunstâncias, haja motivo para que ocorra a rescisão do contrato.

art. 3º do estatuto e não incorrer nos impedimentos dispostos nos parágrafos do artigo.

Aponta, neste mesmo sentido, o entendimento de Justen Filho (2007:27):

> Em outras palavras, a determinação do direito aos benefícios licitatórios não pode ser realizada como efeito acessório da fruição do "Simples". É perfeitamente imaginável que toda pequena empresa que buscar os benefícios licitatórios será optante pelo regime simples, mas não é possível estabelecer um vínculo formal entre as duas questões. Mais ainda, até se pode prever, no âmbito do ato convocatório, que a qualificação perante as autoridades fiscais para a fruição dos benefícios assegurados às microempresas e às empresas de pequeno porte produzirá presunção do preenchimento dos requisitos atinentes às preferências licitatórias.
>
> Mas não é possível estabelecer uma regra obrigando o licitante a obter a qualificação dos benefícios fiscais como condição para fruir das preferências na licitação. Essa determinação não consta da LC nº 123.

## As inovações trazidas pela LC nº 123/2006 e seu impacto nas licitações públicas

A despeito de o fomento às empresas de pequeno e microporte possuir sede constitucional, antes da Lei Complementar nº 123/2006 não havia, no ordenamento jurídico brasileiro, qualquer dispositivo legal que acometesse às licitações públicas a função de vetor para alcançar tais objetivos. A Lei Geral de Licitações (nº 8.666/1993), por exemplo, não dispõe qualquer tipo de vantagem ou incentivo às micro e pequenas empresas.

Os benefícios destinados às micro e pequenas empresas até então existentes o foram no tocante à matéria tributária. Com o advento da Lei Complementar nº 123, de 14 de dezembro de

2006, o legislador impingiu às licitações públicas o incentivo a tal fomento, o que se deu por meio de três grandes inovações,[22] sendo as duas primeiras autoaplicáveis, ou seja, independentes de regulamentação futura (a comprovação posterior da regularidade fiscal — arts. 42 e 43 — e os chamados "empate ficto" e direito de preferência — arts. 44 e 45), e a terceira (elaboração de certames licitatórios diferenciados — arts. 47 e 48) dependente de regulamentação legislativa do próprio ente federativo que quiser se valer dela.[23]

Entretanto, a incorporação desses dispositivos pelo universo das licitações públicas não está dissociada de complicações, suscitando inúmeras polêmicas que serão apresentadas nos subitens seguintes, de maneira específica.

## A inovação na habilitação: a regularidade fiscal

Situada na fase externa do procedimento licitatório,[24] a habilitação dos licitantes se destina a analisar o preenchi-

---

[22] Cabe aqui alertar que tais benefícios não são passíveis de extensão a outros destinatários que não as pequenas e microempresas, mesmo que tais destinatários sejam, igualmente, alvos de fomento constitucional. Assim, importante observar que o art. 34 da Lei nº 11.488/2007 reclama uma equiparação que, nos termos apresentados, revela-se improcedente. Veja-se a perigosa pretensão da redação do referido artigo:
"Art. 34. Aplica-se às sociedades cooperativas que tenham auferido, no ano-calendário anterior, receita bruta até o limite definido no inciso II do *caput* do art. 3º da Lei Complementar nº 123, de 14 de dezembro de 2006, nela incluídos os atos cooperados e não cooperados, o disposto nos Capítulos V a X, na Seção IV do Capítulo XI, e no Capítulo XII da referida Lei Complementar."
[23] O Decreto Federal nº 6.204, de 5 de setembro de 2007, que, de acordo com seu art. 13, entrou em vigor em 5 de outubro do mesmo ano, regulamentou "o tratamento favorecido, diferenciado e simplificado para as microempresas e empresas de pequeno porte nas contratações públicas de bens, serviços e obras, no âmbito da administração pública federal" (ementa). Já dos incisos de seu art. 2º pode-se aferir que o decreto despacha comandos para facilitar o fomento, procedimentalizando as ações a serem implementadas.
[24] A fase externa, em sua organização tradicional, é composta, na ordem que segue, por: edital, habilitação e julgamento, homologação e adjudicação.

mento dos requisitos razoáveis e pertinentes à participação no certame. Tais requisitos não são tidos por taxativos e podem, inclusive, ser dispensados em certas hipóteses,[25] na forma do art. 32, §1º, da Lei nº 8.666/1993, desde que respeitado o art. 195, §3º, da CF/88.

A disciplina tradicional do art. 29 da Lei nº 8.666/1993, que trata especificamente da regularidade fiscal,[26] cede espaço à inovação promovida pela Lei Complementar nº 123/2006 quando se trata de pequenas e microempresas. Verifica-se uma diferenciação, não quanto ao seu conteúdo, mas quanto ao momento em que poderá ser comprovada. De acordo com os dispositivos ora analisados, caso a micro ou pequena empresa apresente documento destinado a comprovar a regularidade fiscal que não atenda integralmente ao requisitado no certame e, portanto, contenha restrições, ou até mesmo deixe de apresentar algum desses documentos na fase de habilitação, ela poderá ser considerada habilitada no processo licitatório, pois lhe é facultada a regularização de tal documento para antes da assinatura do contrato.[27]

---

[25] O Decreto Federal nº 6.204/2007, em seu art. 3º, dispensou as microempresas e empresas de pequeno porte de apresentarem balanço de seu último exercício social em licitações para o fornecimento de bens para pronta entrega ou para a locação de materiais.

[26] Cumpre diferenciar, brevemente, a quitação fiscal da regularidade fiscal. Realizada a quitação fiscal, automaticamente se tem a regularidade fiscal, pois foi satisfeita toda e qualquer obrigação relativa ao fisco. O contrário, contudo, não pode ser afirmado de plano. Pode-se, por exemplo, refinanciar a dívida fiscal; assim, resta caracterizada situação em que se está regular, porém não quite.

[27] É o que dispõem os arts. 42 e 43 da Lei Complementar nº 132/2006:
"Art. 42. Nas licitações públicas, a comprovação da regularidade fiscal das microempresas e empresas de pequeno porte somente será exigida para efeito de assinatura do contrato.
Art. 43. As microempresas e empresas de pequeno porte, por ocasião da participação em certames licitatórios, deverão apresentar toda a documentação exigida para efeito de comprovação de regularidade fiscal, mesmo que esta apresente alguma restrição.
§1º Havendo alguma restrição na comprovação da regularidade fiscal, será assegurado o prazo de 2 (dois) dias úteis, cujo termo inicial corresponderá ao momento em que o proponente for declarado vencedor do certame, prorrogáveis por igual período, a critério da Administração Pública, para a regularização da documentação, pagamento

Basta a confrontação de tais dispositivos com o cotidiano das licitações públicas para que surjam os mais diversos questionamentos.

Primeiramente, deve-se fazer claro que a vantagem concebida pelos dispositivos não dispensou as pequenas e microempresas da comprovação dos requisitos de habilitação. Assim, os documentos de regularidade fiscal deverão ser entregues à Comissão de Licitação no envelope, como tradicionalmente ocorre, e não somente na assinatura do contrato. O licitante que não apresentar tais documentos deverá ser inabilitado. O foco da questão se encontra na observação de que a Lei Complementar nº 123/2006 fala em saneamento dos documentos destinados à comprovação da regularidade fiscal, e não em complementação posterior.

Outra questão interessante diz respeito ao sistema de registro de cadastro, utilizado para agilizar a licitação por meio da análise dos requisitos de habilitação do licitante antes mesmo do início do procedimento licitatório. Com o benefício concedido às pequenas e às microempresas de apresentar os documentos comprobatórios de sua regularidade fiscal apenas no momento da assinatura do contrato, parece afastar-se delas o requisito de apresentar a documentação relativa à regularidade fiscal para fins de inscrição em registro de cadastro.

A coluna de perguntas e respostas do *Informativo de Licitações e Contratos* (2007b:509), da *Revista Zênite*, já tratou do tema, relatando o afastamento da comprovação de regularidade fiscal

---

ou parcelamento do débito, e emissão de eventuais certidões negativas ou positivas com efeito de certidão negativa.
§2º A não regularização da documentação, no prazo previsto no §1º deste artigo, implicará decadência do direito à contratação, sem prejuízo das sanções cabíveis no art. 81 da Lei nº 8.666, de 21 de junho de 1993, sendo facultado à Administração convocar os licitantes remanescentes, na ordem de classificação, para a assinatura do contrato, ou revogar a licitação."

para as pequenas e as microempresas, para efeito de inscrição em registro cadastral:

> O registro cadastral não tem finalidade e existência autônoma e totalmente desvinculada da licitação. Ao contrário, é um instrumento acessório à realização de procedimentos licitatórios, com o objetivo de aferir em momento prévio as condições de habilitação da licitante. Então, se das microempresas ou empresas de pequeno porte não é mais dado exigir a comprovação da condição de regularidade fiscal por ocasião da habilitação em licitação, mas apenas para efeito de contratação, menos razoável ainda parece exigir essa comprovação para efeito de inscrição em registro cadastral, que ocorre em momento preliminar à licitação.

Em sequência, suscitou duas alternativas plausíveis para a adaptação do sistema do registro cadastral à modificação em questão:

> Nesse caso, surge como opção fazer constar no certificado de registro cadastral, e também no sistema eletrônico, quando for o caso, ressalva no sentido de que a licitante não demonstrou sua regularidade fiscal para efeito de inscrição nesse registro. Outra opção consiste em regulamentar, no ato que institui o sistema de registro cadastral, a dispensa de comprovação de regularidade fiscal por parte das microempresas ou empresas de pequeno porte, ficando estas obrigadas a comprovar essa situação nos procedimentos licitatórios, na forma da Lei Complementar nº 123/2006.

Na modalidade de licitação pregão, seja o presencial, seja o eletrônico, também se avista impacto das disposições da Lei Complementar nº 123/2006, contidas nos arts. 42 e 43. É que nessas modalidades opera-se a inversão de fases da licitação, sendo primeiramente examinada a proposta de preço e, só então, a habilitação — única e exclusivamente do primeiro colocado no certame. Dessa maneira dinamiza-se o procedimento, pois se dispensa a análise da documentação de todos os licitantes, avaliando-se apenas a do vencedor. Todavia, para que os licitantes tenham sua proposta de preço analisada, é requisitado a eles que elaborem uma declaração alegando preencherem todos os requisitos de habilitação. No caso de a pequena ou microempresa estar fiscalmente irregular, soa bastante e adequado às disposições da Lei Complementar nº 123/2006, bem como ao rito do pregão, que tal declaração seja feita contendo as ressalvas atinentes, a fim de que o pregoeiro tenha ciência prévia da situação.

Por vez, quanto ao prazo de regularização, previsto no §1º do art. 43, de dois dias úteis (a contar do momento em que o licitante tenha ciência de sua vitória no certame),[28] mesmo que prorrogável por igual período, não parece estar consoante com a realidade, principalmente se considerado todo o trâmite burocrático para que tanto se efetive. Por consequência, as sanções previstas no §2º do mesmo artigo teriam de ser, necessariamente, relacionadas à má-fé da pequena ou microempresa licitante, pois sua boa-fé em obter a regularização poderia esbarrar na morosidade da máquina pública.

### A inovação no julgamento:
### "empate ficto" e direito de preferência

O empate ficto e o consequente direito de preferência — nomenclaturas que vêm sendo adotadas pela doutrina —

---

[28] O Decreto Federal nº 6.204/2007 esclareceu, por meio de seu art. 4º, §2º, que o licitante é considerado vencedor, no caso do pregão, no momento imediatamente posterior à fase de habilitação; e, no caso das demais modalidades de licitação, no momento posterior ao julgamento das propostas. Por meio do §3º do mesmo artigo, orientou a administração pública federal a, via de regra, prorrogar o prazo de regularização da documentação destinada a comprovar a regularidade fiscal, quando solicitado pelo licitante.

consistem em inovação que opera na fase de julgamento da licitação. Nos termos dos arts. 44 e 45 da Lei Complementar nº 123/2006,[29] nas modalidades tradicionais as propostas de vencedor que não seja pequena ou microempresa e que perfaçam um *quantum* até 10% acima da melhor proposta ofertada por uma pequena ou microempresa serão consideradas fictamente empatadas, abrindo-se consecutivamente ao melhor licitante microempresa ou empresa de pequeno porte a faculdade de cobrir o valor da melhor proposta (direito de preferência). Quando a modalidade for o pregão, a referida margem será de 5%.

Não são poucas as polêmicas relativas às inovações trazidas pelos artigos supramencionados.

---

[29] "Art. 44. Nas licitações será assegurada, como critério de desempate, preferência de contratação para as microempresas e empresas de pequeno porte.
§1º Entende-se por empate aquelas situações em que as propostas apresentadas pelas microempresas e empresas de pequeno porte sejam iguais ou até 10% (dez por cento) superiores à proposta mais bem-classificada.
§2º Na modalidade de pregão, o intervalo percentual estabelecido no §1º deste artigo será de até 5% (cinco por cento) superior ao melhor preço.
Art. 45. Para efeito do disposto no art. 44 desta Lei Complementar, ocorrendo o empate, proceder-se-á da seguinte forma:
I – a microempresa ou empresa de pequeno porte mais bem-classificada poderá apresentar proposta de preço inferior àquela considerada vencedora do certame, situação em que será adjudicado em seu favor o objeto licitado;
II – não ocorrendo a contratação da microempresa ou empresa de pequeno porte, na forma do inciso I do *caput* deste artigo, serão convocadas as remanescentes que porventura se enquadrem na hipótese dos §§ 1º e 2º do art. 44 desta Lei Complementar, na ordem classificatória, para o exercício do mesmo direito;
III – no caso de equivalência dos valores apresentados pelas microempresas e empresas de pequeno porte que se encontrem nos intervalos estabelecidos nos §§ 1º e 2º do art. 44 desta Lei Complementar, será realizado sorteio entre elas para que se identifique aquela que primeiro poderá apresentar melhor oferta.
§1º Na hipótese da não contratação nos termos previstos no *caput* deste artigo, o objeto licitado será adjudicado em favor da proposta originalmente vencedora do certame.
§2º O disposto neste artigo somente se aplicará quando a melhor oferta inicial não tiver sido apresentada por microempresa ou empresa de pequeno porte.
§3º No caso de pregão, a microempresa ou empresa de pequeno porte mais bem-classificada será convocada para apresentar nova proposta no prazo máximo de 5 (cinco) minutos após o encerramento dos lances, sob pena de preclusão."

Questiona-se, para início de análise, se uma empresa de grande porte poderia oferecer contraproposta à ofertada pela pequena ou microempresa, a fim de que a administração pública obtivesse maior vantagem com o certame, e de que fossem atendidos os princípios da competitividade e da economicidade.

Para Garcia (2009:87), a hipótese de um licitante não detentor dos benefícios conferidos às pequenas e microempresas poder apresentar nova proposta em resposta à contraproposta apresentada por uma destas não poderia subsistir, vez que tanto contrariaria o intuito principal da própria Lei Complementar nº 123/2006, qual seja, o de, em situação de igualdade, privilegiar as empresas de pequeno e micro portes, e não a competitividade puramente experimentada. Confira-se:

> Registre-se, por oportuno, que o princípio da competitividade estará sendo atendido, pois no caso da microempresa ou empresa de pequeno porte formular proposta menor, já estará a Administração Pública desembolsando menos recursos orçamentários, o que atenderá, a um só tempo, aos *princípios da competitividade e economicidade* (art. 70 da CF).
>
> O que não pode é o princípio da competitividade se tornar o *fundamento valorativo* da Lei Complementar nº 123/2006, pois estar-se-ia desvirtuando da premissa constitucional que orienta a interpretação da norma [grifos do autor].

Já Justen Filho (2007:76) sustenta opinamento diferente, no sentido de que caberia, sim, a apresentação de nova proposta, por licitante que não seja pequena ou microempresa, à contraproposta apresentada por uma destas, sob pena de restar configurada a transferência de recursos da administração pública à pessoa privada, em valores superiores aos que seriam necessários para a obtenção de certo objeto:

No entanto, há uma diferença específica relativamente ao tema da preferência contemplada no art. 45. Se um licitante normal formular uma proposta ainda mais vantajosa do que aquela inovadoramente trazida por uma pequena empresa, a Administração Pública terá diante de si apenas duas alternativas. Ou admite a inovação relativamente ao licitante normal e com ele contrata o objeto ou revoga a licitação. Afinal, a Administração Pública não poderá contratar um objeto por valor superior ao que constatou que poderia ser obtido. O que não se pode admitir é que a Administração Pública contrate com a pequena empresa, por valor superior ao ofertado por outra empresa, sob o único fundamento de que a pequena empresa merece proteção jurídica. Certamente, a proteção jurídica à pequena empresa não pode ser feita à custa do desembolso pela Administração Pública de valores superiores aos necessários para a obtenção de um determinado objeto de mercado.

Questionamento que também vem recebendo tratamento da doutrina consiste na subsistência, ou não, da possibilidade de aplicação dos mecanismos do empate ficto e do direito de preferência nas licitações dos tipos "melhor técnica" e "melhor técnica e preço" e, ainda, nas concessões e permissões de uso.

Quanto às licitações do tipo "melhor técnica", tanto Justen Filho quanto Niebuhr partilham do posicionamento de que se trata de modalidade incompatível com os mecanismos do empate ficto e do direito de preferência, haja vista que, nesse tipo de licitação, não predomina o quesito preço, e sim a técnica adequada à prestação que a administração pública clama. Desse modo, dispõe Niebuhr (2007:237):

> Bem se vê, sobretudo em face do inciso I do art. 45 da Lei Complementar nº 123/2006, que o direito de preferência outorgado em favor das microempresas e das empresas de pequeno porte é

exercido estritamente sob a perspectiva do preço. Tanto o é que o referido dispositivo alude ao direito de "apresentar proposta com preço inferior àquela considerada vencedora do certame".

Adiante, conclui:

> Assim o sendo, por força do princípio da legalidade, como a Lei Complementar em comento não previu a melhora da proposta técnica, é de concluir que o direito de preferência preceituado nela restringe-se às licitações cujo preço seja fator preponderante para a definição do vencedor, excluindo aquelas do tipo melhor técnica.

Na mesma esteira, Justen Filho (2007:69-70):

> Também é inquestionável que a disciplina ora examinada não apresenta maior pertinência em relação à licitação de melhor técnica, que se caracteriza por um processo de negociação entre a Administração e os licitantes. Na sistemática da licitação de melhor técnica, todos os licitantes têm a faculdade de reduzir a sua proposta de preços, de modo a obter o menor preço pela melhor proposta técnica possível. Logo, não teria cabimento estabelecer que as pequenas empresas teriam uma faculdade específica e diferenciada nesse sentido. Em outras palavras, uma pequena empresa pode vencer uma licitação de melhor técnica sem a necessidade do regime dos arts. 44 e 45 da LC nº 123: basta conceder o desconto que melhor lhes aprouver.

Por outro lado, no tocante às licitações do tipo "técnica e preço", os autores supracitados hasteiam posicionamentos diversos.

Niebuhr (2007:237-238) entende que os mecanismos do empate ficto e do direito de preferência podem ser aplicados ao tipo de licitação em comento, pois a pequena ou microempresa poderia oferecer proposta de preço mais vantajosa, o que, mesmo que mantida a proposta técnica, influiria na nota final por ela obtida e poderia, em vista disso, sagrá-la vencedora do certame:

> Convém ressalvar que é possível aplicar o direito de preferência estatuído na Lei Complementar nº 123/2006 nas licitações do tipo técnica e preço. Ocorre que nelas há uma nota técnica e uma nota de preço, que são ponderadas para a obtenção do resultado final. Nesse sentido, apesar das dificuldades procedimentais, comentadas adiante, a microempresa ou a empresa de pequeno porte poderia reduzir o seu preço e, em vista disso, ainda que com a mesma técnica, passar a oferecer a proposta mais vantajosa à Administração.

Justen Filho (2007:69), por outra mão, sustenta que tais mecanismos não poderiam ser aplicados nesse caso, pois não gerariam efeito de vitória, em virtude da necessária conjugação do quesito comercial com o quesito da técnica:

> Esses dispositivos buscam proteger as pequenas empresas por meio do mecanismo de redução do valor da proposta comercial. A aplicação do benefício em uma licitação de técnica e preço demandaria o fornecimento de critérios adequados, que não constam do diploma.
> Na licitação de técnica e preço, não é possível determinar que o vencedor será aquele que formular a proposta comercial de menor valor. Nesse tipo de licitação, a identificação da proposta mais vantajosa é obtida pela média de pontuação das propostas técnica e comercial. Portanto, a mera faculdade de promover desconto sobre o valor da proposta comercial não gera efeito de vitória.

Já nas concessões e permissões de uso (questionamento apresentado acima) não se avista obstáculo à aplicação da sistemática dos arts. 44 e 45 da Lei Complementar nº 123/2006, vez que se estaria atendendo ao objetivo finalístico perquirido pelo Estatuto das Micro e Pequenas Empresas.

Por último, surge interrogação também quanto ao prazo para a nova proposta a ser ofertada pela pequena ou microempresa quando se tratar das modalidades tradicionais de licitação (convite, tomada de preços e concorrência), pois a Lei Complementar nº 123/2006, em seu art. 45, §3º, apenas instituiu o prazo para a modalidade pregão, deixando descobertas as modalidades tradicionais. Dessa maneira, fica a cargo do edital fixar o prazo para as outras modalidades que não têm prazo legalmente prescrito.[30] Considerados os aspectos práticos, é de se prever que o prazo deverá impor que a nova proposta seja ofertada em outra sessão que não a de abertura dos envelopes, pois se observa não ser comum que os licitantes instituam representantes nessas sessões.

## A inovação que possibilita a elaboração de certames licitatórios diferenciados

O arts. 47, 48 e 49 da Lei Complementar nº 123/2006[31] preveem a possibilidade de serem elaborados procedimentos

---

[30] Aponta, nesse sentido, a regulamentação trazida pelo art. 5º, §7º, do Decreto Federal nº 6.204/2007.
[31] "Art. 47. Nas contratações públicas da União, dos Estados e dos Municípios, poderá ser concedido tratamento diferenciado e simplificado para as microempresas e empresas de pequeno porte objetivando a promoção do desenvolvimento econômico e social no âmbito municipal e regional, a ampliação da eficiência das políticas públicas e o incentivo à inovação tecnológica, desde que previsto e regulamentado na legislação do respectivo ente.
Art. 48. Para o cumprimento do disposto no art. 47 desta Lei Complementar, a administração pública poderá realizar processo licitatório:
I – destinado exclusivamente à participação de microempresas e empresas de pequeno porte nas contratações cujo valor seja de até R$ 80.000,00 (oitenta mil reais);
II – em que seja exigida dos licitantes a subcontratação de microempresa ou de empresa de pequeno porte, desde que o percentual máximo do objeto a ser subcontratado não exceda a 30% (trinta por cento) do total licitado;

licitatórios diferenciados para as pequenas e microempresa, a fim de fomentar o desenvolvimento econômico e social, a ampliação da eficiência das políticas públicas e o incentivo à inovação tecnológica, tanto em âmbito regional quanto local.

Como já observado, há que se atentar à ressalva encontrada na parte final do art. 47, que dispõe sobre a necessidade de regulamentação específica por parte do ente federativo que queira se valer de uma das hipóteses possíveis de regime licitatório diferenciado, das quais passamos a tratar agora.[32]

De acordo com a redação do art. 48, infere-se que há três tipos diferenciados de procedimento licitatório passíveis de implementação.

O primeiro caso (art. 48, I) permite a aplicação de um procedimento licitatório que tenha por destinatários exclusivamente microempresas e empresas de pequeno porte, tendo por teto o valor de R$ 80 mil para as contratações. Fernandes (s.d.:16)

---

III – em que se estabeleça cota de até 25% (vinte e cinco por cento) do objeto para a contratação de microempresas e empresas de pequeno porte, em certames para a aquisição de bens e serviços de natureza divisível.
§1º O valor licitado por meio do disposto neste artigo não poderá exceder a 25% (vinte e cinco por cento) do total licitado em cada ano civil.
§2º Na hipótese do inciso II do *caput* deste artigo, os empenhos e pagamentos do órgão ou entidade da administração pública poderão ser destinados diretamente às microempresas e empresas de pequeno porte subcontratadas.
Art. 49. Não se aplica o disposto nos arts. 47 e 48 desta Lei Complementar quando:
I – os critérios de tratamento diferenciado e simplificado para as microempresas e empresas de pequeno porte não forem expressamente previstos no instrumento convocatório;
II – não houver um mínimo de 3 (três) fornecedores competitivos enquadrados como microempresas ou empresas de pequeno porte sediados local ou regionalmente e capazes de cumprir as exigências estabelecidas no instrumento convocatório;
III – o tratamento diferenciado e simplificado para as microempresas e empresas de pequeno porte não for vantajoso para a administração pública ou representar prejuízo ao conjunto ou complexo do objeto a ser contratado;
IV – a licitação for dispensável ou inexigível, nos termos dos arts. 24 e 25 da Lei nº 8.666, de 21 de junho de 1993."
[32] A regulamentação em questão já foi realizada pela União, por meio do Decreto Federal nº 6.204/2007, como denotam seus arts. 7º e 8º.

compreende que se trata de hipótese de restrição à competição, aproveitando também para tecer interessante comentário quanto ao valor previsto, à modalidade convite e às práticas observadas nessa modalidade:

> Sobre o inciso I, que define o mesmo valor atualmente atribuído como limite para a modalidade convite para o certame somente entre empresas beneficiárias da Lei Complementar nº 123/2006, já foi dito ser fato que muitos prefeitos já escolhiam apenas empresas locais e que isso era praticado por todo o país.
>
> [...]
>
> A Lei Complementar nº 123/2006, portanto, inovou permitindo a restrição à competição aos beneficiários dessa norma. A cláusula restritiva à competição, que poderá ser inserida no convite, é condição de habilitação.

A segunda hipótese (art. 48, II) determina aos licitantes a necessária subcontratação de microempresas e empresas de pequeno porte, a fim de que estas executem parte do contratado, estando essa monta limitada a 30% do objeto, observando-se ainda que "os empenhos e pagamentos do órgão ou entidade da administração pública poderão ser destinados diretamente às microempresas e empresas de pequeno porte subcontratadas" (art. 48, §2º),[33] o que representa maior garantia às pequenas e

---

[33] A previsão de empenho direto ao subcontratado assemelha-se àquela prevista no regime das PPPs, na Lei nº 11.079/2004, especificamente em seu art. 5º, §2º, II:
"Art. 5º. As cláusulas dos contratos de parceria público-privada atenderão ao disposto no art. 23 da Lei nº 8.987, de 13 de fevereiro de 1995, no que couber, devendo também prever:
[...]
§2º Os contratos poderão prever adicionalmente:
[...]
II – a possibilidade de emissão de empenho em nome dos financiadores do projeto em relação às obrigações pecuniárias da Administração Pública;"

microempresas por reduzir o risco de não receberem seu pagamento.

A terceira hipótese (art. 48, III) estabelece "cota de até 25% do objeto para a contratação de microempresas e empresas de pequeno porte em certames para a aquisição de bens e serviços de natureza divisível", ou seja, nos procedimentos licitatórios em que os bens e serviços possam ser itenizados.

Duarte (2007:40), sob o ponto de vista da vantagem[34] para a administração pública, despacha críticas a essas previsões, que podem ser tidas como uma "reserva de mercado", apontando, inclusive, no sentido de sua não aplicação, em certas hipóteses:

> Há ainda que se analisar a questão da vantajosidade da licitação para a Administração. Recordando-se o disposto no art. 3º da Lei nº 8.666/1993, a licitação tem por objetivo dar tratamento isonômico aos que querem contratar com a Administração, bem como "selecionar a proposta mais vantajosa para a Administração". Isto posto, caso não se revele como vantajosa à Administração a aplicação dos benefícios previstos no art. 48, não há de se falar em sua aplicação.
>
> Por outro lado, a aplicação destes dispositivos pode sempre ensejar um certo "prejuízo" à Administração, como por exemplo a exclusão de licitantes de maior porte, os quais poderiam oferecer

---

[34] A regulamentação trazida pelo Decreto Federal nº 6.204/2007 disponibilizou um critério para a conceituação de contratação vantajosa que irá permitir ou não a realização de uma licitação diferenciada. É o que se infere do parágrafo único de seu art. 9º:
"Art. 9º. Não se aplica o disposto nos arts. 6º ao 8º quando:
[...]
I – o tratamento diferenciado e simplificado para as microempresas e empresas de pequeno porte não for vantajoso para a administração ou representar prejuízo ao conjunto ou complexo do objeto a ser contratado;
[...]
Parágrafo único. Para o disposto no inciso II, *considera-se não vantajosa a contratação quando resultar em preço superior ao valor estabelecido como referência*" (grifos nossos).

preços mais acessíveis. Destarte, quando da elaboração do edital de licitação a comissão de licitação deverá ponderar se este "prejuízo" não será demasiado, ou seja, se ele será ou não proporcional ao bem que se quer atingir com o tratamento diferenciado.

## A crítica à discriminação e à complexidade que as proposituras da LC nº 123/2006 gerarão nos certames licitatórios

A Lei Complementar nº 123/2006 optou por se utilizar do instituto da licitação pública como um dos vetores para concretizar o fomento constitucional às micro e pequenas empresas. Fato é que as licitações públicas podem, sim, ocupar posição de instrumento importante para operacionalizar o tratamento diferenciado de que ora se trata. Aliás, a licitação, por vezes, vem sendo vista sob uma perspectiva que não a do princípio da competitividade, seja para regular mercados que não comportam competição, pois em função de sua própria natureza são monopolizados ou oligopolizados,[35] seja para estabelecer incentivos sociais, como se extrai da dispensa de licitação disposta no art. 24, XIII, parte final, da Lei nº 8.666/1993.

Entretanto, para o correto exercício desse fomento devem ser observados, primordialmente, três princípios constitucionais, quais sejam: da isonomia, da proporcionalidade e da eficiência.

Em breve exposição, o princípio da isonomia indica, no que tange ao caso em questão, que o tratamento diferenciado entre duas partes deve ser feito na medida de sua desigualdade, de forma a corrigi-la ou minorá-la, o que poderá ser observado no resultado fático da discriminação.

Essa orientação precisa ser, ainda, constantemente permeada pelo princípio da proporcionalidade, de modo que a

---

[35] A esse respeito, ver: Souto (2005a:89) e Garcia (2009:106, 175 e segs.).

discriminação prevista seja proporcional e razoável para atingir o resultado pretendido, e que o instrumento de que se vale seja o adequado para tanto.

A seu tempo, interage ainda com tais princípios o princípio da eficiência, no sentido de que o instrumento utilizado para operacionalizar o pretendido seja o menos gravoso possível, atingindo, assim, o resultado perquirido da melhor forma disponível.

Nesses termos, é plenamente saudável que se conceda tratamento diferenciado às pequenas e microempresas, pois indiscutível a relevância dos fundamentos de seu fomento, como se expôs de início.

Todavia, deve-se ressaltar que o instituto das licitações públicas é guiado por diretrizes com as quais o fomento às micro e pequenas empresas se deve coordenar. Não é possível que se insira no sistema de licitações inúmeras determinações específicas, como o fez a Lei Complementar nº 123/2006, relativizando em muito os princípios da isonomia e da competitividade, regentes dos certames licitatórios. E mais: analisando a questão sob um enfoque prático, os procedimentos licitatórios tornar-se-ão mais morosos e complicados ainda, ao incorporarem as previsões da Lei Complementar nº 123/2006.

Mesmo com as inovações no campo das licitações públicas, o grande benefício que as pequenas e microempresas possuem continua a ser o regime tributário diferenciado.

A utilização das licitações públicas que se quer fazer não parece ser adequada, na medida em que prejudica o próprio instituto e, em certas situações, pode até vir a inviabilizá-lo.

Resta, por fim, que os editais esclareçam, na medida do possível, as regras trazidas pela Lei Complementar nº 123/2006, tentando minorar a gama de problemas jurídicos que certamente virão.[36]

---

[36] Na regulamentação dos benefícios para as pequenas e microempresas nas licitações públicas, realizada em âmbito federal pelo Decreto nº 6.204/2007, encontra-se disposta orientação nesse mesmo sentido: "Art. 10. Os critérios de tratamento diferenciado e

## Questões de automonitoramento

1. Após ler este capítulo, você é capaz de resumir o caso gerador do capítulo 7, identificando as partes envolvidas, os problemas atinentes e as soluções cabíveis?
2. A administração pode definir, no edital, as interpretações que adota sobre matérias que possuem mais de um entendimento na doutrina e/ou jurisprudência? É aconselhável que essa definição se dê no caso de licitações que comportem tratamento diferenciado para micro e pequenas empresas?
3. Qual é a finalidade, respectivamente, do pedido de esclarecimento e da impugnação do edital?
4. É possível dispor, em qualquer hipótese, de recurso administrativo interposto e já em curso?
5. Pense e descreva, mentalmente, outras alternativas para a solução do caso gerador do capítulo 7.

---

simplificado para as microempresas e empresas de pequeno porte deverão estar expressamente previstos no instrumento convocatório."

# 2

# Contratação direta

**Roteiro de estudo**

*Da obrigatoriedade de licitar*

A Constituição da República estabeleceu, no art. 37, XXI, a regra geral da licitação para alienações e contratações de obras e serviços pela administração pública em geral. Para tanto, delegou à União a competência privativa para legislar sobre normas gerais de licitação e contratação, no que resultou a edição da Lei nº 8.666/1993, que dispôs sobre este intrincado sistema.

Tanto da redação da norma constitucional quanto da disposição legal, depreende-se que a regra é a licitação, e a contratação direta seria a sua exceção. No entanto, tal preceito vem sendo subvertido.

A licitação é uma das maneiras de assegurar o bom desempenho do Estado nas atividades a ele inerentes, resguardando, acima de tudo, os princípios básicos enunciados na Constituição da República. No entanto, o afastamento da licitação não implica a inobservância do conjunto de regras a ela inerentes.

Em que pese à primeira impressão de que os casos de contratação direta não se submeteriam a processo administrativo somente em virtude do afastamento da licitação, vale lembrar que, mesmo nestas hipóteses, a contratação, em regra, se dará mediante a devida documentação em processo administrativo próprio. Somente será afastado o conjunto de regras e formalidades atinentes à licitação.

Não se diga, no entanto, que o processo de contratação direta não obedece a regras e formalidades, uma vez que existem normas próprias, como a do art. 26 da Lei nº 8.666/1993. Vale aqui a crítica feita por Justen Filho (2005a:232), que afirma que o ideal seria cada unidade estatal regulamentar internamente o procedimento a ser adotado para a contratação direta, como meio de torná-la mais eficiente, rápida e não discriminatória.

Entretanto, mesmo nos casos em que houver disposição neste sentido, deverá o administrador observar os princípios constitucionais da isonomia, impessoalidade, moralidade e razoabilidade para efetuar a escolha de determinada pessoa ou empresa para que venha a contratar diretamente com o poder público, já que tal escolha também se destina a obter a melhor proposta para a administração e atender às finalidades públicas.

## Contratação direta

Esta expressão compreende as hipóteses nas quais a lei ou a realidade afastariam a realização de licitação para a alienação ou aquisição de determinados bens e contratação de serviços.

Apesar de certa divergência doutrinária acerca da divisão ternária dos casos de contratação direta,[37] adotaremos a

---

[37] Adotam a divisão apenas entre licitação dispensável e inexigível: Maria Sylvia Zanella Di Pietro e Américo Servídio. Entre a maioria, que adota a divisão entre licitação

divisão destes casos em licitações dispensadas, dispensáveis e inexigíveis.

Em linhas gerais, as licitações dispensadas seriam aquelas em que o próprio legislador as teria dispensado, cabendo ao administrador apenas formalizar a contratação. As licitações dispensáveis seriam aquelas nas quais o legislador teria conferido ao administrador a opção discricionária de realizá-las ou não. Por fim, as licitações inexigíveis seriam aquelas nas quais não seria possível a competição, condição esta imprescindível a um procedimento licitatório.

## Da licitação dispensada: alienação de bens da administração (art. 17 da Lei nº 8.666/1993)

Trata-se de classificação doutrinária aplicada às formas de alienação, tanto de bens móveis quanto imóveis, previstas no art. 17 da Lei nº 8.666/1993. Salienta-se que, nestas hipóteses em que o procedimento licitatório é dispensado, não se verifica ofensa aos princípios da isonomia ou moralidade, uma vez que a própria lei determinou a dispensa em razão da certeza e determinação do destinatário, ou pela aplicabilidade de mecanismo melhor que a licitação. No entanto, Souto (2005b:66) afirma que a lei não proibiu a licitação, caso em que a nomenclatura a ser adotada seria licitação vedada. Para o citado autor, a lei apenas desobrigou o administrador, mas lhe impôs o dever de motivar o ato, de forma a satisfazer a exigência legal de "existência de interesse público devidamente justificado".

Vale a lembrança à crítica feita pela doutrina (Justen Filho, 2005a:169-170) no que diz respeito à técnica legislativa empre-

---

dispensada, dispensável e inexigível, temos: Jessé Torres Pereira Junior, Jorge Ulisses Jacoby Fernandes, Marcos Juruena Villela Souto e Marçal Justen Filho.

gada na redação deste dispositivo, vez que trata de requisitos para alienação de bens públicos e casos de dispensa de licitação.

## Alienação de bens imóveis (art. 17, I)

O art. 17 da Lei nº 8.666/1993 reputou indispensável, para a alienação de imóveis, o atendimento dos seguintes requisitos: interesse público devidamente justificado, autorização legislativa (para os órgãos da administração direta, autárquica e fundacional), avaliação prévia e realização de licitação.

Quanto à presença de interesse público devidamente justificado, não cabem maiores dilações, posto que esta deve ser a diretriz básica de funcionamento da administração pública.

No que concerne à autorização legislativa necessária para alienações de imóveis, tem lugar a lição de Fernandes (2000:227), em que justifica esta autorização em virtude do princípio do paralelismo das formas, uma vez que a própria lei confere aos bens públicos o caráter de inalienáveis. Assim, só seria possível alienar um imóvel público após obter autorização de quem o tornou inalienável, sob pena de nulidade de pleno direito, descabida posterior ratificação (Fernandes, 2000:229).

Cabe aqui digressão sobre a natureza da referida autorização legislativa. Justen Filho (2005a:174) afirma que a autorização deve ser específica para a alienação, indicando o bem a ser alienado e os limites a serem observados na alienação. No entanto, não há menção a este caráter específico e determinado da autorização em outros autores que comentam o tema.[38] Nesse mesmo sentido opera a praxe legislativa, que usualmente confere autorização genérica para alienação de bens imóveis entre condições a serem especificadas em cada texto legal.

---

[38] Jorge Ulisses Jacoby Fernandes, Ivan Barbosa Rigolin e Marcos Juruena Villela Souto.

Ainda na lição de Fernandes (2000:231-232), verifica-se que é feita ressalva aos casos em que a alienação for de bens de propriedade de entidades paraestatais,[39] nos quais não seria necessária autorização legislativa, vez que a lei só exige este requisito para os órgãos da administração direta e entidades autárquicas e fundacionais.

Quanto à avaliação prévia, certo é que deve ser procedida por profissional habilitado para tanto, inscrito no órgão responsável pela regulação da atividade. Vale dizer: sendo necessário avaliar um bem imóvel, deverá ser obtido laudo de arquiteto ou engenheiro devidamente inscrito no Conselho Regional de Engenharia e Arquitetura, seja ele servidor público ou não. No mais, o importante é que o valor apurado no laudo esteja de acordo com a realidade do mercado.

No que diz respeito à necessidade de licitação para alienar imóveis, relembra-se que, nas hipóteses em comento, a própria lei afastou a realização do procedimento para as circunstâncias a seguir expostas.

## DAÇÃO EM PAGAMENTO (ART. 17, I, "A")

Trata-se do procedimento no qual a administração passa a um particular o domínio sobre certo bem público, em lugar do pagamento em espécie, a fim de saldar dívida com ele contraída. Nestes casos a licitação é dispensada por lei, mas Justen Filho (2005a:175-176) vislumbra a possibilidade de realização de licitação quando houver mais de um credor interessado em

---

[39] Na definição de Meirelles (1993a:318-323), seriam as "pessoas de direito privado cuja criação é autorizada por lei específica, com patrimônio público ou misto, para a realização de atividades, obras ou serviços de interesse coletivo sob normas e controle do Estado". Seriam exemplos desta categoria as empresas públicas, as sociedades de economia mista e os serviços sociais autônomos.

receber determinado bem por dação em pagamento. O referido autor ainda deixa claro que é incabível a utilização deste instituto quando for possível a obtenção de melhor proposta através da venda do bem por meio de licitação. Assim, não estaria o administrador autorizado a simplesmente alienar o bem por dação em pagamento somente pelo fato de haver algum credor interessado nele.

Fernandes (2000:238-240) traz ainda a exigência de finalidade pública a ser dada ao imóvel pelo adquirente, para que a satisfação do crédito não se dê por regime de precatórios, não bastando, para tanto, que o administrador justifique a dação pela necessidade de livrar-se do débito. Para este autor, é necessário que a destinação a ser dada ao imóvel satisfaça, de alguma forma, os interesses públicos primários.

## Doação (art. 17, I, "b")

De análise apressada do art. 17, I, "b", seria possível depreender que a doação de bens imóveis públicos seria impossível quando a figura do donatário não fosse órgão ou entidade da administração pública. No entanto, o Supremo Tribunal Federal já teve oportunidade de apreciar tal questão no julgamento da Medida Cautelar da Ação Direta de Inconstitucionalidade nº 927-3/RS.

Em apertada síntese, o STF posicionou-se no sentido de dar interpretação conforme à Constituição para limitar a vedação de doação de bens móveis ou imóveis públicos a pessoas particulares à órbita da União, uma vez que a extensão desta limitação aos outros entes federativos constituiria grave violação à autonomia federativa de estados, municípios e Distrito Federal. Ao introduzir interpretação sobre este ponto, Justen Filho (2005a:176) afirma que a decisão do STF não veio permitir a doação de bens públicos a particulares sem a exigência de licitação, no que não é apoiado por Fernandes (2000:242) e Souto (2005b:66)[40] que, inclusive, deixa transparecer opinião de que esta forma de alienação de bens seria, na verdade, hipótese de inexigibilidade de licitação, já que o caráter personalíssimo da licitação afastaria a possibilidade de competição. Por outro lado, a decisão da corte suprema não atingiu, de forma alguma, a possibilidade de doação de imóveis e móveis entre órgãos ou entidades da administração pública.

O §1º do art. 17 da Lei nº 8.666/1993 trazia a necessidade de instituição de cláusula de reversão do bem, que deveria ser exercitada quando cessassem as razões que justificaram a doação. Esta disposição teve a sua eficácia integralmente suspensa pelo STF, ou seja, não se aplica nem em relação à União. No entanto, o art. 31 da Lei nº 9.636/1998 trouxe regra semelhante, aplicando regras à alienação de imóveis da União para estados e municípios, fundações e autarquias de qualquer nível federativo, tratando da reversão de doação.

No que diz respeito à doação com encargo, prevista no §4º do art. 17 da Lei nº 8.666/1993, vale afirmar que se trata de uma das maiores possibilidades de dispensa de licitação, visto que basta a comprovação do dito interesse público para que o imóvel seja alienado diretamente, até mesmo para um particular. Em função desta vasta possibilidade, tal hipótese submete-se às formalidades do art. 26 da lei em tela, que será comentado ao fim deste trabalho.

Registre-se, por derradeiro, que a Lei nº 11.952, de 25 de junho de 2009, que dispõe sobre a regularização fundiária das ocupações incidentes em terras situadas em áreas da União no âmbito da Amazônia Legal, alterou o referido dispositivo visando criar a possibilidade de licitação dispensada na alienação e a

---

[40] No mesmo sentido, Sundfeld (1995).

concessão de direito real de uso, gratuita ou onerosa, de terras públicas rurais da União na Amazônia Legal onde incidam ocupações até o limite de 15 módulos fiscais ou 1.500 hectares, para fins de regularização fundiária, atendidos os requisitos legais.

## PERMUTA (ART. 17, I, "C")

Por meio desta forma de aquisição de propriedade a administração transfere para outrem o domínio de um imóvel, recebendo como contraprestação o domínio de outro, de seu interesse. Neste ponto, vale a ressalva de Souto (2004a:93), segundo a qual a administração só poderia fazer permuta quando o bem a ser recebido fosse de localização indispensável para o atendimento de seus interesses e finalidades.

Assim como ocorrido quanto ao §1º do art. 17 da Lei nº 8.666/1993, a decisão do STF na ADI nº 927-3/RS também retirou integralmente a eficácia da alínea "c" do inciso I do art. 17 da lei em comento.

Nesta esteira, ficaram facultadas à administração a permuta de móveis por imóveis e a dispensa de licitação, inclusive em favor de particular.

Quanto à necessidade de observação das exigências do art. 24, X, da Lei nº 8.666/1993, Justen Filho as reputa aplicáveis, mas Fernandes, apesar de atestar a sua validade, não lhes garante eficácia, já que todo o dispositivo teve sua eficácia suspensa.

## INVESTIDURA (ART. 17, I, "D")

De acordo com o conceito presente no inciso I do §3º do art. 17, vislumbram-se facilmente os requisitos para a sua realização: ocorrência anterior de obra pública no local ou adjacências, área remanescente da obra, inaproveitabilidade da área para a administração, preço inferior ao limite da modalidade convite, interesse dos proprietários de imóveis vizinhos e respeito ao valor mínimo da avaliação.

Dos requisitos anteriormente elencados merece maior atenção o que diz respeito à inaproveitabilidade do imóvel para a administração. Segundo entendimento exposto por Justen Filho (2005a:177),[41] o conceito de inaproveitabilidade foi consideravelmente modificado com a tutela constitucional do meio ambiente e da ecologia. A consolidação desta tutela leva o administrador a optar por dar uma destinação que privilegie o meio ambiente e, consequentemente, toda a sociedade, antes de alienar o patrimônio a um particular que lhe dará finalidade invariavelmente egoística.

Caso o imóvel seja avaliado com valor superior ao limite previsto em lei, o procedimento adequado seria aliená-lo pela modalidade concorrência. Caso só haja um possível interessado, estará configurada a inviabilidade de licitação, o que ensejaria a declaração de inexigibilidade de licitação.

No entanto, se houver uma pluralidade de vizinhos interessados, ainda assim Fernandes (2000:255) defende a possibilidade de que poderia a administração dispensar a licitação, desde que atendidos os demais requisitos legais.[42]

Quanto à hipótese do inciso II do §3º do art. 17, vale atentar para dois detalhes: a utilização do termo "usinas hidrelétricas" consiste em mera exemplificação feita pelo legislador, ou seja, pode ser aplicado o citado dispositivo para outras grandes obras de engenharia. Outro aspecto que merece destaque é a menção aos bens que não integrem a categoria dos bens reversíveis. Ora, se os bens não forem reversíveis ao final da obra, não haverá

---

[41] No mesmo sentido, Fernandes (2000:254).
[42] Em sentido contrário, Justen Filho (2005a:177).

como o poder público aliená-los, visto que integrarão o patrimônio da pessoa jurídica responsável pela realização da obra.

## VENDA A OUTRA ENTIDADE DA ADMINISTRAÇÃO PÚBLICA (ART. 17, I, "E")

Nesta forma de alienação não foram exigidos, pelo legislador, mais requisitos, ou seja, é necessário que o alienante e o adquirente sejam pessoas jurídicas de direito público, que haja autorização legislativa e que seja observado o valor da avaliação como preço mínimo a ser aceito.

## PROGRAMAS HABITACIONAIS E DE REGULARIZAÇÃO FUNDIÁRIA (ART. 17, I, "F", "H" E "I")

Tais dispositivos foram sensivelmente alterados pelo advento da Lei Federal nº 11.484, de 31 de maio de 2007, que, ao tratar do tema da regularização fundiária de interesse social em imóveis da União, veio introduzir disciplina mais abrangente sobre o tema.

É custoso acreditar que, ao criar uma entidade responsável pela organização de programas habitacionais e a satisfação do interesse público inerente a esta atividade, a administração não tenha, ao menos implicitamente, autorizado esta entidade a alienar o seu patrimônio para esta finalidade.

Pela nova redação foi suprimida a exigência de autorização especial para o desenvolvimento de tais projetos. No entanto, resta agora verificar, nos casos concretos que se apresentarão, se a autorização legislativa especial vai continuar a ser exigida.

No que tange ao valor mínimo para alienação, estabelecido em função da avaliação feita, a doutrina vislumbra a possibilidade de o imóvel ser alienado por valor inferior ao da avaliação, já que a finalidade de atender aos anseios mais básicos de um determinado grupo se sobreporia à necessidade de remuneração por parte da administração, haja vista, inclusive, a possibilidade de doação dos imóveis (Fernandes, 2000:257-262).

Especificamente a alínea "h" merece destaque, uma vez que estendeu aos bens imóveis de uso comercial de âmbito local, com área de até 250 m² e inseridos no âmbito de programas de regularização fundiária de interesse social desenvolvidos por órgãos ou entidades da administração pública, as hipóteses até então limitadas aos imóveis residenciais.

Na linha das inovações legislativas, como já dito, a Lei nº 11.952/2009 acrescentou a hipótese de licitação dispensada para os casos de

> alienação e concessão de direito real de uso, gratuita ou onerosa, de terras públicas rurais da União na Amazônia Legal onde incidam ocupações até o limite de 15 (quinze) módulos fiscais ou 1.500 ha (mil e quinhentos hectares), para fins de regularização fundiária, atendidos os seguintes requisitos legais.

## PROCEDIMENTOS DE REGULARIZAÇÃO FUNDIÁRIA (ART. 17, I, "G")

Trata-se de inovação legislativa trazida pela Lei nº 11.196/2005, que acrescentou a hipótese de licitação dispensada nos procedimentos de regularização fundiária, consoante as diretrizes traçadas pelo art. 29 da Lei nº 6.383, de 7 de dezembro de 1976:

> Art. 29. O ocupante de terras públicas, que as tenha tornado produtivas com o seu trabalho e o de sua família, fará jus à legitimação da posse de área contínua até 100 (cem) hectares, desde que preencha os seguintes requisitos:
> I – não seja proprietário de imóvel rural;
> II – comprove a morada permanente e cultura efetiva, pelo prazo mínimo de 1 (um) ano.

Todas essas hipóteses de licitação dispensada estão intimamente ligadas à aplicação do princípio da função social da propriedade (art. 183 da CF/88), de sorte a facilitar a destinação de terras improdutivas aos seus legítimos possuidores.

## Alienação de bens móveis (art. 17, II)

No que concerne a este ponto, cremos que se aplique quase que a totalidade dos comentários feitos às formas de alienação de bens imóveis. No entanto, não nos furtaremos a tecer algumas considerações específicas.

Assim como na doação de bens imóveis, aqui também se faz necessário que a administração verifique se a doação é a melhor opção para a alienação daquele determinado bem. Esta é a razão da exigência legal de conveniência socioeconômica da opção pela doação. Certo é que a liberalidade deve ter finalidade que, de alguma forma, atinja o interesse público. Assim, exigem-se fins e uso de interesse social como requisitos para a alienação.

No que tange à permuta de bens móveis, valem as mesmas observações feitas às permutas de bens imóveis, lembrando apenas que a redação do dispositivo que veda a permuta destes bens com particulares só tem eficácia para a esfera de governo da União, em razão da decisão do STF na Medida Cautelar da ADI nº 927-3/RS, sendo possível às demais esferas de governo a realização de permutas sem a restrição do dispositivo.

Sobre a venda de ações e títulos, entendemos bastante apropriada a lição de Souto (2004a:94), que reconhece na legislação própria e no mercado mecanismos mais eficientes que a própria licitação para a alienação de títulos e ações da administração pública. No entanto, o citado autor relembra que

*se da venda de ações resultar a perda do controle acionário, modificando a natureza jurídica da empresa estatal com criação* legalmente prevista, há que se obter prévia autorização legislativa (genérica ou específica).

A hipótese da venda de bens produzidos ou comercializados pela administração em virtude de suas finalidades refere-se precipuamente à administração indireta, liberando as empresas públicas e sociedades de economia mista da obrigatoriedade de licitação para vender os seus produtos no mercado, conferindo às mesmas condições de competitividade. É possível entender-se que a dispensa de licitação não deveria se ater apenas às vendas operadas pela administração indireta, mas seria apropriado estendê-la às compras e serviços contratados por ela, já que esta seria a maneira de não fragilizar a competitividade dessas empresas, uma vez que lhes daria maior dinamismo nas contratações.

Por fim, merece atenção a hipótese de venda de materiais e equipamentos sem utilização previsível para a administração alienante, a outro órgão ou entidade da administração pública. Nesta hipótese não se fala em bem inservível, mas é certo que este deverá estar desprovido de utilidade no órgão ou entidade da administração pública. Na mesma esteira, vale lembrar que a operação deve ser vantajosa para ambos os contratantes.[43]

### Da licitação dispensável (art. 24 da Lei nº 8.666/1993)

Conforme dito anteriormente, a dispensa de licitação é a hipótese em que a competição é possível, mas o legislador entendeu que a licitação é dispensável, conferindo ao administrador a

---

[43] Fica a observação de Marcos Juruena Villela Souto de que órgãos não possuem personalidade jurídica. Assim, numa operação entre órgãos da mesma administração pública ocorreria mera cessão, uma vez que nenhuma das duas partes teria personalidade jurídica para celebrar contratos.

opção discricionária de dispensar o procedimento como forma de atender, da melhor forma possível, aos interesses públicos envolvidos.

Justen Filho (2005a:234) estabelece o critério da observância da relação custo-benefício para que se verifique a necessidade de dispensar a licitação. Para o citado autor existem hipóteses nas quais o custo econômico da licitação não compensa o benefício a ser contratado. Noutras, o custo é temporal, e também existiriam casos em que não haveria potencialidade de benefício em caso de licitação, ou mesmo interesse da administração em auferir vantagem econômica.

A doutrina aduz que determinadas hipóteses tratadas como próprias de licitação dispensável não o deveriam ser, pois se adequariam melhor às hipóteses de licitação inexigível. Elas estão previstas nos seguintes dispositivos legais: art. 17, I, alíneas "a", "b", "c", "d", "f" e "g"; art. 24, X, XV, XIX, XXV e XXVI, da Lei nº 8.666/1993.

Não se diga que é possível aos outros entes federativos inovar nos casos de dispensa de licitação, justamente porque a competência exclusiva da União para legislar sobre normas gerais de licitação lhe garante esta prerrogativa. Desta forma, por tratar-se de exceção a obrigação constitucionalmente prevista, tal inovação deverá ser interpretada de forma restritiva.

A fim de facilitar o estudo, adota-se a organização das hipóteses utilizada por Di Pietro (2002:311), que divide as hipóteses de dispensa em quatro categorias distintas: em razão do pequeno valor, do objeto, da pessoa e de situações excepcionais.

## Da dispensa em razão do valor (art. 24, I e II)

A primeira questão interessante no que diz respeito às dispensas em razão do valor é a questão do fracionamento da obra ou serviço. Em que pese ao assunto ter sido tratado na seção referente às modalidades de licitação, vale lembrar que a lei incentiva o fracionamento do objeto da licitação, com a finalidade de obter melhores ofertas com a inclusão de mais empresas que oferecem propostas para os diversos itens. No entanto, o fracionamento não poderá servir de justificativa para a escolha de modalidade licitatória menos complexa ou mesmo para afastar a licitação por dispensa em razão do valor.

Outro ponto que merece atenção é a questão das modificações supervenientes ao contrato. Caso o valor do contrato seja alterado em virtude da manutenção do seu equilíbrio econômico-financeiro, não há que se falar em violação alguma. Entretanto, se a decisão de alteração do valor inicial refletir mero juízo de conveniência do administrador, não poderá ser admitida.

É importante atentar para a inclusão do parágrafo único no art. 24, operada pela Lei de Consórcios Públicos (Lei nº 11.107/2005), para aumentar os limites dos incisos I e II nas hipóteses de que trata.

### Da dispensa em razão do objeto

Descabe aqui maior explicação sobre esta divisão das hipóteses, que se assemelham em função de especificidades dos objetos das contratações.

#### Gêneros perecíveis (art. 24, XII)

A norma que se destina a autorizar a contratação direta por dispensa de licitação para compra de bens perecíveis não pode ser vista como regra, ou seja, tal hipótese deve ser temporária e eventual, sob pena de estimular a falta de planejamento para a satisfação das necessidades da administração.

## Aquisição e restauração de obras de arte e objetos históricos (art. 24, XV)

Rigolin (1999:306-307) faz severas críticas ao dispositivo em comento, visto que limitou a possibilidade de aquisição de obras de arte por outras entidades da administração pública que não tenham seu objeto compatível com tais obras. No entanto, utilizando-se de interpretação que reconhece na conservação do patrimônio cultural finalidade de qualquer entidade da administração pública, o autor visa garantir amplo acesso às obras de arte.

Sob outro prisma, o mesmo autor não vê lógica na exigibilidade de licitação para adquirir obras de arte, o que constituiria caso de inexigibilidade de licitação.

Souto (2004a:113) observa que o intuito da norma é tão somente vedar a contratação de qualquer artista, qualquer obra, para qualquer repartição pública.

Quanto à contratação de serviços de restauração, poderá ser feita pela inexigibilidade de licitação prevista no inciso III do art. 25 (contratação do autor), no inciso II do art. 25 (empresa ou profissional com notória especialização na realização de serviço singular) ou mesmo no inciso XV do art. 24, nos casos em que o bem a ser restaurado não enseje profissionais demasiadamente especializados, sendo a competição entre eles possível, mas indesejável em função de inconvenientes de transporte, por exemplo.

## Peças para manutenção de garantia (art. 24, XVII)

Esta hipótese de dispensa de licitação exige apenas que a contratação se opere durante o período de garantia, quando sua validade depender, necessariamente, da aquisição de peças junto ao fornecedor original do equipamento ou empresa por ele autorizada.

## Materiais padronizados de uso das Forças Armadas
## (art. 24, XIX)

Consoante se observa da redação do inciso XIX do art. 24, o dispositivo, na realidade, não enseja aplicação a qualquer aquisição de materiais para as Forças Armadas, limitando seu alcance aos materiais que tiveram reconhecida a necessidade de padronização para a melhor eficiência na atuação militar.

Atente-se, apenas, para o fato de que é possível a contratação por inexigibilidade de licitação quando os bens que se deseja contratar são oferecidos por fornecedor exclusivo.

## Bens e serviços que envolvem tecnologia
## (art. 24, XXI, XXV e XXVII)

Inicialmente cabe frisar que o inciso XXI não se aplica a obras e serviços, devendo apenas ser utilizado para aquisição de bens.

O traço característico desta hipótese é a impossibilidade de definição prévia do bem que melhor atenderia à necessidade do Estado. E é justamente em função disso que a competição não se verifica. Quando a lei trata de pesquisa, refere-se à incerteza inerente a este tipo de atividade, o que leva Justen Filho (2005a:261) a observar a similitude com a inexigibilidade de licitação.

Outra razão que teria levado o legislador a optar por incluir esta hipótese no rol de licitações dispensáveis relaciona-se à questão temporal envolvida na contratação por processo licitatório. A pesquisa científica é algo dinâmico, que, muitas vezes, vai exigir celeridade na obtenção dos insumos necessários à sua manutenção.

Ainda na esteira das contratações que envolvem tecnologia, dois novos incisos foram incluídos no rol do art. 24 para tratar de situações bastante específicas sobre transferência de tecnologia (inciso XXV) e bens e serviços que envolvam alta complexidade tecnológica e defesa nacional (inciso XXVIII), este que teve a sua redação alterada pela Lei nº 11.445, de 5 de janeiro de 2007, para possibilitar a dispensa de licitação para o processamento e comercialização de resíduos sólidos.

## Da dispensa em razão da pessoa

Diferentemente das dispensas realizadas em razão do objeto a ser contratado, trata-se aqui de contratações que se assemelham por especificidades concernentes aos contratantes.

### BENS OU SERVIÇOS OFERTADOS PELA ADMINISTRAÇÃO PÚBLICA (ART. 24, VIII)

Trata-se de consagração aos princípios da descentralização e especialidade, pelos quais a administração cria entidades específicas para a realização de determinados interesses públicos.

Vale a distinção entre as entidades da administração pública indireta prestadoras de serviços públicos e as dedicadas a atividades econômicas. O permissivo legal só seria aplicável às prestadoras de serviço público, uma vez que as exploradoras de atividade econômica estariam subordinadas ao regime de direito privado por força do disposto no art. 173, §1º, da CF/88. Nesta esteira, não seria possível que estas empresas competissem com as similares do setor privado gozando de privilégios que desequilibrassem a concorrência do mercado.

Conforme observa Moreira Neto (1992:66), havendo entidade criada com a finalidade específica de desempenhar as atividades de que a administração necessita, nos casos em que o legislador federal tornou dispensável a licitação verifica-se que a lei criadora da entidade já dispensou a licitação em seu favor. Assim, não caberia ao administrador licitar.

O texto legal exige que a entidade contratada seja integrante da mesma administração pública. Desta forma, não poderia o estado de São Paulo contratar diretamente, com fundamento no inciso VIII do art. 24, a Empresa de Obras Públicas do estado do Rio de Janeiro para realizar obra de seu interesse, porque esta não integra o seu corpo administrativo. Pela mesma razão descaberia contratação direta da Petrobras para fornecimento de combustíveis, porque a mesma integra a esfera federal.

Quanto à necessidade de a empresa ter sido criada antes da vigência da lei de licitações, o dispositivo merece crítica de Souto (2004a:110), para quem a vedação implícita que o texto legal operou em relação às entidades criadas em momento posterior à entrada em vigor da lei só desencoraja o poder público de descentralizar suas atividades.

## DIÁRIOS OFICIAIS, FORMULÁRIOS PADRONIZADOS, EDIÇÕES TÉCNICAS OFICIAIS E SERVIÇOS DE INFORMÁTICA DA ADMINISTRAÇÃO PÚBLICA (ART. 24, XVI)

Sobre este ponto, grande parte da doutrina o entende por desnecessário, uma vez que estas hipóteses já estariam contempladas no inciso VIII do mesmo artigo. No entanto, é necessário observar que, no dispositivo em comento, não consta a exigência de que a pessoa jurídica de direito público interno tenha sido criada em data anterior à Lei nº 8.666/1993.

Noutro ponto, Justen Filho (2005a:258) observa que tal dispositivo não alude à necessidade de a contratação dar-se em uma mesma órbita da Federação, permitindo, portanto, que um estado pudesse contratar uma sociedade de economia mista federal para realizar um dos serviços elencados no dispositivo.[44] Para Souto (2004a:116), opera a dinâmica oposta. Segundo seu entendimento, a busca de clientes externos, mesmo em outras administrações, já descaracteriza a descentralização administrativa para transformar a entidade em concorrente da iniciativa privada.

Por fim, vale uma pequena digressão acerca do alcance do dispositivo quanto ao objeto. Para Justen Filho (2005a:257), a administração não pode estar liberada para contratar qualquer serviço de informática ou qualquer impressão de formulários diretamente, devendo haver justificativas relevantes que afastem tais atividades do conceito de atividade econômica e exijam estreita cooperação entre o contratante e o contratado, aproximando a situação de uma hipótese de inexigibilidade de licitação. Observe-se a lição do citado mestre, *in verbis*:

> No tocante a serviços de informática, há questões que envolvem sigilo, segurança e domínio de tecnologia como condições inafastáveis de realização do bem comum. A Administração Pública não pode, no plano da informática, depender dos particulares, sob pena de pôr em risco a autonomia, senão a própria soberania. [...]
> Somente haverá cabimento de contratação direta na medida em que a impressão de formulários tiver alguma relação com a realização dos fins impostos ao Estado.

## INSTITUIÇÃO BRASILEIRA DE PESQUISA, ENSINO OU DESENVOLVIMENTO INSTITUCIONAL OU INSTITUIÇÃO DEDICADA À RECUPERAÇÃO DO PRESO (ART. 24, XIII)

Trata-se de um dos dispositivos mais interessantes do rol de hipóteses de dispensa de licitação, posto que traz a necessidade

---

[44] No mesmo sentido, Rigolin (1999:307).

de análise de diversos requisitos para a verificação da legalidade da sua utilização.

Primeiramente, no que diz respeito ao termo "instituição", vale esclarecer que não estão incluídas organizações destituídas de personalidade jurídica própria ou que, mesmo a possuindo, sirvam de fachada para a atuação de pessoas físicas ou jurídicas que não tenham o cunho social que a lei exige.

Quanto à exigência de que seja instituição brasileira, não é necessário salientar que não se trata de disposição xenófoba, mas de opção do legislador brasileiro por privilegiar instituições criadas e atuantes sob as leis brasileiras.

No que concerne à menção à pesquisa, ensino e desenvolvimento institucional, a doutrina interpreta esta exigência legal como existência de previsão de uma destas atividades nos atos constitutivos da instituição, inclusive como forma de garantir a correlação entre os objetivos da mesma com o objeto do contrato. No caso concreto em que for realizada a contratação, deverá o administrador atestar esta verificação.

A lei exige, ainda, "inquestionável reputação ético-profissional" das instituições candidatas à contratação com fundamento neste dispositivo. Apesar de constituir-se termo vago que dificulta a fixação de critério objetivo de avaliação, é rica a contribuição de diversos autores sobre o tema:

> Deve ser inquestionável a capacitação para o desempenho da atividade objetivada. Exigem-se as virtudes éticas relacionadas direta e necessariamente com o perfeito cumprimento do contrato [Justen Filho, 2005a:253].

> Não raro vislumbra-se que são confundidos os conceitos das pessoas físicas que criaram a entidade com esta própria, ou, então, o que é pior, confunde-se reputação ético-profissional com a ausência de comentários depreciativos sobre uma entidade. São coisas bastante distintas: exige a lei "inquestionável

reputação ético-profissional", sendo insuficiente a ausência de comentários negativos ou a existência simultânea de fatores positivos e depreciativos, com prevalência do primeiro; mas é suficiente que a instituição só seja reconhecida no âmbito restrito dos que atuam naquele segmento de mercado [Fernandes, 2000:424].

Neste ponto, caberá novamente ao administrador atestar a "inquestionável reputação ético-profissional" do potencial contratado, com base nos elementos trazidos aos autos do processo administrativo (declarações de fornecimentos anteriores, declarações de servidores com conhecimento técnico da área etc.).

Outro ponto de exigência legal é a ausência de finalidade lucrativa da instituição, o que por si não inviabiliza a fixação de remuneração para a mesma no contrato, já que qualquer entidade tem custos inerentes à sua manutenção e correta prestação dos serviços.

Por fim, exige-se a pertinência entre o objeto a ser contratado e o objetivo da instituição, não sendo possível contratar uma instituição de pesquisa para fornecer mão de obra de recepcionistas, por exemplo. Para tanto, é necessário que o serviço ou bem seja absolutamente definido e mensurável.

Existe, ainda, a possibilidade de haver no mercado uma pluralidade de instituições com características semelhantes e, portanto, em tese, aptas a contratar com a administração. Esta situação, que em primeira análise poderia obrigar à realização de procedimento licitatório, não o faz justamente porque a lei permite ao administrador dispensar a licitação nestas condições, desde que observados os requisitos do dispositivo em comento, bem como aqueles traçados no art. 26 da Lei nº 8.666/1993, do qual trataremos no momento oportuno.

## Contratação de associação de portadores de deficiência física (art. 24, XX)

Como meio de introduzir os deficientes físicos no mercado de trabalho, a legislação veio permitir que a licitação seja dispensada em favor de associação de deficientes para que seja prestado serviço ou fornecida mão de obra. São requisitos básicos para esta contratação: ausência de fins lucrativos da associação, sua comprovada idoneidade[45] e compatibilidade do preço com o mercado, o que deverá ser atestado pelo administrador.

## Compra ou locação de imóvel para a administração (art. 24, X)

Trata-se de dispositivo que não traz grandes dificuldades ao aplicador, visto que exige apenas três requisitos para o seu manejo, quais sejam: necessidade do imóvel para o desempenho das funções administrativas, adequação daquele imóvel específico às necessidades estatais e compatibilidade do preço com os parâmetros do mercado. Ressalte-se que estes três requisitos devem estar justificados pelo administrador, uma vez que se inserem na sua competência discricionária.

## Serviços públicos (art. 24, XXII e XXVI)

Cotidianamente, o tratamento dado a esta hipótese de contratação era de inexigibilidade de licitação por inviabilidade de competição. No entanto, as alterações produzidas

---

[45] Para Fernandes (2000:491), é possível aferir a idoneidade da associação pela veiculação de notícias jornalísticas.

pela Lei nº 9.074/1995 levam à análise atenta do caso no que diz respeito à energia elétrica. A citada legislação passou a prever a diversidade de produtores de energia, acabando com a exclusividade dos concessionários de serviço público. No entanto, não se pode olvidar que a oferta particular ainda é pouco expressiva frente a todo o potencial demonstrado atualmente pelos concessionários, o que, por si, já afastaria a licitação em razão de inviabilidade de competição. No entanto, é sabido que existem empreendimentos em avançado grau de desenvolvimento que já ensejam a realização do procedimento licitatório tendo em vista a possibilidade de competição, o que é recomendado pelo TCU de acordo com o informado por Souto (2004a:119).

Situação quase idêntica ocorre com o gás natural, em relação ao qual, embora ainda não se percebam condições reais de competição, nada impede que em um futuro próximo a licitação seja uma necessidade.

Por fim, vale a notícia da inclusão do inciso XXVI ao art. 24 pela Lei nº 11.107/2005, que contempla a celebração de contrato de programa com ente da Federação ou entidade da sua administração indireta para a prestação de serviços públicos por meio de consórcio público.

## CONTRATAÇÃO DE SUBSIDIÁRIAS OU CONTROLADAS (ART. 24, XXIII)

Trata-se de mais uma aplicação do princípio da descentralização, segundo o qual a entidade maior cria entidades subsidiárias para que estas lhe forneçam determinado bem ou serviço de maneira mais eficiente, desincumbindo-se dos custos inerentes àquela atividade-meio.

## Prestação de serviços de organizações sociais (art. 24, XXIV)[46]

Trata-se de procedimento criado para contratação de um dos pilares do programa de reforma do Estado, atentando especificamente para a função das organizações sociais de absorver as atividades de fomento social nas quais órgãos da União estejam atuando.

Souto salienta que não deve ser feita confusão das organizações sociais com as "entidades de utilidade pública", que em sua maioria recebem subvenções sociais e têm seus recursos suplementados por recursos públicos em virtude da prestação de serviços essenciais de assistência social, médica e educacional.

Por esta hipótese de dispensa o poder público celebra contrato de gestão com o particular, passando a este a execução de determinado serviço, limitando-se, a partir daí, a exercer controle finalístico sobre a realização do pactuado no contrato de gestão.

## Dispensa em razão de situações excepcionais

### Guerra ou grave perturbação da ordem (art. 24, III)

Trata-se de hipótese de dispensa que se justifica unicamente pela ocorrência dos conflitos, já que é pacífico na doutrina pátria que é necessária a decretação das medidas estabelecidas nos arts. 136 e 137 da CF/88, quais sejam, estado de defesa e estado de sítio, para que a dispensa possa se realizar.[47]

---

[46] Sobre o tema, Souto (2004a:120-127); Lírio do Valle (1998:34 e segs.).
[47] Souto (2004a:237); Motta (2000:225); Rigolin (1999:297).

Quanto à abrangência do dispositivo, Justen Filho (2005a:238) leciona que a norma legal do inciso III do art. 24 só seria aplicável às contratações cuja publicidade não ameaçasse a segurança nacional e se fizesse necessária diligência na realização do procedimento. Desta forma, havendo risco para a segurança nacional aplicar-se-ia o inciso IX do art. 24, em razão do critério de especialidade. No entanto, caso os contratos não sejam influenciados de forma alguma pela contingência, não haveria razão para dispensar a licitação.[48]

## EMERGÊNCIA OU CALAMIDADE PÚBLICA (ART. 24, IV)

Esta hipótese de dispensa se refere aos casos em que o tempo de realização do procedimento licitatório inviabilizaria totalmente o atendimento do interesse público envolvido.

A caracterização da calamidade pública dependerá do reconhecimento formal, por parte do poder público, de situação anormal provocada por desastres, causando sérios danos à comunidade afetada, inclusive à incolumidade ou à vida de seus integrantes.[49]

No caso da emergência ocorre o contrário: não é necessário ato formal do chefe do Poder Executivo para justificar a dispensa de licitação neste dispositivo. Tal opção pela dispensa constitui ato discricionário do administrador, sem que isso autorize o desrespeito aos princípios constitucionais da moralidade e razoabilidade. Logo, poderá o administrador, e não o órgão jurídico responsável, optar pela utilização do dispositivo, mas, para tanto, será necessário comprovar os seguintes requisitos exigidos em

---

[48] No mesmo sentido, Nieburr (2003:273-274). Em sentido contrário, Fernandes (2000:308-310) e Rigolin (1999:297), que entendem pela possibilidade de dispensar a licitação em todas as contratações.
[49] Art. 2º do Decreto Federal nº 895/1993, que trata do Sistema Nacional de Defesa Civil.

lei: risco potencial e iminente a coisas ou pessoas, urgência no atendimento, imprevisibilidade e adequação da dispensa como meio capaz de evitar ou minorar os danos, além, é claro, da situação calamitosa ou emergencial.

Para que se considere regular a contratação direta, é necessário que a situação calamitosa ou emergencial resulte em risco potencial e iminente a coisas ou pessoas dentro daquele espaço físico sujeito àquelas condições excepcionais; caso contrário será difícil o convencimento de que as situações realmente sejam excepcionais.

Quanto à urgência no atendimento, torna-se premente a comprovação de que as carências devem ser satisfeitas em período exíguo e que, portanto, o tempo de duração do procedimento licitatório constituiria o maior obstáculo à sua satisfação. Assim, dependendo do caso concreto, se o objeto for entregue em prazo não muito curto, será difícil manter a convicção de que a contratação era mesmo emergencial.

Ainda no que concerne ao valor tempo, é necessário que o administrador observe a adequação da dispensa à finalidade pretendida, demonstrando que ela está apta a atender às necessidades de forma satisfatória.

Fator importantíssimo que tem causado alguns problemas sobre o tema é a imprevisibilidade como requisito para a justificação da emergência. Tal requisito decorre da obrigatoriedade de realização de planejamento que se impõe ao administrador público. Assim, não é possível que o administrador queira justificar determinada contratação direta pelo art. 24, IV, da Lei nº 8.666/1993 em razão de inércia ou desídia sua, não obstante se observem decisões do TCU que aprovam contratações diretas decorrentes de fatos previsíveis, porém inevitáveis,[50] ou mesmo

---

[50] Processo TCDF nº 5.016/1996. Conselheiro relator: Osvaldo Rodrigues. Representação nº 3/1996.

previsíveis e evitáveis, mas em que tenha sido demonstrada eficiência e vantagem na contratação,[51] consoante informa Fernandes (2000:317-322).

No entanto, em que pese a esta vedação, não atenderia ao interesse público a opção pela revogação da contratação direta que teve motivo na hipótese citada, posto que isto não atenderia às necessidades públicas, as quais seriam melhor tuteladas se prevalecesse o entendimento de dar seguimento à contratação direta, mas instaurando procedimento apuratório das responsabilidades dos servidores envolvidos.

Quanto ao prazo de duração deste tipo de contratação, a lei fixa o limite máximo improrrogável de 180 dias, contados da data da verificação da emergência ou calamidade. Fica a ressalva de que o administrador deverá fixar o prazo de duração do contrato, bem como dimensionar o objeto a ser obtido de acordo com a necessidade emergencial, ou seja, não será possível contratar determinado objeto para consumo durante um ano inteiro por este dispositivo. As necessidades devem ser supridas de forma satisfatória até que se possa realizar o devido procedimento licitatório.

No que tange à improrrogabilidade, vale a ressalva de Souto (2004a:102) quando afirma que, expirado o prazo de 180 dias sem que tenha cessado a situação emergencial, será possível celebrar novo contrato por meio do mesmo dispositivo, sem que isso importe em prorrogação do mesmo.

## LICITAÇÃO DESERTA (ART. 24, V)

Para a configuração desta hipótese é necessário atentar para cinco requisitos básicos: ocorrência de licitação anterior, ausência

---

[51] Processo TC nº 926.268/98-8. Decisão nº 524/1999. Ministro relator: Valmir Campelo.

de interessados, risco de prejuízo, adequação da contratação direta para a evitabilidade do prejuízo e manutenção das condições ofertadas no ato convocatório anterior (Fernandes, 2000:334).

Quanto ao primeiro requisito, é preciso observar se a licitação anterior efetivamente poderia ter levado a adjudicação do objeto a algum interessado, ou seja, se as condições de participação exigidas pela administração não restringiam de tal forma o universo dos participantes levando à ausência dos mesmos. Por outro lado, se a licitação anterior tiver sido revogada por ato do administrador, não terá havido possibilidade de o procedimento chegar ao fim; logo, não poderá ser considerado atendido este primeiro requisito.

No que concerne à questão da ausência de interessados, vale a ressalva feita por Garcia[52] no âmbito da Procuradoria Geral do Estado do Rio de Janeiro, quando diferencia a licitação deserta (ausência de interessados) da licitação fracassada, caracterizada pela apresentação de interessados que vieram a ser declarados inabilitados, excluídos da definição os casos em que a inabilitação decorreu de previsão editalícia desarrazoada. Via de regra não será possível aplicar o inciso V do art. 24 aos casos de licitação fracassada, exceto nos casos em que for verificado excesso nas exigências do edital anterior, situação na qual será possível contratar diretamente empresa anteriormente inabilitada.

Quanto ao risco que a repetição do certame traria, Justen Filho (2005a:243) afirma que não se confunde com o risco do inciso IV, visto que aquele é muito mais amplo e abrange a possibilidade de danos muito maiores. No caso em tela, basta que seja comprovado que os prejuízos financeiros decorrentes de uma possível repetição a tornariam desvantajosa e ineficiente.

Quanto à evitabilidade do prejuízo pela dispensa, faz-se menção ao item anterior, posto que a dinâmica da adequação da solução ao problema é idêntica.

---

[52] Parecer nº 4/2001 – FAG.

Por fim, resta analisar a questão da manutenção das condições ofertadas no certame frustrado. Tal exigência se dá em razão da observância do princípio da isonomia, que impõe a observância dos mesmos termos do instrumento convocatório, a fim de que seja dado o mesmo tratamento a todos os interessados.

## REMANESCENTE DE OBRA, SERVIÇO OU FORNECIMENTO (ART. 24, XI)

Trata-se de hipótese na qual a administração está autorizada a contratar diretamente os outros classificados[53] em determinada licitação realizada e na qual o licitante vencedor teve seu contrato com a administração rescindido. Observada a ordem de classificação das propostas, a administração poderá oferecer aos outros classificados as mesmas condições aceitas pelo vencedor, a fim de que seja concluída parcela remanescente de obra, serviço ou fornecimento.

Justen Filho (2005a:250-251) salienta que a administração não está adstrita a esta opção, podendo decidir pela realização de nova licitação de acordo com as suas necessidades, como, por exemplo, nos casos em que se verificar a presença de parcelas defeituosas ou faltantes no projeto original. Nestes casos, em virtude da alteração a ser operada no instrumento convocatório original, será necessária a realização de nova licitação.

## INTERVENÇÃO PARA REGULAR PREÇOS OU NORMALIZAR O ABASTECIMENTO (ART. 24, VI)

Nesta modalidade de dispensa a finalidade da administração não será obter para si a melhor oferta no aspecto financeiro. O interesse aqui é intervir no mercado nos limites do §1º do art.

---

[53] Ficam excluídos os inabilitados e desclassificados no curso do certame.

173 da CF/88. Nestes casos a União terá que concorrer com os particulares em igualdade de condições para alterar as relações existentes entre oferta e demanda de um determinado produto, o que por si só impede a realização de licitação, sob pena de frustrar as finalidades da norma.

## Propostas manifestamente superiores aos limites de mercado ou legais (art. 24, VII)

Além da ocorrência de licitação anterior, é necessário verificar se todas as propostas ofereceram preços manifestamente superiores aos praticados no mercado ou fixados por órgão oficial, se foi dada a oportunidade aos licitantes de reapresentarem as suas propostas, purgados os vícios das mesmas, e se as propostas foram reapresentadas com os mesmos vícios. Por fim, para que a contratação seja válida, deverá haver comprovação de que o objeto contratado não tenha preço superior aos registros de preços ou serviços. Neste ponto específico, Justen Filho (2005a:245) atenta para a possibilidade de substituir o preço do registro pela média do mercado, nos casos em que a administração local não dispuser daquele sistema.

## Comprometimento da segurança nacional[54] (art. 24, IX)

A lei exige comprometimento real e efetivo da segurança nacional pela publicidade inerente ao procedimento licitatório como requisito para a configuração da hipótese de dispensa. Além disso, verifica-se que a competência para aferir o com-

---

[54] Sobre o tema, Marques Neto (2003:667-675). O Projeto de Lei nº 7.709/2007, de autoria do Poder Executivo, que visa introduzir alterações na Lei Federal nº 8.666/1993, traz proposta de alteração do art. 16 da lei, para que o conteúdo daquele dispositivo não se aplique a esta hipótese de dispensa.

prometimento da segurança nacional é exclusiva do presidente da República, uma vez que este não precisa da autorização do Conselho de Defesa Nacional para afirmá-lo, bastando apenas a oitiva do órgão consultivo.

Ponto interessante reside na limitação desta hipótese à União, não tendo sido contemplada, de forma alguma, a situação de estados e municípios. Em que pese ao posicionamento contrário de Fernandes (2000:384), Souto (2004a:111) advoga pela aplicabilidade do dispositivo aos estados e municípios, sugerindo que se adote a nomenclatura "segurança pública" em lugar de "segurança nacional", posto que a publicidade pode produzir efeitos tão negativos em determinadas contratações estaduais quanto os verificáveis nas contratações federais.

## AQUISIÇÕES NOS TERMOS DE ACORDO INTERNACIONAL ESPECÍFICO (ART. 24, XIV)

Conforme sabido, o Estado brasileiro pode celebrar acordos internacionais como sujeitos de direitos e obrigações no âmbito internacional. No desempenho desta função são introduzidas, no ordenamento jurídico interno, novas normas, que passam a produzir efeitos com a edição de decreto legislativo pelo Congresso Nacional.

Não se discute que as normas que concernem a alienações e aquisições de bens, contratação de serviços e obras passam a integrar o ordenamento interno com hierarquia de lei ordinária, passando a constituir norma geral de licitações e contratos administrativos (Justen Filho, 2005a:256).

Quanto à vantagem exigida no dispositivo, caberá ao administrador justificá-la, podendo a mesma, inclusive, não consistir em vantagem econômica.

## ABASTECIMENTO DE EMBARCAÇÕES, UNIDADES AÉREAS OU TROPAS (ART. 24, XVIII)

Afora a incorreção na redação do dispositivo no que diz respeito à exiguidade dos prazos legais,[55] este se destina a garantir condições mínimas às operações militares que se fizerem necessárias. Vale a lembrança de que este dispositivo é criticado pelo casuísmo (Rigolin, 1999:308; Souto, 2004a:117).

## Da inexigibilidade de licitação (art. 25 da Lei nº 8.666/1993)

A inexigibilidade de licitação é conceito criado pelo legislador para tutelar as hipóteses em que a competição é inviável, o que, por sua vez, constitui conceito jurídico indeterminado, que exige interpretação privativa do administrador na concretização de seu poder discricionário (Amaral, 1995:95-96). Figueiredo e Ferraz (1994:102) observam que a inexigibilidade se impõe em função da natureza específica no negócio ou pelos objetivos sociais visados pela administração.

A fim de elucidar melhor a questão básica da inexigibilidade de licitação, transcrevem-se os ensinamentos de Mello (1999:390) sobre o tema:

> Em suma: sempre que se possa detectar uma induvidosa e objetiva contradição entre o atendimento a uma finalidade jurídica que incumba à Administração perseguir para bom cumprimento de seus misteres e a realização do certame licitatório, porque

---

[55] O dispositivo fala em "exiguidade dos prazos" quando, na verdade, a situação é justamente oposta: os prazos legais não são exíguos e, por isso, comprometeriam a realização tempestiva de operações militares.

este frustraria o correto alcance do bem jurídico posto sob sua cura, ter-se-á de concluir que está ausente o pressuposto jurídico da licitação e, se esta não for dispensável com base em um dos incisos do art. 24, deverá ser havida como excluída com supedâneo no art. 25, *caput*.

### Inexigibilidade inominada (art. 25, *caput*)

Ao contrário do que opera na licitação dispensada, as hipóteses de inexigibilidade de licitação prevista no art. 25 da lei não formam rol exaustivo, sendo possível, portanto, que seja operacionalizada contratação direta por este dispositivo sem que a hipótese esteja prevista em lei. Essa hipótese é tratada por alguns como "inexigibilidade inominada".

Justen Filho (2005a:275) pauta seu raciocínio sobre o caso na justificação da inviabilidade de competição em função da peculiaridade de algumas necessidades estatais. Assim, todos os casos de inexigibilidade decorreriam de um objeto singular, que seria o único apto a satisfazer as necessidades da administração.

Ressalte-se que a singularidade do objeto não decorre somente da ausência de similares no mercado, mas, principalmente, da escolha do administrador, a quem compete justificar a opção por aquele objeto específico.

### Fornecedor exclusivo (art. 25, I)

Trata-se da hipótese mais óbvia de inviabilidade de competição, na qual existe apenas um fornecedor capaz de ofertar aquele bem. No entanto, a análise do dispositivo leva à observação de alguns pontos que trazem dificuldades no trato das contratações.

Inicialmente, observa-se a restrição feita pela lei à abrangência do dispositivo. O inciso I do art. 25 da Lei nº 8.666/1993 aplica-se exclusivamente às compras operadas pela administração, posto que o dispositivo refere-se apenas à aquisição de materiais, equipamentos ou gêneros. Entretanto, não se diga que é impossível a contratação de serviços e obras por inexigibilidade de licitação. Em que pese à impossibilidade de adotar a norma do inciso I como justificativa, nada impede que o administrador a justifique através do *caput* do art. 25, desde que comprove a inviabilidade de competição.

No que tange à exclusividade do fornecedor, é necessário atentar para dois pontos importantes, quais sejam: a questão da marca e o meio apto a provar a exclusividade do fornecedor. Quanto à problemática da marca, é imperioso atentar para o disposto no art. 15, I, da Lei de Licitações:

> Art. 15. As compras, sempre que possível, deverão:
> I – atender ao princípio da padronização, que imponha compatibilidade de especificações técnicas e de desempenho, observadas, quando for o caso, as condições de manutenção, assistência técnica e garantia oferecidas.

Conjugando esta previsão legal com os princípios constitucionais que informam a atividade administrativa, conclui-se que a adoção de um padrão atenderia aos princípios da eficiência e da economicidade, racionalizando a atividade administrativa, mas a lei ressalta que nem sempre a padronização será possível. A fim de esclarecer o critério a ser adotado para a aferição das vantagens da padronização por determinada marca, traz-se à baila a lição de Justen Filho (2010:186):

> A decisão e a escolha de um certo produto (projeto ou tecnologia etc.) deverão ser devidamente fundamentadas, tendo por critério fundamental a vantagem para a Administração. Trata-se de vantagem em sentido concreto e definido. Deverá avaliar-se

o benefício econômico direto e as vantagens indiretas provenientes da padronização.

No que diz respeito à forma de aferir a necessidade de padronização, referimo-nos à lição de Gasparini (1996a:219), quando afirma que a justificativa da padronização deve vir lastreada, conforme o caso, em estudos, laudos, perícias e pareceres técnicos, sob pena de caracterização de fraude ao princípio da licitação.

Sendo assim, somente será possível a padronização por determinada marca quando for aferido objetivamente que tal adoção trará benefícios à administração, sendo vedada qualquer opção subjetiva do administrador, seja ela de rejeitar ou preferir determinada marca.

Atente-se apenas para a lição de Sundfeld (1995:47), no sentido de que a decisão pela padronização não afasta a licitação por si só, posto que é possível a comercialização do bem por diversos fornecedores.

Justamente a fim de aferir a exclusividade do fornecedor, a lei coloca ao aplicador a exigência de obtenção de atestados no registro comercial local, sindicato, federação, confederação patronal, ou, ainda, entidades equivalentes.

Trata-se de ponto que enseja críticas de parte da doutrina, visto que nenhuma das entidades previstas no texto legal teria atribuição própria para atestar tal tipo de informação (Justen Filho, 2005a:280). No entanto, em que pese a esta crítica, a prática vem confirmando a possibilidade de adoção do modelo legal. Souto (2004a:130-132) admite a aceitação de cartas ou contratos de exclusividade entre o produtor e determinado representante num certo local.[56]

---

[56] Em sentido contrário, Fernandes (2000:576-579).

O ponto seguinte trata da definição da exclusividade do espaço. Meirelles (2006:124-125)[57] escalonava a exclusividade de acordo com a modalidade de licitação aplicável caso fosse viável a competição. Logo, na faixa do convite, a praça seria o município no qual seria realizada a contratação; na faixa da tomada de preços, o universo seria o abrangido pelo registro cadastral competente; na faixa da concorrência, a limitação seria o território nacional.

Em que pese à abalizada opinião do ilustre publicista, é necessário observar que tal divisão tem problemas, como afirma Fernandes (2000:571).

O mesmo autor defende uma forma similar de determinação da área a ser contemplada pela exclusividade, a qual se guia pelo critério da publicidade exigida pelo art. 21 e seus incisos da Lei nº 8.666/1993 no que tange às faixas correspondentes às modalidades tomada de preços e concorrência.

## Serviços técnicos de natureza singular (art. 25, II)

Nesta hipótese a lei exige que o objeto da contratação seja serviço técnico de natureza singular, bem como que o prestador detenha notória especialização. Somente da leitura do dispositivo é possível perceber que nele estão incluídos diversos conceitos distintos.

O primeiro deles se refere à natureza dos serviços a serem prestados. A norma trata apenas dos serviços técnicos profissionais especializados, enumerados no art. 13 do mesmo diploma, ou seja, não é possível elastecer o rol de serviços com a finalidade de declarar a inexigibilidade de licitação pelo art. 25, II, haja vista que se trata de norma excepcionadora do dever

---

[57] No mesmo sentido, Marcos Juruena Villela Souto.

constitucional de licitar e, em razão desta característica, merece interpretação restritiva.

Para Justen Filho (2005a:281), a prestação de serviços técnicos profissionais especializados diferencia-se dos outros serviços técnicos em razão da possibilidade de obtenção de alternativas qualitativamente distintas entre os diversos profissionais aptos a realizá-los. Não basta aqui a profissionalização do indivíduo, mas a sua especialização na realização do objeto. Percebe-se, portanto, que não se trata de uma necessidade rotineira da administração, mas de verdadeira necessidade anômala.

No que tange à natureza singular, é necessário ressaltar que esta não se refere ao prestador, mas ao objeto a ser executado. A administração deve definir previamente o objeto de acordo com a sua necessidade e, posteriormente, procurar um profissional habilitado para realizá-lo. Por mais difícil que seja definir o que significa "natureza singular", adota-se novamente a sugestão de Justen Filho (2005a:283), que determina a singularidade do objeto como a conjunção do caráter excepcional da necessidade com o fato de ser inviável o atendimento por um profissional especializado padrão.

É justamente esta incapacidade de satisfação por um profissional especializado padrão que leva à exigência legal seguinte: a notória especialização do contratado. Este requisito se desfaz em dois elementos apuráveis de maneira independente: a especialidade e a notoriedade.

A especialidade do sujeito é característica aferível objetivamente por meio dos instrumentos postos no §1º do mesmo art. 25, entre outros capazes de demonstrar a capacidade do sujeito.

No que concerne à notoriedade, não se exige o reconhecimento de toda a sociedade, mas apenas no meio específico dos profissionais que desempenham aquele serviço (Fernandes, 1996:395).

Por fim, exige-se que a notória especialização do contratado tenha pertinência direta com o serviço técnico profissional que se busca contratar. Tal assertiva é óbvia, mas é importante ressaltá-la com o fito de desincentivar a prática de contratar, apenas para beneficiá-los, terceiros que, por mais especializados que sejam em determinado mister, não possuem qualificação satisfatória para prestar o serviço desejado.

## Profissional do setor artístico (art. 25, III)

Este dispositivo não traz maiores problemas quanto à sua aplicação, uma vez que a própria lei determina os requisitos a serem observados para que se viabilize esta contratação.

O primeiro requisito consiste na contratação de artista profissional, que nos dizeres de Fernandes (2000:615) é

> o profissional que cria, interpreta ou executa obra de caráter cultural de qualquer natureza, para efeito de exibição ou divulgação pública, através dos meios de comunicação de massa ou em locais onde se realizam espetáculos de diversão pública. O profissional artista deve estar inscrito na Delegacia Regional do Trabalho, o mesmo ocorrendo com os agenciadores de mão de obra, constituindo esse registro elemento indispensável à regularidade da contratação.

A contratação deve ser direta ou através de empresário exclusivo, como medida de prevenção de intermediações desnecessárias que só visem o benefício de algum particular.

Quanto à consagração exigida, vale lembrar que deve ser proporcional à magnitude do evento que se visa organizar e à praça na qual ocorrerá.

## Controle das contratações diretas (art. 26 da Lei nº 8.666/1993)

Em linhas gerais, todas as contratações por dispensa ou inexigibilidade deverão ser justificadas, excetuadas as hipóteses dos incisos I e II do art. 24.

Compete ao ordenador de despesas — após manifestação do gestor no sentido de que a contratação direta é adequada à finalidade pretendida, bem como de que o preço é compatível como o praticado no mercado —, proceder à justificação da contratação utilizando-se desses argumentos, além de informar a situação concreta que obriga a prática do ato, indicando, inclusive, o dispositivo legal aplicável. Cabe ainda ao ordenador de despesas justificar a escolha do contratado, apontando os critérios utilizados.

Em seguida, será dada ciência à autoridade superior para que, se for o caso, autorize a despesa.

Desta feita verifica-se que o controle interno é feito tanto pelo ordenador de despesas quanto pela própria autoridade superior, que poderá assessorar-se do corpo jurídico do órgão, o qual somente realizará o exame de legalidade da contratação, posto que, conforme dito anteriormente, a decisão pela dispensa ou inexigibilidade possui natureza discricionária.

Por outro lado, não resta dúvida de que a justificação da contratação direta tem o fito de ampliar o controle externo da sociedade por meio de órgãos intermédios. Tal entendimento ficou assentado em recente decisão, pelo Superior Tribunal de Justiça, relativa a recurso especial cuja ementa transcrevemos parcialmente:[58]

---

[58] REsp nº 942412/SP. Registro: 2006/0152916-1.

4. Sem a demonstração da natureza singular do serviço prestado, o procedimento licitatório é obrigatório e deve ser instaurado, com o objetivo maior de a) permitir a concorrência entre as empresas e pessoas especializadas no mesmo ramo profissional e, b) garantir ampla transparência à contratação pública e, com isso, assegurar a possibilidade de controle pela sociedade e os sujeitos intermediários (Ministério Público, ONGs etc.). 5. Recurso Especial parcialmente provido.

Por fim, vale lembrar que os atos de dispensa ou declaração de inexigibilidade de licitação ainda sofrerão controle exercido *a posteriori* pelos tribunais de contas.

## Questões de automonitoramento

1. Após ler este capítulo, você é capaz de resumir o caso gerador do capítulo 7, identificando as partes envolvidas, os problemas atinentes e as soluções cabíveis?
2. Diferencie licitação dispensada, dispensável e inexigibilidade de licitação.
3. É permitido ao município doar bem imóvel próprio a particular?
4. Quais são os requisitos necessários à contratação de instituição brasileira de pesquisa, ensino ou desenvolvimento institucional ou instituição dedicada à recuperação do preso?
5. É possível contratar diretamente por inexigibilidade de licitação, mesmo que a hipótese concreta não esteja albergada em nenhum dos incisos do art. 25?
6. Pense e descreva, mentalmente, outras alternativas para a solução do caso gerador do capítulo 7.

# 3

# Aspectos gerais dos contratos

## Roteiro de estudo

*Origem histórica: breves reflexões*

O direito administrativo, como ramo autônomo do direito, surge com as revoluções ocorridas na Europa no final do século XVIII e início do século XIX, juntamente com a formação do chamado estado de direito, em que o próprio Estado deveria se submeter às leis por ele editadas (princípio da legalidade), respeitando os direitos da sociedade.

O direito francês muito contribuiu para a formação de um direito administrativo autônomo em relação aos outros ramos jurídicos. Após a Revolução Francesa, em decorrência da desconfiança nos juízes remanescentes do regime anterior, adotou-se na França o sistema do contencioso administrativo (jurisdição administrativa), paralelamente à jurisdição comum, em uma aplicação rígida do postulado da separação entre os poderes, não se admitindo, portanto, que o Poder Judiciário julgasse questões em que a administração pública (Poder Executivo) fosse parte.

Assim, por meio das decisões do Conselho de Estado (órgão jurisdicional administrativo com independência em relação ao chefe de Estado), foram incorporados diversos princípios e regras ao direito administrativo, possibilitando, gradativamente, a formação de normas próprias, independentes e distintas das normas até então regedoras das relações particulares (por exemplo, normas referentes à responsabilidade civil do Estado ou à prestação de serviços públicos).

Esse modelo jurídico francês pós-revolução também se caracterizou pela observância estrita do princípio da legalidade e pela supremacia estatal em relação aos particulares, estabelecendo-se prerrogativas ao Estado, inclusive no campo das contratações públicas, como a adoção de cláusulas contratuais que garantissem alguns privilégios da administração contratante em face dos contratados privados (cláusulas exorbitantes).

A formação do direito administrativo brasileiro autônomo se inspirou basicamente no direito administrativo francês (não obstante a contribuição de outros sistemas jurídicos, como, por exemplo, o alemão), caracterizado pela postura impositiva, suprema e distante do Estado em relação aos administrados.[59]

Atualmente, entretanto, em decorrência das transformações sociais, econômicas e políticas, o direito administrativo vem passando por profundas alterações, não havendo mais espaço para um Estado apenas impositivo, sendo necessária uma parceria cada vez mais ampla e consensual entre o poder público, os cidadãos e a iniciativa privada, seja na elaboração de leis, na

---

[59] Frise-se que a absorção da concepção francesa pelo sistema jurídico pátrio, inclusive em relação aos contratos realizados pela administração pública, apresenta algumas dificuldades, tendo em vista as diferenças e peculiaridades de cada ordenamento, como, por exemplo, entre a dualidade de jurisdição francesa e a jurisdição una no Brasil (art. 5º, XXXV, da CF/88), com todas as consequências advindas dessa distinção.

execução de serviços públicos essenciais ou na realização de contratos da administração. Confira-se a lição de Moreira Neto (2006:6-7):

> Progressivamente, assim, o Estado vai abandonando a histórica pretensão de ser *dirigente e mentor da sociedade* para afincar-se na missão de ser dela *instrumento e parceiro*. Com isso, a *imperatividade* deixa de ser *critério* para ser *ferramenta*, posta à escolha do legislador.
>
> Evidentemente, sempre haverá necessidade de que a imperatividade exista e continue a se aplicar ao exercício do *monopólio estatal da coerção*, nas inúmeras situações em que seja necessário impor a sua vontade institucional para preservar ou atingir um determinado interesse público, mas sempre desde que como tal definido em lei.
>
> Certo é, também, que a postura, velha de mais de dois séculos, erguida sobre a tríade *supremacia, imposição e unilateralidade* — reputadas como atributos permanentes e inafastáveis da Administração Pública em suas relações com os administrados — vem cedendo paulatinamente à *consensualidade* e à *negociação*, pois que se vêm mostrando muito mais *eficientes* para a satisfação dos interesses públicos [grifos do autor].

Nesse contexto, cabe ao direito administrativo moderno o desafio de adequar essa nova postura estatal (oriunda, especialmente, do direito norte-americano) ao antigo modelo francês adotado, inclusive no âmbito das licitações e contratações públicas.

## Contratos da administração:
## contratos administrativos e contratos semipúblicos

As características essenciais, os princípios informadores e a conceituação básica dos contratos, sejam eles regidos eminentemente pelo direito privado ou pelo direito público, são definidos pela Teoria Geral dos Contratos.[60] Em suma, pode-se afirmar que os contratos são negócios jurídicos bilaterais, que criam direitos e obrigações para os contratantes. Para a sua regular constituição e aplicação é fundamental o preenchimento dos requisitos essenciais da forma (prevista ou não proibida em lei), a capacidade das partes e a licitude do objeto, além da observância dos princípios gerais regedores da matéria,[61] como o da autonomia da vontade, da relatividade dos efeitos, força obrigatória do que pactuado, boa-fé e função social do contrato.[62]

J. H. Meirelles Teixeira (apud Di Pietro, 2003:244) estabelece, de forma clara, as características básicas de um contrato, seja ele público ou privado:

(a) um acordo voluntário de vontades, indissoluvelmente ligadas uma à outra, reciprocamente condicionante e condicionada, coexistentes no tempo, formando uma vontade contratual unitária;

(b) os interesses e finalidades visados pelas partes apresentam-se contraditórios e opostos, condicionando-se reciprocamente, uns como causa dos outros;

(c) produção de efeitos jurídicos para ambas as partes, ou seja, criação de direitos e obrigações recíprocos para os contratantes; daí a afirmação de que faz lei entre as partes.

---

[60] Sobre o tema, vide: Gomes (1998; 1972); Venosa (2003).
[61] Para Hely Lopes Meirelles: "Todo contrato – privado ou público – é dominado por dois princípios: o da lei entre as partes (*lex inter partes*) e o da observância do que pactuaram (*pacta sunt servanda*). Pelo primeiro, torna-se imutável o que as partes convencionaram; pelo segundo, devem ambas cumprir fielmente o que avençaram e prometeram reciprocamente" (Meirelles, 1991:156).
[62] Para melhor compreensão desses princípios, vide: Tartuce (2005); Lôbo (2002); Marquesi (2004); Bierwagen (2005).

Sendo assim, convencionou-se adotar a expressão "contratos da administração" para designar qualquer tipo de contrato em que a administração pública seja parte, diferenciando-se, portanto, dos contratos estritamente privados, em que não há participação do poder público.

Tais contratos da administração são considerados, portanto, um gênero, que comporta duas espécies: os *contratos administrativos* e os *contratos de direito privado realizados pela administração pública* (Di Pietro, 2003:240).

Registre-se que a terminologia adotada para os *contratos da administração* em que há prevalência do direito privado não é uniforme na doutrina. Di Pietro (2003:245) os denomina "contratos privados da administração", enquanto outros doutrinadores, como Meirelles (1991:160), os chamam de "contratos semipúblicos".[63] Confira-se a sistematização adotada pelo renomado administrativista:

> *Contrato privado* é o celebrado entre particulares, sob a égide do Direito Privado, em que prevalecem a igualdade jurídica entre as partes e, via de regra, a informalidade.
>
> *Contrato semipúblico* é o firmado entre a administração e particular, pessoa física ou jurídica, com predominância das normas pertinentes do Direito Privado, mas com as formalidades previstas para os ajustes administrativos e relativa supremacia do Poder Público.
>
> *Contrato administrativo típico:* a Administração só realiza quando dele participa como Poder Público, derrogando normas de Direito Privado e agindo *publicae utilitatis* causa, sob a égide do Direito Público [...]

---

[63] A fim de evitar confusão terminológica, este trabalho adotará a denominação "contratos semipúblicos" para se referir aos contratos em que a administração pública faça parte e nos quais predominem normas de direito privado.

Assim, para melhor compreensão do tema, faz-se necessário traçar algumas das principais semelhanças e diferenças entre os contratos administrativos e os contratos semipúblicos.

Como espécies do gênero contrato da administração, deverão estar presentes, tanto no contrato administrativo como no semipúblico, os requisitos da forma, da motivação, da previsão orçamentária, da autorização legislativa (para alguns casos), do prévio procedimento licitatório (como regra), da publicação do resumo do contrato no órgão oficial (a fim de que tenha eficácia), da necessidade de atingimento dos fins públicos, além de outros elementos fundamentais previstos na lei.

Frise-se que nos contratos semipúblicos (ex.: seguro, financiamento),[64] apesar de se considerar que o Estado encontra-se em posição de igualdade com o particular contratante, o regime de direito privado adotado é parcialmente derrogado pelo direito público (art. 62, §3º, I e II, da Lei nº 8.666/1993), o que o aproxima em muitos pontos dos contratos administrativos típicos.

Dessa forma, segundo Meirelles (1991:158-159), o elemento que é capaz de caracterizar realmente um contrato administrativo, diferenciando-o dos demais ajustes, é a participação da administração pública com "supremacia de poder para fixar as condições iniciais do ajuste." Complementa o referido autor:

> Não é o objeto, nem a finalidade ou o interesse público que caracterizam o contrato administrativo, pois o objeto é normalmente idêntico ao do Direito Privado (obra, serviço, compra, alienação, locação) e a finalidade e o interesse público estão sempre presentes em quaisquer contratos da Administração, sejam públicos ou privados, como pressupostos necessários de toda a atuação administrativa.

---

[64] Marcos Juruena Villela Souto, no capítulo XIII de sua obra *Direito administrativo contratual*, identifica e analisa os contratos tidos como semipúblicos (Souto, 2004a:277-372).

Buscando estabelecer a distinção entre os contratos privados e os contratos administrativos, Moreira Neto (2003a:159-160) argumenta:

> A distinção entre o contrato privado e o contrato administrativo não reside, porém, na finalidade pública genérica, pois nada impede que ambos possam visar a seu atendimento; tampouco está na presença do Estado na relação contratual, uma vez que paraestatais e entidades direta ou indiretamente controladas pelo Estado poderão celebrar contratos submetidos ao direito público (hoje, matéria de lei) e, por fim, muito menos decorre essa distinção do regime que se lhes aplica, pois a submissão de um contrato a um dos dois gêneros de regimes legais, público ou privado, será apenas decorrência de sua natureza. [...]
> A distinção, portanto, deve ser encontrada no interesse público específico, que se reconhece como aquele que, sendo definido em lei, deverá ser imediatamente atendido pela prestação que, no contrato administrativo, incumbe ao contratante privado. [...]
> Assim, por exemplo, se um Município resolve transferir o uso de um imóvel dominical a um particular, para que nele instale uma loja, o contrato que vier a celebrar estará submetido ao Direito Administrativo, pois a renda gerada pela locação do imóvel é uma prestação de interesse público e, por isso, legalmente definida como receita pública extraordinária, teoricamente substitutiva do próprio uso público regular do bem. Neste caso, há um contrato administrativo, submetido a suas prescrições substantivas e formais, regendo-se subsidiariamente pelo Direito Privado.
> Distintamente, noutro e simétrico exemplo, se um Município toma em locação um imóvel privado, para nele instalar uma repartição pública, o contrato que vier a celebrar com o particular ainda será, subjetivamente, um contrato da Administração, mas

não mais, materialmente, um contrato administrativo, uma vez que nenhuma das prestações recíprocas estará endereçada a um interesse público específico definido por lei, pois a entrega do uso do imóvel é uma prestação privada, que incumbe ao locador particular, e o aluguel, a ser pago pela Administração, será uma renda privada que será por ele auferida. Como contrato da Administração, ele estará apenas submetido a prescrições formais do Direito Administrativo, regendo-se, em tudo mais, pelo Direito Privado.

Identifica-se, na doutrina, que o grande diferencial entre os contratos administrativos e os contratos semipúblicos, ou até mesmo em relação aos contratos privados realizados entre particulares, são as *prerrogativas* que a administração pública possui nos contratos administrativos, traduzidas nas chamadas "cláusulas exorbitantes".[65]

Nos contratos administrativos, as cláusulas exorbitantes estarão sempre presentes (mesmo que implicitamente), como forma de garantir o interesse público.[66]

Já nos contratos semipúblicos, em regra não são adotadas as cláusulas exorbitantes, tendo em vista o nivelamento de posições entre o particular e o Estado, não se proibindo, entretanto,

---

[65] "Cláusulas exorbitantes são, pois, as que excedem do Direito Comum para consignar uma vantagem ou uma restrição à Administração ou ao contratado. As cláusulas exorbitantes não seriam lícitas num contrato privado, porque desigualariam as partes na execução do avençado, mas são absolutamente válidas no contrato administrativo, uma vez que decorrem da lei ou dos princípios que regem a atividade administrativa e visam a estabelecer prerrogativas em favor de uma das partes, para o perfeito atendimento do interesse público, que se sobrepõe sempre aos interesses particulares" (Meirelles, 1991:162).

[66] Registre-se que um dos grandes desafios para que se atenda fielmente a finalidade pública nos contratos administrativos consiste na equação equilibrada entre a adoção de cláusulas exorbitantes (fundamentais para o exercício da supremacia do interesse público estatal face aos particulares contratantes) e a garantia constitucional/legal do contratado na manutenção do equilíbrio econômico-financeiro do contrato durante toda a sua execução (art. 37, XXI, da CF/88 e art. 58, §1º, da Lei nº 8.666/1993).

como bem adverte Di Pietro,[67] que, em consonância com as especificidades do caso concreto, algumas cláusulas exorbitantes possam ser expressamente (nesse caso, elas não se presumem) previstas no respectivo edital/contrato.

Recorrendo-se novamente aos ensinamentos de Di Pietro (2003:247), constata-se que outra possível diferença entre os contratos administrativos e os contratos semipúblicos diz respeito ao *objeto*:

> O contrato administrativo visa à prestação de serviço público, não no sentido restrito de "atividade exercida sob regime jurídico exorbitante", mas no sentido amplo, que abrange toda atividade que o estado assume [...].
>
> Também será administrativo o contrato que tiver por objeto a *utilização privativa de bem público de uso comum ou uso especial*, uma vez que tais bens, sendo inalienáveis, estarão fora do comércio jurídico de direito privado; todas as relações jurídicas que sobre eles incidam são disciplinadas pelo direito público. Diríamos até que, mais do que o tipo de atividade, o que se considera essencial para a caracterização do contrato administrativo é a *utilidade pública que resulta diretamente do contrato*. [...]
>
> Ao contrário, quando a Administração celebra contrato cujo objeto apenas indiretamente ou acessoriamente diz respeito ao interesse geral (na medida em que tem repercussão orçamentária, quer do lado da despesa, quer do lado da receita), ela se

---

[67] Confira-se, ainda, o exemplo e a observação feita pela autora: "Por exemplo, quando a lei permite o *comodato* de bem público, pode estabelecer para a Administração a faculdade de exigi-lo de volta por motivo de interesse público. Por isso, deve ser aceita com reservas a afirmação de que no contrato administrativo a posição entre as partes é de *verticalidade* (o que é verdadeiro) e, no contrato privado celebrado pela Administração, a posição das partes é de *horizontalidade*, o que não é inteiramente verdadeiro, quer pela submissão do Poder Público a *restrições* inexistentes no direito comum, quer pela possibilidade de lhe serem conferidas determinadas prerrogativas, por meio de cláusulas exorbitantes expressamente previstas" (Di Pietro 2003:246-247, grifos nossos).

submete ou pode submeter-se ao direito privado; por exemplo, para comprar materiais necessários a uma obra ou serviço público, para colocar no seguro os veículos oficiais, para alugar um imóvel necessário à instalação de repartição pública, enfim, para se equipar de instrumentos necessários à realização da atividade principal, esta sim regida pelo direito público.

O que se deve frisar é que os contratos administrativos regem-se pelos preceitos de direito público, sendo, de forma supletiva, aplicadas as normas de direito privado (art. 54 da Lei nº 8.666/1993). Por outro lado, os contratos semipúblicos são orientados pelas normas de direito privado, não obstante a necessidade de observância de algumas regras de direito público.

Sendo assim, após essa diferenciação básica entre as duas espécies de contratos da administração, passa-se a uma análise mais detalhada dos *contratos administrativos*.

## Contratos administrativos

### Conceituação e constituição

O conceito de contrato administrativo extrai-se da obra de Meirelles (1991:156):

> Contrato administrativo é o ajuste que a Administração Pública, agindo nessa qualidade, firma com o particular ou com outra entidade administrativa, para a consecução de objetivos de interesse público, nas condições desejadas pela própria Administração.

Para Moreira Neto (2003b:170),

> os contratos administrativos são aqueles nos quais o interesse público específico a ser atingido é um interesse administrativo

primário, casos em que está plenamente investida a Administração Pública das prerrogativas expressas em seu regime jurídico próprio.

Assim, depreende-se que para a constituição dos contratos administrativos[68] devem estar sempre presentes a finalidade pública prevista em lei e no edital/contrato, com a devida motivação da autoridade competente, respeitando-se as formalidades legais, além do consenso das partes, com a estipulação das obrigações recíprocas e a demonstração da capacidade civil e administrativa (habilitação e ausência de sanção que impeça a contratação) do administrado.

Divergências doutrinárias

Segundo informa Di Pietro (2003:240-242), existem três posicionamentos doutrinários a respeito dos contratos administrativos.

Uma primeira corrente doutrinária, defendida por Mello (2007:684-690), nega a própria existência de contratos administrativos, pois não haveria igualdade entre as partes (supremacia da administração pública); a vontade exposta seria a da lei e das cláusulas contratuais preestabelecidas, não havendo espaço, portanto, para a autonomia da vontade. Além disso, o fato de a administração poder alterar as regras contratuais descaracterizaria o postulado *pacta sunt servanda* (obrigatoriedade das partes em cumprir o que foi pactuado).

Uma segunda posição doutrinária, diametralmente oposta à anteriormente citada, sustenta que todos os contratos dos quais

---

[68] Conforme já exposto, tais elementos também devem constar na constituição dos chamados contratos semipúblicos.

a administração pública participe terão a natureza de contratos administrativos (devido à incidência obrigatória de normas de direito público), e nunca de contratos privados.

A terceira corrente, para a qual converge atualmente a maior parte dos administrativistas, argumenta que a administração pública tanto pode celebrar contratos administrativos quanto contratos privados (ou semipúblicos, como visto anteriormente), cada qual com suas características e atributos.

## Normatização

A Constituição Federal de 1988 conferiu à União a competência para legislar sobre normas gerais de licitação e contratos (art. 22, XVII, c/c art. 37, XXI). Tal competência foi exercida com a edição da Lei nº 8.666/1993 (com alterações introduzidas pelas leis nº 8.883/1994 e nº 9.648/1998).

Destaque-se que cada ente federativo possui autonomia para legislar sobre aspectos específicos de licitações e contratos, desde que em harmonia com as normas gerais editadas pela União. Cite-se o ensinamento de Moreira Neto (2003a:169-170):

> Assim é que à União não compete mais que, em ambas as hipóteses constitucionais, na linha do instituto da competência concorrente limitada, de origem alemã, estabelecer uma moldura subprincipiológica (*Rahmenvorschrift*), dentro da qual caberá aos Estados, Distrito Federal e Municípios estabelecerem amplamente suas peculiares e respectivas legislações administrativas sobre as licitações.
> [...]
> Finalmente, como também se pode inferir da nômina feita pelas normas gerais, a legislação federal tampouco esgota a categorização de contratos administrativos, e nada impede que os Estados, o Distrito Federal e os Municípios definam,

por seu turno, interesses públicos específicos outros, e os disciplinem individualizadamente como novas espécies de contratos administrativos, bem como acrescentem suas respectivas normas específicas para as cinco modalidades definidas em nível nacional. O que não é possível é reduzir o elenco de contratos administrativos definidos pelas normas gerais existentes.

Destaque-se aqui a polêmica doutrinária consistente em saber se seria possível que a administração realizasse contratos ainda não previstos/tipificados em lei (contratos atípicos). Para uma corrente estritamente legalista, tal hipótese não poderia sequer ser cogitada, enquanto para outros doutrinadores, caso esse novo contrato respeitasse os princípios constitucionais e legais informadores da administração, visando ao interesse público, não haveria, a princípio, qualquer óbice à sua realização.

A Lei nº 8.666/1993 denominou contratos administrativos todos os contratos por ela estipulados, como os de compra e venda, alienação, locação, seguro, financiamento. Todavia, alguns desses contratos são, na verdade, contratos semipúblicos. Confira-se a opinião de Souto (2004a:277):[69]

---

[69] Nesse mesmo sentido leciona Di Pietro (2003:248-249): "A Lei nº 8.666/93 [...] abrange todos os contratos por ela disciplinados sob a denominação de contratos administrativos (arts. 1º e 54), embora nem todos tenham essa natureza. [...] No entanto, alguns desses contratos regem-se basicamente pelo direito privado, com sujeição a algumas normas de direito público constantes dessa lei. Tal é o caso da compra, da alienação, da locação de imóvel, da concessão de direito real de uso. [...] Houve, no entanto, uma evidente intenção do legislador de publicizar todos os contratos referidos; é o que decorre do art. 62, §3º, que manda aplicar o disposto nos arts. 55 e 58 a 61 e demais normas gerais, no que couber: 1. aos contratos de *seguro*, de *financiamento*, de *locação*, em que o Poder Público seja locatário, e aos *demais cujo conteúdo seja regido, predominantemente, por normas de direito privado*; 2. aos contratos em que a administração for parte, como usuária de serviço público. [...] Essa publicização ou aplicação das normas gerais de Lei nº 8.666 é apenas parcial, pois somente se fará no que for compatível com as regras do direito privado que disciplinam tais contratos" (grifos da autora).

O Estatuto confunde muitas vezes "contrato administrativo" com o seu gênero "contrato da administração", que engloba, além daquele, os contratos de direito privado celebrados pela Administração, nos quais, como o próprio nome já diz, a Administração deveria sujeitar-se ao regime de direito privado, em igualdade de condições com o particular, embora observando certas formalidades inerentes ao controle.

Além disso, a Lei Geral de Licitações e Contratos (Lei nº 8.666/1993) estabeleceu quais as cláusulas necessárias dos contratos administrativos (art. 55); disciplinou, também, a questão da sua formalização (art. 60 e segs.); dispôs sobre a alteração (art. 65), execução/inexecução dos contratos (arts. 60 a 80), além das possíveis sanções administrativas (art. 81 e segs.).

### Regime de contratação no âmbito das estatais

As sociedades de economia mista e empresas públicas regem-se pelas normas de direito privado — art. 170 da CF/88 (pessoas jurídicas de direito privado) —, não obstante integrarem a administração pública (indireta).

Assim, desde o Decreto-Lei nº 200/1967 (art. 125) e, posteriormente, pelo Decreto-Lei nº 2.300/1986 (art. 86), já se previa a adoção de regimes licitatórios e contratuais diferenciados entre as pessoas jurídicas de direito público e as de direito privado (para estas últimas, previa-se a possibilidade de elaboração de procedimentos próprios — regulamentos simplificados — mais adequados às características da competitividade e flexibilidade do sistema privado).

Com as alterações introduzidas pela Emenda Constitucional nº 19/1998, tornou-se ainda mais claro o objetivo da Constituição no sentido de se aplicar um regime especial de licitações e contratos para as empresas estatais, acabando com os conflitos doutrinários[70] surgidos à época da edição da Lei nº 8.666/1993 que, em seus arts. 1º, parágrafo único, e 19, estabelecia a necessidade de que os regulamentos das estatais seguissem toda a disciplina estabelecida na referida lei.

Registre-se, também, que a doutrina diverge quanto à possibilidade de aplicação de regime diferenciado de licitações e contratos para as empresas estatais prestadoras de serviço público[71] (quanto às exploradoras de atividade econômica não há questionamentos).

Outra questão bastante polêmica diz respeito à "lei" de que trata o art. 173, §1º, da CF/88. Alguns doutrinadores vêm sustentando que, enquanto tal lei não for editada, deve-se aplicar a Lei nº 8.666/1993 para as licitações/contratos das estatais.

Outros alegam que o referido dispositivo constitucional é autoaplicável, sendo possível que as estatais editem seus regulamentos próprios, desde que respeitados os princípios contidos na Constituição Federal e na própria Lei nº 8.666/1993.

Além disso, há também divergências sobre se tal lei deverá ser editada pela União (como norma geral), se cada ente federativo deverá editar sua lei própria (vinculando as estatais criadas por sua autorização) ou se cada uma das sociedades de economia mista ou empresas públicas deveriam ter suas próprias leis, de forma particularizada, sobre o regime especial de licitações e contratos.

---

[70] Almeida (2006:182-189) expõe, de forma clara, a divergência, informando que autores como Carlos Ari Sundfeld e Antonio Roque Citadini defendiam que os regulamentos das estatais deveriam seguir todos os preceitos previstos na Lei nº 8.666/1993, enquanto outros administrativistas, como Marcos Juruena Villela Souto, sustentavam que a referida lei não havia alterado o propósito contido no DL nº 2.300/1986 e que o art. 1º, parágrafo único, e o art. 19 da Lei nº 8.666/1993 seriam inconstitucionais por não respeitarem o regime de direito privado previsto pela Constituição Federal (art. 173) para as estatais.
[71] Sobre o tema, vide Almeida (2006:189-194).

Sendo assim, não obstante as divergências aqui apresentadas, entende-se que às empresas estatais não se deve aplicar o regime de direito público estabelecido paras as licitações e contratos das pessoas jurídicas de direito público, tendo em vista a dissonância com as características e exigências requeridas pela atuação no campo privado. Nesse sentido, as estatais não celebram contratos administrativos com a supremacia estabelecida pelas cláusulas exorbitantes, e sim contratos da administração, regidos especialmente pelo direito comum a que são submetidas todas as pessoas jurídicas de direito privado.

Características

Como características principais dos contratos administrativos, podemos destacar:

(a) *bilateralidade* — as partes possuem obrigações recíprocas (sinalagmáticas);

(b) *comutatividade* — deve haver equivalência das prestações, mantendo-se o equilíbrio econômico-financeiro do contrato administrativo;

(c) *onerosidade* — as prestações de cada uma das partes devem ser avaliadas economicamente;

(d) *formalidade* — a lei estabelece um determinado rito formal, que pode variar de acordo com o contrato administrativo. Frise-se que a regra nos contratos administrativos é a forma escrita (art. 60, parágrafo único, da Lei nº 8.666/1993). Além disso, o fato de ser um procedimento formal não autoriza a administração a adotar formalismos excessivos que impeçam a consecução do fim público pretendido com a contratação;

(e) *personalismo* — os contratos administrativos são *intuitu personae*, ou seja, devem ser executados pelo próprio contratado (em razão das condições pessoais previamente apuradas pelo Estado), não se admitindo, em regra, a cessão ou sub-rogação, ou mesmo a fusão, cisão ou incorporação que afete negativamente a realização do objeto contratual, salvo disposição legal[72] ou contratual;

(f) *presença de cláusulas exorbitantes* — os contratos administrativos possuem cláusulas que colocam a administração pública em supremacia em face do contratado, estipulando, por exemplo, a possibilidade de alteração e rescisão unilateral do contrato; revisão de preços e tarifas; inoponibilidade, em tese, da exceção de contrato não cumprido; fiscalização do contrato e aplicação de penalidades (respeitando-se sempre os princípios constitucionais do contraditório e da ampla defesa);

(g) *instabilidade ou mutabilidade* — decorre, de certa forma, do item anterior, pois à administração cabe alterar unilateralmente o objeto contratual ou rescindir o contrato antes do prazo fixado, visando melhor atender ao interesse público, dentro dos limites previstos na lei e preservando-se a equação financeira do contrato ou indenizando eventuais perdas e danos ao contratado;

(h) *precedência, em regra, de licitação*[73] — em geral, salvo os casos previstos na Lei nº 8.666/1993, antes da celebração do contrato administrativo deverá transcorrer o procedimento licitatório (na forma prevista em Lei), a fim de que se possa escolher a proposta que traga maior vantagem para o Estado, atendendo-se aos princípios constitucionais e específicos sobre as licitações e, principalmente, ao interesse público.

---

[72] Os serviços públicos, por exemplo, podem ser transferidos nos termos do art. 27 da Lei nº 8.987/1995.
[73] A licitação não é um fim em si mesma, mas meio para se atingir uma determinada finalidade pública. Confira-se o entendimento de Justen Filho (2000:63): "É necessário ter consciência de que a licitação tem natureza instrumental. É a via prevista pelo Direito para atingir certo fim, com observância de certos princípios e satisfação de valores específicos".

Moreira Neto (2003a:163-165) elenca, ainda, as mesmas características dos atos administrativos aos contratos administrativos, a saber:

- *imperatividade* — o Estado deve, se o interesse público assim determinar, alterar unilateralmente o objeto do contrato;
- *existência* — presença de elementos constitutivos do contrato administrativo;
- *validade* — presunção decorrente do fato de a administração pública ser parte do contrato;
- *eficácia* — por ser presumidamente válido, o contrato administrativo torna-se eficaz, podendo, entretanto, ser suspenso por ato da própria administração, do Poder Legislativo ou do Judiciário;
- *exequibilidade* — possibilidade de ser executado de forma imediata, sem termos ou condições, salvo o que estipulado em lei ou no contrato; e
- *executoriedade* — possibilidade de intervenção unilateral nos contratos administrativos, visando atender ao interesse público.

### Interpretação/princípios aplicáveis[74]

Ao se interpretarem os contratos administrativos deve-se levar em consideração, inicialmente, seu caráter eminentemente público, adotando-se, supletivamente, as regras de direito privado (conforme já exposto).

Assim, Meirelles (2006:194) estabeleceu os seguintes princípios interpretativos para os contratos administrativos:

---

[74] Sobre a aplicação dos princípios constitucionais e administrativos aos contratos da administração, vide Sarai (2004).

(a) *impossibilidade de se interpretar contra a coletividade* — já que os contratos administrativos são celebrados visando justamente os fins e interesses públicos;
(b) *vinculação da administração ao interesse público* — o administrador público não pode dispor do interesse público, considerando-se como não escrita qualquer cláusula que caracterize prejudicialidade ao Estado ou renúncia de direitos indisponíveis;
(c) *presunção de legitimidade das cláusulas contratuais* — da mesma forma que os atos administrativos;
(d) *alterabilidade das cláusulas regulamentares ou de serviço* — respeitando-se o equilíbrio econômico-financeiro do contrato e a equivalência dos direitos e obrigações das partes contratantes;
(e) *excepcionalidade dos contratos de atribuição* — aqueles em que prevalece o interesse particular, devendo, portanto, sua interpretação ser sempre restritiva;
(f) *incorporação das disposições regulamentares, do caderno de obrigações e do edital* — mesmo que não transcritas no texto do contrato administrativo;
(g) *consideração das ordens de serviços e instruções para execução, além das manifestações dos contratantes* — expressam a vontade das partes.

Ainda em relação aos princípios, é inegável a influência, nos contratos administrativos, dos novos postulados introduzidos pelo atual Código Civil. Assim, por exemplo, vislumbra-se a aplicação do princípio da boa-fé objetiva (art. 442 do NCC), traduzido na ideia de lealdade entre as partes na formulação, execução e após a extinção do contrato,[75] do princípio da função social do contrato, entre outros.[76]

---

[75] Por tal princípio seria inadmissível, por exemplo, a postura não raramente adotada pela administração pública de não honrar os compromissos financeiros pactuados, postergar ao máximo os pagamentos devidos aos contratados etc.
[76] Sobre a incidência dos princípios instituídos pelo NCC nos contratos administrativos, vide Borges (2005).

## Principais contratos administrativos

De forma sucinta, os principais contratos administrativos estão descritos a seguir.

### CONTRATO DE OBRA PÚBLICA

De acordo com o art. 6º, I, da Lei nº 8.666/1993, obra é "toda construção, reforma, fabricação, recuperação ou ampliação, realizada por execução direta ou indireta". Assim, a administração pública, por não dispor de elementos técnicos e estruturais para a realização de tais obras, contrata com um particular, sendo a remuneração deste oriunda do erário — previsão orçamentária (execução indireta).

Estabelece a Lei nº 8.666/1993 que a execução indireta deve se realizar por um dos seguintes regimes: *empreitada por preço global*,[77] *empreitada por preço unitário*,[78] *tarefa*[79] ou *empreitada integral*.[80]

Lembre-se, ainda, de que a execução da obra também pode ser *direta*, ou seja, "feita pelos órgãos e entidades da administração, por seus próprios meios" (art. 6º, I e VII, da Lei nº 8.666/1993).

---

[77] "Quando se contrata a execução de obra ou serviço por preço certo e total" (art. 6º, VIII, "a", da Lei nº 8.666/1993).
[78] "Quando se contrata a execução da obra ou do serviço por preço certo de unidades determinadas" (art. 6º, VIII, "b", da Lei nº 8.666/1993).
[79] "Quando se ajusta mão de obra para pequenos trabalhos por preço certo, com ou sem fornecimento de materiais" (art. 6º, VIII, "d", da Lei nº 8.666/1993).
[80] "Quando se contrata um empreendimento em sua integralidade, compreendendo todas as etapas das obras, serviços e instalações necessárias, sob inteira responsabilidade da contratada até a sua entrega ao contratante em condições de entrada em operação, atendidos os requisitos técnicos e legais para sua utilização em condições de segurança estrutural e operacional e com as características adequadas às finalidades para que foi contratada" (art. 6º, VIII, "e", da Lei nº 8.666/1993).

## Contrato de serviço

O art. 6º, II, da Lei nº 8.666/1993 define serviço como

toda atividade destinada a obter determinada utilidade de interesse para a Administração, tais como: demolição, conserto, instalação, montagem, operação, conservação, reparação, adaptação, manutenção, transporte, locação de bens, publicidade, seguro ou trabalhos técnico-profissionais.

Enquanto a definição de obras é considerada taxativa pela maior parte da doutrina, o rol de serviços constantes na Lei nº 8.666/1993 considera-se meramente exemplificativo.

Os serviços podem ser divididos em *comuns* (não demandam habilitação técnica especial ou legal, como, por exemplo, serviços de limpeza); *técnicos profissionais*[81] (requerem uma habilitação específica, a exemplo dos serviços de engenharia ou de advocacia); e *artísticos* (nos quais nem sempre se exige habilitação legal, como no caso de pintores ou escultores, por exemplo. Podem, desde que preenchidos os requisitos da Lei nº 8.666/1993 em seu art. 25, inciso III, ser contratos sem licitação).

Ressalte-se, ainda, que a Lei nº 8.666/1993 estabelece uma série de normas para os serviços (assim como para as obras), compreendidas, basicamente, nos arts. 7º a 12.

## Contrato de compra/fornecimento

É o contrato administrativo em que a administração visa adquirir algum bem para sua utilização (ex.: papel, cartucho de

---

[81] Tal divisão comporta, ainda, uma subdivisão em geral ou especializado. Por *geral* entende-se aquele serviço para o qual não se exige maiores conhecimentos técnicos específicos; já os *especializados* (art. 13 da Lei nº 8.666/1993) requerem conhecimentos mais apurados, como, por exemplo, perícias, pareceres e estudos técnicos. Em tese, caso sejam preenchidos todos os requisitos legais, os serviços especializados podem vir a ser contratados sem licitação – inexigibilidade – art. 25, I, §1º, da Lei nº 8.666/1993.

impressora ou gêneros alimentícios), podendo seu fornecimento ser *integral* (a entrega do objeto do contrato deve ser feita por inteiro, de uma só vez) ou *parcelado* (entrega por partes, com o esgotamento somente ao final da última parcela), conforme dispõe o art. 6º, III, da Lei nº 8.666/1993.

É possível, ainda, o fornecimento *contínuo*, em que há entregas sucessivas por um tempo determinado de bens consumidos com habitualidade pela administração pública.

Registre-se que, em todos os casos, a regra é do prévio procedimento licitatório, salvo os casos previstos na lei em tela.

## CONTRATO DE ALIENAÇÃO

De acordo com o art. 6º, IV, da Lei nº 8.666/1993, tal contrato é possível quando a administração pública transfere a terceiros o domínio de um bem ou direito. A referida lei, em seus arts. 17 a 19, disciplinou as regras paras as alienações de bens públicos.[82]

## CONTRATO DE CONCESSÃO DE SERVIÇO PÚBLICO[83]

A concessão de serviço público tem sede constitucional (art. 175), sendo que as leis nº 8.987/1995 e nº 9.704/1995 tratam especificamente das concessões e permissões.

Nesse contrato, o Estado (poder concedente), titular do serviço público, delega a um concessionário a prestação de tal serviço, a fim de que este o explore por sua conta e risco e pelo

---

[82] Por oportuno, confira-se a lição de Di Pietro (2003:248-249): "As normas contidas nessa Lei a respeito da compra (arts. 14 a 16) e da alienação (arts. 17 a 19) não derrogam o direito comum; apenas estabelecem determinadas exigências, que dele exorbitam, concernentes ao procedimento prévio que a Administração deverá observar para concretizar o contrato".

[83] Para maior aprofundamento sobre o tema, vide Souto (2004b).

prazo e forma estabelecidos em lei, no edital e/ou no contrato de concessão (mantendo-se sempre o equilíbrio econômico-financeiro do mesmo), sendo o contratado remunerado pelos usuários do serviço (em geral, por meio de tarifas).

Frise-se que o Estado permanece titular do serviço, transferindo-se, apenas, a sua execução para o concessionário. A responsabilidade do concessionário é objetiva (art. 37, §6º, da CF/88), sendo possível, em tese, a encampação (retomada da execução do serviço pelo Estado, dependendo das especificidades do caso concreto) e também a reversão dos bens do concessionário (desde que este seja indenizado).

## CONTRATO DE CONCESSÃO DE SERVIÇO PÚBLICO PRECEDIDO DE EXECUÇÃO DE OBRAS PÚBLICAS

Aplica-se o disposto para as concessões de serviço público, com a diferença de que o serviço delegado pelo poder concedente, para ser prestado, depende de prévia realização de obra pública, sendo o concessionário remunerado (em geral por tarifas pagas pelos usuários) tanto pela realização da obra como pela exploração do serviço.

## CONTRATO DE CONCESSÃO DE USO DE BEM PÚBLICO

Nesse tipo de contrato a administração pública delega ao particular a exploração remunerada de um bem público para uma finalidade específica.[84]

---

[84] Cite-se o posicionamento de Di Pietro (2003:568): "Quando a concessão implica utilização de bem de uso comum do povo, a outorga só é possível para fins de interesse público. Isto porque, em decorrência da concessão, a parcela de bem público concedida fica com sua destinação desviada para finalidade diversa: o uso comum a que o bem estava afetado substitui-se, apenas naquela pequena parcela, pelo uso a ser exercido pelo concessionário. Além disso, como a concessão é outorgada sob forma contratual e, em geral, por prazos mais prolongados, dela decorre estabilidade para o concessio-

## Parceria público-privada[85]

A Lei nº 11.079/2004 estabeleceu duas novas formas de concessão, a saber: a *concessão patrocinada* (art. 2º, §1º), cujo objeto é primordialmente a prestação de serviços públicos econômicos (suscetíveis de exploração), com a remuneração do concessionário sendo efetiva por tarifas pagas pelos usuários e também por contribuições pecuniárias por parte do parceiro público; e a *concessão administrativa* (art. 2º, §2º), para "prestação de serviços em que a administração pública seja usuária direta ou indiretamente", não havendo, portanto, cobrança de tarifas dos usuários, seja por inviabilidade jurídica no aspecto econômico ou social — decisão que deve ser fundamentada pela autoridade pública —, pela vedação jurídica da cobrança (por exemplo, nas áreas de segurança pública ou de saúde) ou mesmo porque o próprio Estado é o único usuário do serviço, devendo, portanto, cobrir integralmente os gastos do parceiro privado (nos prazos e condições fixadas em lei e no contrato).

### Adoção de cláusulas de arbitragem

O instituto da arbitragem ganhou destaque no Brasil após a edição de sua lei disciplinadora (Lei nº 9.307/1996, declarada constitucional pelo STF), sendo previsto também no atual Código Civil (Lei nº 10.406/2002, art. 853).

---

nário, uma vez que não pode ser despojado de seu direito de utilização privativa antes do termo estabelecido, a não ser por motivo de interesse público relevante e mediante justa indenização. Tais circunstâncias afastam a possibilidade de concessão de uso para fins de interesse particular do concessionário, a não ser nas hipóteses em que o uso privativo constitua a própria finalidade do bem. A utilização que ele exercer terá que ser compatível com a destinação principal do bem ou atender a outro fim de interesse coletivo".
[85] Para aprofundamento sobre o tema, vide: Garcia (2006c); Blanchet (2005); Sundfeld (2005).

Entretanto, há divergências doutrinárias sobre a possibilidade de aplicação da arbitragem nos contratos celebrados pela administração pública, não obstante algumas leis específicas preverem sua possível incidência.[86]

Alguns doutrinadores entendem que a arbitragem não pode ser adotada nos contratos da administração por não existir norma legal que discipline, de forma específica, a matéria (princípio da legalidade) e também pelo fato de a administração não poder dispor do interesse público (princípio da indisponibilidade do interesse público). Outra corrente defende justamente o contrário, ou seja, que é possível usar a arbitragem nos litígios que versem sobre atos de gestão (para os atos de império a competência permaneceria exclusiva do Poder Judiciário),[87] pois já existem leis nesse sentido (seja a própria Lei de Arbitragem, em seu art. 1º, a Lei nº 8.666/1993, em seu art. 54, ou a Lei nº 8.987/1995, art. 23, XV, c/c art. 23-A) e, em muitos casos, o interesse público poderá ser melhor preservado pela via arbitral, que, em geral, é um procedimento mais célere e eficiente, o que não significaria dispor do interesse público.[88]

## Aplicação do CDC aos contratos administrativos

Questão polêmica refere-se à possibilidade ou não de aplicação das normas do Código de Defesa do Consumidor (CDC,

---

[86] São exemplos: art. 23, XV, c/c art. 23-A da Lei nº 8.987/1995; art. 153, §2º, da Lei nº 9.472/1997; art. 4º, §§5º e 6º, da Lei nº 10.848/2004, além do art. 11, III, da Lei nº 11.079/2005 (Lei das PPPs). Sobre este último tema, vide Mattietto (s.d.); Garcia (2006c: 329-342).
[87] *Atos de gestão* são os que não necessitam de coercibilidade por parte do Estado e se desenvolvem num ambiente de coordenação com os particulares, ao passo que os *atos de império* são pautados por uma relação vertical, de subordinação.
[88] Para melhor compreensão sobre as divergências doutrinárias apontadas e também sobre outras questões relativas à adoção de cláusulas de arbitragem nos contratos em que a administração pública seja parte, imperiosa é a leitura de Carneiro (2006:207-228).

Lei nº 8.078/1990) aos contratos administrativos celebrados pela administração pública na condição de contratante.

A controvérsia reside, principalmente, em saber se a Lei nº 8.666/1993, que institui normas para licitações e contratos da administração pública, afastaria ou não a incidência do CDC. Note-se que tal discussão é cabível quando o Estado for o contratante, pois, na qualidade de fornecedor (por exemplo, na prestação de serviço público, direta ou indiretamente), o entendimento é de que se aplica plenamente o CDC.

Sendo assim, parte da doutrina entende que não se aplica o CDC aos contratos administrativos realizados pelo Estado contratante, pois este não poderia ser incluído no conceito de consumidor estabelecido no art. 2º do CDC.

Os defensores dessa tese argumentam que não existiria um desequilíbrio na relação de consumo e, muito menos, vulnerabilidade entre consumidor e fornecedor (conforme determina o art. 4º, I, do CDC), já que as normas da Lei nº 8.666/1993 colocam a administração em posição privilegiada em relação ao contratante. Além disso, alegam que o poder público tem a prerrogativa de definir as regras contratuais, inclusive quanto à execução do objeto contratual.

Nesse sentido,[89] destaque-se Justen Filho (2002:520):

> Alguém poderia defender a aplicação subsidiária do regime da Lei nº 8.078/1990 (Código de Defesa do Consumidor), no tocante à responsabilidade por vício do produto ou do serviço. Isso é inviável, porquanto a Administração é quem define a prestação a ser executada pelo particular, assim como

---

[89] O egrégio Superior Tribunal de Justiça já se manifestou, em um de seus julgados, pela não aplicação do CDC aos contratos administrativos. Vide Recurso Especial nº 527.137-PR. Relator: ministro Luiz Fux. Órgão julgador: Primeira Turma. Data do julgamento: 11-5-2004. Data da publicação/fonte: *DJ* de 31-5-2004, p. 191.

as condições contratuais que disciplinarão a relação jurídica. Ainda que se pudesse caracterizar a Administração como "consumidor", não haveria espaço para incidência das regras do CDC, estando toda a matéria subordinada às regras da Lei de Licitações, do ato convocatório e do contrato. Quando muito, poderia cogitar-se da situação quando a Administração Pública adquirisse produto no mercado, em situação equivalente à de um consumidor.

Em sentido contrário,[90] parte da doutrina entende que o Código de Defesa do Consumidor é aplicável aos contratos administrativos celebrados pelo Estado, sustentando que: (a) se a Lei (art. 2º do CDC) não definiu expressamente quais "pessoas jurídicas" poderiam ser enquadradas como consumidor, não caberia ao intérprete restringir a incidência da norma, estando, portanto, as pessoas jurídicas de direito público também incluídas em tal conceito; (b) o próprio art. 54 da Lei nº 8.666/1993 prevê expressamente a possibilidade de utilização subsidiária das regras de direito privado (como, por exemplo, o CDC) aos contratos administrativos; e (c) haveria, ainda, uma vulnerabilidade técnica[91] dos servidores públicos em relação aos fornecedores, que justificaria a proteção do CDC.

Garcia (2006b:54-56) sustenta que nos contratos semipúblicos (seguro, por exemplo) e também nos contratos realizados pelas entidades que integrem a administração indireta, com personalidade jurídica de direito privado, não haveria motivos para a não incidência do CDC. O autor também se posiciona favoravelmente à aplicação do Código Consumerista aos contratos administrativos típicos regidos pela Lei nº 8.666/1993,

---

[90] Vide Szklarowsky (1999).
[91] Sobre o tema, vide Cunha (2000:660-665).

fundado, principalmente, na questão da vulnerabilidade técnica dos servidores da administração. Confira-se:

> Assim, a verdade é que esta possibilidade do ente público requisitar o objeto não faz com que se adquiram bens e serviços diferentes do setor privado e nem torna o Estado um contratante privilegiado. Em regra, as necessidades são as mesmas e o mercado também. Esta prerrogativa não coloca a Administração Pública em posição distinta dos demais consumidores, eis que, repita-se, a descrição do objeto não poderá se afastar das regras de mercado.
> 
> Outro aspecto a ser ponderado, ainda em relação a esta vulnerabilidade técnica, é que a Administração Pública compra bens das mais variadas espécies, o que inclui desde lápis até equipamentos de informática e necessita de serviços de natureza distinta, desde o mais simples (limpeza) até o mais sofisticado (desenvolvimento de um software).
> 
> Não seria razoável criar-se a expectativa de que um órgão ou entidade pública por mais bem-aparelhado que seja, disponha de servidores e técnicos que conheçam profundamente todos os objetos a serem adquiridos.
> 
> Há, evidentemente, uma assimetria de informações técnicas, que coloca o fornecedor do produto ou do serviço presumidamente em uma posição privilegiada em relação ao ente público, até mesmo em relação à evolução tecnológica, que torna os produtos e serviços constantemente sujeitos a novas especificações e detalhamentos técnicos.

Torna-se recomendável, portanto, que o edital/contrato estabeleça expressamente a aplicação ou não das regras do CDC, permitindo aos licitantes o prévio conhecimento e a possibilidade de manifestação sobre o tema (Garcia, 2006b:58).

## Questões de automonitoramento

1. Após ler este capítulo, você é capaz de resumir o caso gerador do capítulo 7, identificando as partes envolvidas, os problemas atinentes e as soluções cabíveis?
2. Quais as principais semelhanças e diferenças entre os contratos administrativos e os contratos semipúblicos?
3. Identifique as características dos contratos administrativos. É possível a incidência do CDC nos contratos administrativos? E de cláusulas de arbitragem?
4. Pense e descreva, mentalmente, outras alternativas para a solução do caso gerador do capítulo 7.

# 4

# Cláusulas exorbitantes

**Roteiro de estudo**

*Conceito*

No estudo do contrato administrativo ganha especial relevo a análise das cláusulas exorbitantes, já que, conforme o entendimento predominante, é a sua presença que caracteriza como administrativo o contrato celebrado pela administração pública.[92] Também designadas como "cláusulas administrativas", "cláusulas de privilégios", "cláusulas de prerrogativas" ou "cláusulas derrogatórias", as cláusulas exorbitantes são as que conferem à administração uma "inegável posição de supremacia,

---

[92] Segundo Cretella Júnior (1985:21), havia discussão doutrinária acerca do que efetivamente caracteriza um contrato como *contrato administrativo*. Assim, a doutrina se dividia entre a utilização de dois critérios, de forma que, enquanto para alguns contrato administrativo seria todo aquele cujo conteúdo fosse a própria execução do serviço público, para outros contrato administrativo seria o que contivesse ao menos uma cláusula administrativa.

de desnível, verticalizando o Estado em relação ao particular contratante" (Cretella Júnior, 1985:8).

A expressão "cláusulas exorbitantes" é a mais utilizada pela doutrina. Sua origem estaria no direito romano, tendo sido reintroduzida pelos primeiros administrativistas franceses, quando da análise dos traços distintivos entre contratos públicos e contratos privados da administração (Moreira Neto, 2006:8). Segundo Cretella Júnior (1985:18), essa designação expressa a ideia de que a cláusula dessa natureza "exorbita do direito civil para entrar na órbita administrativa. Desprivatiza-se para publicizar-se".

Por essa razão é que se costuma dizer que sua utilização implica derrogar as cláusulas do direito privado, substituindo-as por regras próprias do regime publicista.

Vale transcrever a lição de Meirelles (2006:203), que assim as define:

> Cláusulas exorbitantes são, pois, as que excedem do Direito Comum para consignar uma vantagem ou uma restrição à Administração ou ao contratado. As cláusulas exorbitantes não seriam lícitas num contrato privado, porque desigualariam as partes na execução do avançado, mas são absolutamente válidas no contrato administrativo, uma vez que decorrem da lei ou dos princípios que regem a atividade administrativa e visam a estabelecer prerrogativas em favor de uma das partes, para o perfeito atendimento do interesse público, que se sobrepõe sempre aos interesses particulares.

Vê-se, assim, que a regra é o privilégio ser da administração, dada a sua posição de supremacia na relação, mas determinadas prerrogativas também poderão ser atribuídas ao contratado, como ocorre, por exemplo, nas cláusulas que concedem ao particular o poder para promover desapropriação (note-se que a prerrogativa aqui se relaciona a direitos de terceiros).

As principais cláusulas exorbitantes são as que expressam:

(a) a possibilidade de alteração e rescisão unilateral do contrato;
(b) a fiscalização unilateral da sua execução;
(c) a aplicação de sanções motivadas pela inexecução total ou parcial do ajuste; e
(d) a inoponibilidade integral da exceção de contrato não cumprido por parte do contratado.

Também, via de regra, as cláusulas de prerrogativas não precisam estar expressas no instrumento, já que são consideradas implícitas em todo contrato administrativo. Entretanto, há entendimento no sentido de que, quando se tratar de contrato privado celebrado pela administração pública, tais cláusulas poderão ser aplicadas em casos excepcionais, desde que constem expressamente no contrato e que tenham fundamentação legal. Essa é a lição de Di Pietro (2002:246), conforme se depreende do seguinte trecho:

> Quando a Administração celebra contratos administrativos, as cláusulas exorbitantes existem implicitamente, ainda que não expressamente previstas; elas são indispensáveis para assegurar a posição de supremacia do poder público sobre o contratado e a prevalência do interesse público sobre o particular. Quando a Administração celebra contratos de direito privado, normalmente ela não necessita dessa supremacia e a sua posição pode nivelar-se à do particular; excepcionalmente, algumas cláusulas exorbitantes podem constar, mas elas não resultam implicitamente do contrato; elas têm que ser expressamente previstas, com base em lei que derrogue o direito comum. Por exemplo, quando a lei permite o comodato de bem público,

pode estabelecer para a Administração a faculdade de exigi-lo de volta por motivo de interesse público.

Mesmo nas espécies de contratos celebrados pela administração sujeitos ao regime privado (nos casos em que o objeto do contrato exija a flexibilidade negocial, com peculiaridades que inviabilizariam a aplicação do regime de direito público, a exemplo dos contratos bancários, de financiamento, de seguro e de locação, quando o poder público for locatário), o atendimento do interesse público pode tornar inevitável a aplicação de algumas regras do regime público inerentes à supremacia estatal, especialmente aquelas aplicadas aos aspectos formais dos ajustes, o que não se confunde com a utilização de cláusulas exorbitantes.

## Fundamento

As prerrogativas encartadas pelas cláusulas exorbitantes decorrem da imperatividade atribuída à administração pública para a tutela efetiva do interesse público, razão pela qual se admite que seja excepcionada a regra da igualdade perante a lei, desigualando as partes na relação contratual.

Eis, portanto, o fundamento das prerrogativas: a indisponibilidade do interesse público, ou seja, a impossibilidade de a administração dele dispor, o que a obriga a zelar sempre pelo seu atendimento, da melhor forma possível.[93]

---

[93] Nas palavras de Moreira Neto (2003a:165): "Como a Administração não tem disponibilidade para atender ou não atender o interesse público, nem, tampouco, a de reduzir, por ato próprio, o seu permanente dever de atendê-lo da melhor maneira, daí decorre que todas as formas de intervenção unilateral, em que deve atuar para preservar suas prerrogativas irrenunciáveis, como, por exemplo, no exercício da fiscalização, na aplicação de penalidades e na alteração ou no desfazimento unilaterais do contrato, terão características executórias". Em outro trecho, assim aduz o citado autor: "[...] cabe-lhe, a qualquer tempo, agindo discricionariamente, alterar essas contraprestações devidas pelo contratante privado e, até mesmo, levar à extinção o próprio contrato,

Assim, a utilização de cláusulas que poderiam ser consideradas ilícitas no âmbito do direito privado é plenamente justificável quando se trata de contrato celebrado pela administração pública, pois, no dizer de Moreira Neto (2003a:163), "há uma prelazia axiológica dos fins da lei — que é o interesse público em jogo — sobre os meios utilizados pela administração — que, no caso, é a contratação".

Num primeiro momento pode parecer que a possibilidade de utilização de cláusulas exorbitantes não se coadune com o *consenso*, elemento essencial também à formação dos contratos. Conforme explica o citado autor, o consenso no contrato administrativo deve ser entendido como um elemento que, apesar de essencial para sua formação, é relativo quando de sua execução, o que resulta na "instabilidade do contrato administrativo" e na "dualidade de tipos de suas cláusulas contratuais que lhe são típicos" (Moreira Neto, 2003a:163).

Com efeito, o próprio interesse público e a forma de seu atendimento são contínuos se prolongando no tempo, estando sujeitos, portanto, a mudanças. Pode surgir alguma circunstância nova e imprevisível que torne impositiva a alteração (e até a rescisão) do contrato, com vistas a melhor satisfazer o interesse da coletividade, o que, por evidente, escapa à sua normal execução.

## Tipos de cláusulas exorbitantes

Adotando-se aqui a classificação de Moreira Neto, é possível dividir as cláusulas exorbitantes em três diferentes tipos, a saber:

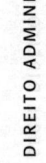

---

decorrendo desta sua indisponível prerrogativa, a característica de instabilidade das cláusulas relativas ao interesse público" (Moreira Neto, 2003a:168).

(a) cláusulas exorbitantes de executoriedade — são cláusulas que exprimem a executoriedade da administração (na aplicação de sanções, por exemplo);
(b) cláusulas exorbitantes de *jus variandi* — são as que permitem à administração alterar unilateralmente o contrato; e
(c) cláusulas exorbitantes de efeitos sobre terceiros — são as que atribuem ao particular direitos que podem incidir sobre terceiros (como o direito de expropriação ou de receber tarifas, por exemplo).

## Cláusulas exorbitantes na legislação brasileira em vigor

Como o art. 58 da Lei nº 8.666/1993 apresenta as principais cláusulas que devem ser consideradas implícitas em todos os contratos administrativos, permite-se aqui transcrevê-lo:

> Art. 58. O regime jurídico dos contratos administrativos instituído por esta Lei confere à Administração, em relação a eles, a prerrogativa de:
> I – modificá-los, unilateralmente, para melhor adequação às finalidades de interesse publico, respeitados os direitos do contratado;
> II – rescindi-los, unilateralmente, nos casos especificados no inciso I do art. 79 desta Lei;
> III – fiscalizar-lhes a execução;
> IV – aplicar sanções motivadas pela inexecução total ou parcial do ajuste;
> V – nos casos de serviços essenciais, ocupar provisoriamente bens móveis, imóveis, pessoal e serviços vinculados ao objeto do contrato, na hipótese da necessidade de acautelar apuração administrativa de faltas contratuais pelo contratado, bem como na hipótese de rescisão do contrato administrativo.

§1º As cláusulas econômico-financeiras e monetárias dos contratos administrativos não poderão ser alteradas sem prévia concordância do contratado.

§2º Na hipótese do inciso I deste artigo, as cláusulas econômico-financeiras do contrato deverão ser revistas para que se mantenha o equilíbrio contratual.

Também a Lei nº 8.987/1995, que dispõe sobre o regime contratual de concessão e prestação de serviços públicos, em seu art. 31 prevê a seguinte prerrogativa a ser atribuída ao contratado:

> Art. 31. Incumbe à concessionária:
> [...]
> VI – promover as desapropriações e constituir servidões autorizadas pelo poder concedente, conforme previsto no edital e no contrato.

Note-se que os incisos II, III, IV e V do art. 58 da Lei nº 8.666/1993 encerram cláusulas exorbitantes de executoriedade; por sua vez, o inciso I representa uma cláusula exorbitante de *jus variandi*. Já o art. 31, VI, da Lei nº 8.987/1995, encerra uma cláusula exorbitante de efeitos sobre terceiros.

### Alteração unilateral

Trata-se de prerrogativa instrumental da administração pública para adequar os contratos à dinâmica do interesse público, que, como já dito, é mutável, variável.

Conforme observa Justen Filho (2005a:510), essa prerrogativa não representa uma faculdade posta à disposição da administração, mas verdadeiro "poder-dever". Assim, presentes "os pressupostos normativos, a Administração tem o dever de intervir no contrato e introduzir as modificações necessárias e adequadas à consecução dos interesses fundamentais".

Nesse mesmo sentido, Meirelles (2006:204) ressalta que "a Administração tem o dever de acompanhar as mutações do progresso, dotando a comunidade das obras, serviços e meios técnicos que assegurem o bem-estar social".

Pode, portanto, a administração determinar a alteração unilateral do contrato para exigir que se utilize uma técnica nova mais benéfica ao meio ambiente, por exemplo.

Segundo Moreira Neto (2003a:164):

> [...] uma vez que ocorra uma redefinição do interesse público, durante a vigência do contrato, que o afete em suas cláusulas, a imperatividade, latente como, de resto, em qualquer atuação do Estado, poderá eventualmente emergir, para determinar uma alteração ou, até, a extinção do contrato, por ato unilateral de vontade da Administração.
>
> Realmente, se o interesse público assim o exigir, a imperatividade natural do Estado — que não se manifesta na constituição do vínculo — exsurgirá, para ditar sua modificação ou até a sua extinção, seja pela alteração, seja pela supressão do objeto indisponível, que contém aquele interesse público. Quanto ao objeto do consenso contratual voltado ao atendimento do interesse particular, ele não poderá ser alcançado e muito menos alterado por um ato de *imperium*, de modo que todas as obrigações patrimoniais assumidas pela Administração seguem a regra geral dos contratos — *pacta sunt servanda*.

A administração pública tem sempre o dever de motivar a decisão de alterar o contrato, valendo a ressalva de Justen Filho, no sentido de que

> a motivação não poderá consistir na simples invocação de um "interesse público", de conteúdo material indeterminado.

A administração deverá indicar o motivo concreto, real e definido que impõe a modificação.

Em outro trecho, esclarece o autor:

A Administração tem de evidenciar, por isso, a superveniência de motivo justificador da alteração contratual. Deve evidenciar que a solução localizada na fase interna da licitação não se revelou, posteriormente, como a mais adequada. Deve indicar que os fatos posteriores alteraram a situação de fato ou de direito e exigem um tratamento distinto daquele adotado. Essa interpretação é reforçada pelo disposto no art. 49, quando ressalva a faculdade de revogação da licitação apenas diante de "razões de interesse público decorrente de fato superveniente" [Justen Filho, 2005a:537-538].

A Lei nº 8.666/1993, em seu art. 65, I, "a" e "b", limita os casos de alteração unilateral pela administração a duas hipóteses: (a) quando houver modificação do projeto ou das especificações, para melhor adequação técnica aos seus objetivos (alteração qualitativa); e (b) quando necessária a modificação do valor contratual em decorrência de acréscimo ou diminuição quantitativa de seu objeto (alteração quantitativa).

### Limites à discricionariedade da administração para alterar unilateralmente

A discricionariedade para alterar o contrato de forma unilateral encontra limites. O primeiro deles é, na verdade, uma condição que pode assim ser enunciada: um contrato administrativo somente pode ser alterado unilateralmente quando ocorrer um fato superveniente que justifique sua alteração. Ou, nas palavras de Justen Filho (2005a:511), "a modificação unilateral do contrato pressupõe eventos ocorridos ou apenas conhecidos após a contração".

O segundo limite diz respeito à natureza das cláusulas que poderão ser objeto de alteração unilateral. No contrato administrativo existem duas categorias de cláusulas: as cláusulas "regulamentares" ou "de serviço" e as cláusulas "econômicas". Enquanto as primeiras regulamentam a execução do objeto do contrato, as cláusulas "econômicas" dizem respeito às obrigações patrimoniais assumidas pela administração pública, o que envolve as condições de remuneração do particular. Assim, as cláusulas regulamentares ou de serviço são passíveis de alteração unilateral pela administração. Já as cláusulas econômicas somente podem ser alteradas com a expressa concordância do contratado (art. 58, §1º, da Lei nº 8.666/1993).

Souto (2004a:375) explica que as cláusulas regulamentares equiparam-se às chamadas "condições gerais" dos contratos, havendo, na teoria geral do negócio jurídico, distinção entre condições e cláusulas. Enquanto nas condições haveria uma predisposição do proponente, as cláusulas seriam fruto do consenso dos contratantes. Nesse passo o contratado só manifestaria sua vontade no que concerne ao aspecto econômico, como o preço, a forma de pagamento e os critérios de reajuste, que estariam previstos nas cláusulas. Já as condições gerais, que se referem ao atendimento do interesse público, somente poderiam ser fixadas e alteradas pela administração, para que fosse possível acompanhar as necessidades desse atendimento.

Há também que ser considerado, mesmo nos casos de alteração das cláusulas regulamentares, o direito do particular contratado à manutenção do equilíbrio econômico-financeiro do contrato. Nas palavras de Di Pietro (2002:257):

> Ao poder de alteração unilateral, conferido à Administração, corresponde o direito do contratado, de ver mantido o equilíbrio

econômico-financeiro do contrato, assim considerada a relação que se estabelece, no momento da celebração do ajuste, entre o encargo assumido pelo contratado e a prestação pecuniária assegurada pela Administração.

Tal preceito, já consagrado na doutrina e na jurisprudência, além de encontrar-se positivado no art. 37 da Constituição, foi previsto nos §§1º e 2º do art. 58 da Lei nº 8.666/1993, que estabelecem expressamente que as cláusulas econômico-financeiras e monetárias dos contratos administrativos não poderão ser alteradas sem prévia concordância do contratado e que, nos casos de alteração unilateral do contrato, elas deverão ser revistas para que se mantenha o equilíbrio contratual.

Igualmente dispõe o §6º do art. 65 da Lei de Licitações, ao estabelecer que, quando houver alteração unilateral do contrato que aumente os encargos do contratado, a administração deverá restabelecer, por aditamento, o equilíbrio econômico-financeiro inicial. Há também disposição semelhante no §4º do art. 9º da Lei nº 8.987/1995.

O §5º do art. 65 da Lei nº 8.666/1993, por sua vez, estabelece:

> Quaisquer tributos ou encargos legais criados, alterados ou extintos, bem como a superveniência de disposições legais, quando ocorridas após a data da apresentação da proposta, de comprovada repercussão nos preços contratados, implicarão a revisão destes para mais ou para menos, conforme o caso.

Confira-se, também, a seguinte decisão da Segunda Turma do Superior Tribunal Justiça:

> A prerrogativa de fixar e alterar unilateralmente as cláusulas regulamentares é inerente à Administração. A despeito disso,

há cláusulas imutáveis, que são aquelas referentes ao aspecto econômico-financeiro do contrato. Às prerrogativas da Administração, advindas das cláusulas exorbitantes do Direito Privado, contrapõe-se a proteção econômica do contratado, que garante a manutenção do equilíbrio contratual.

É escusado dizer que ninguém se submeteria ao regime do contrato administrativo se lhe fosse tolhida a possibilidade de auferir justa remuneração pelos encargos que assume ou pagar justo preço pelo serviço que utiliza.

Os termos iniciais da avença hão de ser respeitados e, ao longo de toda a execução do contrato, a contraprestação pelos encargos suportados pelo contratado deve se ajustar à sua expectativa quanto às despesas e aos lucros normais do empreendimento.[94]

Portanto, a intangibilidade das cláusulas econômicas dos contratos reflete a própria intangibilidade da equação econômico-financeira, amplamente assegurada.

O terceiro limite a que estão sujeitas as alterações está previsto no §1º do art. 65 da Lei nº 8.666/1993, de forma que os acréscimos ou supressões contratuais estão sujeitas ao limite máximo de 25% do valor inicial (atualizado) do contrato e, no caso particular de reforma de edifício ou de equipamento, até 50% para seus acréscimos, ficando o contratado obrigado a aceitar, dentro desse limite, as alterações que lhe forem impostas, nas mesmas condições contratuais. Segundo a lei, apenas as supressões resultantes de acordo celebrado entre os contratantes podem ultrapassar estes limites (art. 65, §2º, II).

Esses limites referem-se ao valor original do contrato, ou seja, mesmo que haja mais de um termo aditivo alterando o valor,

---

[94] REsp nº 216.018/DF. Relator: ministro Franciulli Netto. Segunda Turma. Data do julgamento: 5-6-2001 (trecho da ementa do acórdão).

o parâmetro para o cálculo do limite será a quantia inicialmente pactuada (atualizada), não podendo a soma dos aditamentos ultrapassá-lo, sob pena de violação do princípio da licitação.

Como já dito, as alterações podem ser de duas naturezas:

(a) alteração quantitativa, que é aquela que ocorre quando há necessidade de mero aumento ou diminuição da quantidade do objeto contratado, como ocorreria, por exemplo, se acaso determinada secretaria, para atender às condições do serviço, decidisse aumentar de 50 para 60 o número de linhas de telefonia móvel fornecidas pelo contratado;

(b) alteração qualitativa, que é aquela que decorre de alguma modificação no projeto ou na especificação do objeto, como ocorreria se na execução de determinada construção viesse a ser descoberta uma falha geológica no terreno, requerendo uma adaptação do projeto inicial.

A aplicação dos limites legais às alterações qualitativas (art. 65, I, "a", da Lei nº 8.666/1993) é objeto de grande controvérsia na doutrina, conforme será examinado.

## Aplicação dos limites legais às alterações qualitativas

É, pois, polêmica a incidência dos limites estipulados no art. 65, §1º, da Lei nº 8.666/1993, para as alterações qualitativas do objeto do contrato administrativo.

As alterações quantitativas são aquelas previstas no inciso I, "b", do art. 65 da mesma lei, e a alínea "a" do inciso I e o inciso II cuidam da alteração qualitativa. As regras sobre os limites destas alterações encontram-se previstas nos §§1º e 2º do citado artigo.

Para Marques Neto (2001:94-110), Cammarosano (1997:520-522) e Justen Filho (1997b:605-612), as alterações qualitativas não se submetem aos referidos limites.

Esses autores posicionam-se a partir da interpretação gramatical do art. 65 da Lei de Licitações, uma vez que somente na alínea "b" do inciso I (que diz respeito às alterações quantitativas) é que há referência a limites ("acréscimo ou diminuição quantitativa de seu objeto, nos limites permitidos por esta Lei"), não tendo o legislador estabelecido a sujeição das alterações qualitativas a qualquer limitação de valor.

Nas palavras de Marques Neto (2001:94-110):

> Na primeira hipótese, modificações no projeto ou nas especificações ditadas por necessidades técnicas supervenientes que obstam a plena realização dos seus objetivos, não há qualquer menção aos limites, certamente porque o legislador estava ciente da impossibilidade de se limitar tais alterações, estranhas à vontade das partes, ditadas por imperativos técnicos supervenientes. Repetimos à farta: onde o legislador diferiu as hipóteses, não podemos nós, intérpretes, procurar uniformizá-las.

Ilustrando, nessa linha, Cammarosano (1997:520-522) assim sustenta:

> Exemplificando: suponha-se que, numa obra, prevista a substituição de determinada quantidade de solo de má qualidade, seja constatado, em meio à execução dos serviços, que as reais condições do solo demandem substituição de quantidade bem maior, serviço adicional esse que, se não for feito, inviabilizará a execução segura da obra. Ou então que, mal iniciada a execução das obras de fundação, ocorra afloramento de lençol freático que se encontrava a profundidade diferente do que a que se supunha, a exigir redimensionamento do próprio projeto das fundações. Os acréscimos de serviços terão sido determinados por exigências de ordem técnica.
> Acréscimos de serviços dessa ordem, e, consequentemente, de valor, decorrentes muitas vezes de situações imprevisíveis ou,

quando menos, razoavelmente não previstas, não estão sujeitos a limites como os consubstanciados no §1º do art. 65 da Lei nº 8.666/1993.

Em sentido oposto, posicionam-se Sundfeld (1994:29) e Souto (1998b), sendo assim enfatizado por este último autor:

Tal direito [refere-se ao poder da Administração Pública de alterar qualitativa e unilateralmente o objeto contratual], contudo, não implica em dizer que tal poder de revisão do contrato seja ilimitado por parte da Administração Pública. Isto porque o art. 65, §2º, da Lei nº 8.666/1993, inovando em relação ao antigo art. 55, §4º, do DL nº 2.300/1986, estabelece que "nenhum acréscimo ou supressão poderá exceder os limites estabelecidos no parágrafo anterior". Tal limite é de 25% do valor atualizado do contrato (que, no caso dos autos, já foi ultrapassado). Aplica-se o mandamento legal tanto às alterações quantitativas quanto às alterações qualitativas, voluntárias ou não. Não é demais lembrar que o contexto histórico que ensejou a edição da Lei nº 8.666/1993 envolvia a necessidade de se impor limites à liberdade do administrador.

O Tribunal de Contas da União, por sua vez, admitindo a possibilidade de as alterações qualitativas ultrapassarem o limite previsto, decidiu, firmando posição nos seguintes termos:

[...] que nas hipóteses de alterações consensuais, qualitativas e excepcionalíssimas de contratos de obras e serviços, é facultado à Administração ultrapassar os limites [...], observados os princípios da finalidade, da razoabilidade e da proporcionalidade, além dos direitos patrimoniais do contratante privado, desde que satisfeitos cumulativamente os seguintes pressupostos:

I – não acarretar para a Administração encargos contratuais superiores aos oriundos de uma eventual rescisão contratual por razões de interesse público, acrescidos aos custos da elaboração de um novo procedimento licitatório;

II – não possibilitar a inexecução contratual, à vista do nível de capacidade técnica e econômico-financeira do contratado;

III – decorrer de fatos supervenientes que impliquem dificuldades não previstas ou imprevisíveis por ocasião da contratação inicial;

IV – não ocasionar a transfiguração do objeto originalmente contratado em outro de natureza e propósito diversos;

V – ser necessárias à completa execução do objeto original do contrato, à otimização do cronograma de execução e à antecipação dos benefícios sociais e econômicos decorrentes;

VI – demonstrar-se na motivação do ato que autorizar o aditamento contratual que extrapole os limites legais mencionados na alínea "a", *supra*, que as consequências da outra alternativa (a rescisão contratual, seguida de nova licitação e contratação) importam sacrifício insuportável ao interesse público primário (interesse coletivo) a ser atendido pela obra ou serviço, ou seja, gravíssima a esse interesse; inclusive quanto à urgência e emergência;[95] [...]

Garcia (2009:253), após proceder a uma atenta análise da divergência doutrinária, adota posição conciliadora, entendendo ser razoável que as alterações unilaterais, ainda que qualitativas, devem se submeter aos limites do §1º do art. 65 da Lei nº 8.666/1993 em razão de que o contratado, quando da elaboração de sua proposta no certame licitatório, deve saber que ficará obrigado a eventuais acréscimos unilaterais do objeto até determinado limite máximo.

---

[95] TCU. Decisão nº 215/1999. Plenário. Relator: ministro José Antonio B. de Macedo. Data da decisão: 12-5-1999.

Entende, assim, que acima destes limites eventual alteração qualitativa apenas poderá ocorrer em razão de circunstâncias excepcionais e supervenientes devidamente justificadas do ponto de vista técnico, sendo imprescindível a anuência da parte contratada. O citado autor apresenta, de forma sistemática, as seguintes conclusões:

(a) as alterações unilaterais qualitativas do objeto do contrato se submetem aos limites impostos no §1º do art. 65 da Lei nº 8.666/1993, como forma de preservar os direitos do contratado;
(b) logo, eventual alteração qualitativa acima de tais limites depende da expressa concordância do contratado;
(c) estas alterações qualitativas acima dos limites dependem, entretanto, da ocorrência de circunstâncias excepcionais e supervenientes — sob pena de burla aos princípios da licitação, isonomia e moralidade — e da comprovação (princípio da motivação) de que a realização de nova licitação acarretará grave prejuízo ao interesse público;
(d) quando for o caso, torna-se indispensável justificativa técnica comprovando que a alteração contratual proposta não poderia ser dimensionada na fase anterior à contratação, em especial no projeto básico. Na hipótese de erro, devem-se apurar as responsabilidades dos agentes pelo equivocado dimensionamento do objeto na fase interna de contratação.

## Rescisão unilateral

É o poder que tem a administração para pôr fim ao contrato, o que, em regra, ocorre apenas por duas razões: interesse público ou inadimplemento (total ou parcial).

Embora a Lei de Licitações empregue a expressão "rescisão dos contratos", nem todas as hipóteses ensejadoras apresentadas em seu art. 78 podem ser enquadradas como rescisão, a exemplo da ocorrência de caso fortuito ou de força maior (inciso XVII) ou mesmo a extinção do vínculo em virtude de razões de interesse público (inciso XII).

É que a rescisão distingue-se da resolução e da resilição, posto que, de acordo com a Teoria Geral dos Contratos, ela ocorre quando há o inadimplemento de uma das partes.

Já a resolução decorre de um evento externo que impede a continuidade da execução do contrato (caso fortuito ou força maior, por exemplo). Sendo assim, o contrato resolve-se pela impossibilidade do seu cumprimento.[96]

A resilição, por sua vez, ocorre quando as partes simplesmente não mais desejam prosseguir no contrato. Pode ser unilateral (por meio da denúncia) ou bilateral (chamada de distrato).

Nos contratos administrativos, somente a administração poderá rescindir (ou denunciar) unilateralmente o contrato.

Em razão do princípio da continuidade do serviço público, em caso de inadimplemento da administração ou de denúncia do particular, caberá a ele pleitear a rescisão em juízo, na forma do que preceitua o art. 79, III, da Lei nº 8.666/1993, e somente após o trânsito em julgado da sentença que decretar a extinção do contrato é que poderá ele cessar seu cumprimento.

---

[96] Eis os exemplos de possíveis causas para a resolução de um contrato administrativo apresentados por Souto (2004a:359): "a dissolução da sociedade ou falecimento do contratado ou mesmo a alteração estatutária da empresa que, a juízo da Administração, comprometa a execução do contrato, o protesto de títulos ou a emissão de cheques sem suficiente provisão de fundos, que caracterizem a insolvência do contratado, a ocorrência de caso fortuito ou força maior, regularmente comprovada, impeditiva da execução do contrato (desde que se trate de fatos extraordinários, que não tenham sido previstos e que não pudessem sê-lo), os casos de calamidade pública, grave perturbação da ordem interna ou guerra, desde que reconhecidos e possam afetar a execução do contrato (do contrário, a hipótese será de denúncia, com o consequente direito ao ressarcimento da parte prejudicada)".

Em regra, a rescisão unilateral gera direito a indenização, pois traz prejuízo à outra parte. Entretanto, o dever de indenizar o particular previsto no §2º do art. 79 da Lei de Licitações não se aplica aos casos de resolução do contrato, conforme sustenta Souto (2004a:360-361):

> A resolução [...] extinguindo o contrato de pleno direito, não gera obrigação de indenizar. A imprecisão terminológica levou à aprovação de dispositivo obrigando a Administração a indenizar o particular até mesmo no caso fortuito ou força maior. Há natural conflito entre a aplicação supletiva dos conceitos da Teoria Geral dos Contratos, que deve ser resolvido à luz do art. 4º da Lei de Introdução ao Código Civil, aplicando-se os Princípios Gerais do Direito para fins de exonerar a Administração do dever de indenizar. Em todo caso, vale o alerta para que os contratos corrijam tal situação. Os defensores do dispositivo sustentam que não há que se falar em inconstitucionalidade por violação do art. 37, §6º, da CF (já que não há ação imputável à Administração), eis que o que se almeja é evitar que o particular suporte sozinho um ônus que seria de toda a sociedade, caso o serviço ficasse a cargo da Administração.

É sempre imprescindível que a administração pública explicite formalmente os motivos que acarretaram a rescisão do contrato, em decorrência do princípio da motivação, o que permitirá o exercício da ampla defesa e do contraditório, que devem ser assegurados ao contratado (art. 78, parágrafo único, da Lei nº 8.666/1993).

O direito ao contraditório e à prévia e ampla defesa do contratado são corolários do devido processo legal, que, principalmente nos casos de rescisão por inadimplemento do contratado, deverá ser observado com rigor, respeitando-se a sequência razoável de atos que envolvam a notificação do contratado e a oportunização para apresentação de defesa, a qual deverá ser decidida motivadamente, dela cabendo recurso à autoridade superior.

As consequências da rescisão, para a administração, estão previstas no art. 80 da Lei de Licitações, que estabelece, sem prejuízo das demais sanções aplicáveis, a possibilidade de:

(a) assunção imediata do objeto do contrato pela administração;
(b) ocupação e utilização do local, instalações, equipamentos, material e pessoal empregados na execução do contrato;
(c) execução da garantia contratual, para ressarcimento da administração e dos valores das multas e indenizações;
(d) retenção dos créditos decorrentes do contrato até o limite dos prejuízos causados pelo contratado.

Por sua vez, caberá ao contratado a devolução da garantia (se não executada integralmente pela administração) e o direito ao devido pagamento pela parte do objeto contratual já executada. No caso de supressão de obras, bens ou serviços, se o contratado já houver adquirido os materiais e já os tiver posto no local dos trabalhos, estes deverão ser pagos pela administração na forma dos custos de aquisição regularmente comprovados e monetariamente corrigidos, podendo caber indenização por outros danos eventualmente decorrentes da supressão, desde que regularmente comprovados (§4º do art. 65 da Lei de Licitações).

## Controle do contrato

A fiscalização permanente da execução do contrato é mais que uma prerrogativa da administração contratante, na qualidade de credora, sendo verdadeiro poder-dever previsto nos arts. 58, III, e 67 da Lei nº 8.666/1993.

É que, ao contratar com um particular, a administração transfere-lhe a execução de um objeto de interesse público, permanecendo como titular do dever de atendimento desse interesse (indisponível). Trata-se de mera descentralização administrativa por colaboração, devendo a administração zelar pela exata execução do contrato, orientando o contratado mediante a explicitação das normas e diretrizes acerca dos seus objetivos e impondo as modificações que o interesse público exigir. Em sendo necessário, poderá intervir assumindo a realização do objeto ou determinar a paralisação da sua execução (interdição).

Meirelles (2006:214) inclui a fiscalização entre as atividades de controle do contrato, ao lado da supervisão, do acompanhamento e da intervenção.

A intervenção na execução do contrato é cabível sempre que ocorrer o retardamento ou a paralisação da obra ou do serviço que venham ou possam vir a acarretar significativos prejuízos à programação administrativa ou aos usuários do serviço ou do empreendimento contratado. Ainda na lição do autor supracitado:

> Em tais casos, é lícito à Administração intervir na obra ou serviço, assumindo provisória ou definitivamente sua execução, com utilização dos materiais, pessoal e equipamentos da empresa, a serem posteriormente indenizados. A intervenção justifica-se como medida de emergência, para assegurar a continuidade do serviço até que se restabeleça a normalidade dos trabalhos ou se rescinda o contrato, verificada a incapacidade do contratado para sua correta execução.

No art. 67 da Lei de Licitações foi prevista a figura de um fiscal, a quem incumbirá o acompanhamento do contrato, devendo anotar em registro próprio todas as ocorrências relacionadas com a execução do contrato, determinando o que for necessário à regularização das faltas ou defeitos observados (§1º). É facultada a contratação de terceiros (como empresas de gerenciamento) para auxiliar o agente administrativo e subsidiá-lo com as informações necessárias à execução de suas tarefas.

Justen Filho (2010:738-739) explica que a fiscalização pode se dar tanto de forma passiva, quando ela ocorre com o mero acompanhamento das atividades por agentes administrativos, quanto de forma ativa, "quando a própria sequência da atividade do particular depende de atos da administração (tais como exames, aprovações etc.)".

Diga-se, ainda, com fundamento nas lições de Meirelles (2006:214), que o poder de controle do contrato pela administração "não retira do contratado a autonomia na execução dentro das cláusulas avençadas, nem lhe absorve as responsabilidades técnicas e econômicas do empreendimento".

## Aplicação das sanções administrativas

É o poder que tem a administração pública de impor e executar sanções em razão da inadimplência do contratado, sem necessidade de recorrer ao Poder Judiciário.

Trata-se de prerrogativa "correlata à do controle do contrato, pois inútil seria o acompanhamento da execução contratual se, verificada a infração do contratado, não pudesse a Administração puni-lo pela falta cometida" (Meirelles, 2006:215).

Ora, se pode a administração até rescindir unilateralmente o contrato, logicamente poderá ela aplicar as sanções que se fizerem necessárias.

As penalidades que a Lei nº 8.666/1993 autoriza estão previstas no art. 87, a saber: advertência, multa, suspensão temporária de participação em licitação e impedimento em contratar com a administração por prazo não superior a dois anos, e declaração de inidoneidade para licitar ou contratar com a administração pública.

As penalidades legais são de dois tipos: penalidades de efeitos contratuais (advertência e multa) e penalidades de efeitos extracontratuais (suspensão temporária do direito de participar de licitação e declaração de inidoneidade para licitar e contratar com a administração), que produzem efeitos para após a duração do contrato.

Não é qualquer espécie de conduta que poderá ensejar a aplicação de sanções por parte do ente público, mas somente aquelas relacionadas com a execução do contrato e que acarretem prejuízo ao ente público contratante. Assim, não poderá a administração, de regra, aplicar sanções pela prática de atos entre a empresa contratada e os seus empregados, por exemplo, de natureza *interna corporis*, que não coloquem em risco a execução do contrato.

A inadimplência do contratado, com referência aos encargos trabalhistas, fiscais e comerciais não transfere à administração pública a responsabilidade por seu pagamento, de acordo com o previsto no §1º do art. 71 da Lei nº 8.666/1993, salvo quanto aos encargos previdenciários resultantes da execução do contrato, sendo, nesse caso, solidária a responsabilidade da administração (§2º).

Ocorre que a lei somente prevê os diferentes tipos de penalidade, sem, contudo, delimitar as hipóteses em que deverão incidir. Eis o problema, nas palavras de Garcia (2009:321):

> Não se encontra na lei, contudo, a tipicidade fechada das condutas que ensejam esta ou aquela penalidade, abrindo um espaço discricionário para o administrador, diante das circunstâncias fáticas, dosar a penalidade a ser cominada, respeitando, por certo, o devido processo legal.

O próprio art. 87 da Lei nº 8.666/1993, ao apresentar o rol de penalidades, o faz de acordo com a gradação da severidade, sendo a primeira, a advertência, a sanção mais branda e a última, a declaração de inidoneidade, a sanção mais drástica. O referido artigo indica que, na aplicação da pena (que é discricionária), a autoridade administrativa competente (no caso, a autoridade superior do órgão ou entidade) deverá observar a adequação/proporcionalidade entre a gravidade de falta cometida e a severidade da sanção a ser aplicada. Em outras palavras, a sanção deverá ser sempre proporcional à gravidade da falta, em decorrência do princípio da proporcionalidade ou da vedação de excessos, que representa uma vertente do princípio da razoabilidade, cabendo ao aplicador, na lição de Justen Filho (1997b:569), "dimensionar a extensão e a intensidade da sanção aos pressupostos de antijuridicidade apurados".

Nesse sentido, o Superior Tribunal de Justiça, ao julgar o RMS nº 23334/AL,[97] consagrou o entendimento de que se deve aplicar o princípio da proporcionalidade na aplicação de sanções em procedimentos administrativos, em decisão assim ementada:

> Administrativo. Recurso Ordinário em Mandado de Segurança. Magistrado. Pena de aposentadoria compulsória com proventos proporcionais ao tempo de serviço. Indeferimento do pedido de produção de provas. Motivação suficiente. Princípio da proporcionalidade. Observância. Recurso improvido.
> 1. O indeferimento motivado de produção de provas, mormente quando se mostram dispensáveis diante do conjunto probatório, não enseja cerceamento de defesa. Precedentes.

---

[97] RMS nº 23334/AL. Recurso Ordinário em Mandado de Segurança 2006/0270074-3. Relator: ministro Arnaldo Esteves Lima (1128). Órgão julgador: Quinta Turma. Data do julgamento: 27-11-2007. Data da publicação/fonte: *DJ* de 7-2-2008, p. 1.

2. No tocante à observância ou não do princípio da *proporcionalidade*, a atuação do Poder Judiciário deve se restringir ao exame da ocorrência de eventual excesso na aplicação da *pena*, atento ao fato de que à autoridade administrativa cabe efetivamente o exercício do poder disciplinar.
3. Hipótese em que não se mostra configurada violação do referido princípio. O recorrente, magistrado do Estado de Alagoas, foi aposentado compulsoriamente com proventos proporcionais ao tempo de serviço porque apurado, nos autos de processo *administrativo* disciplinar, que teria ele concedido tutela antecipada em ações de substituição de garantia, com pluralidade de autores e réus oriundos de outros municípios, aceitando pedras preciosas, assim como títulos da dívida pública sem valor de mercado em substituição a veículos e imóveis.
4. Recurso ordinário improvido [grifos no original].

Não é demais lembrar que a decisão pela aplicação da sanção deve ser devidamente motivada, apresentando os fatos e fundamentos para a aplicação da pena escolhida (descrição da infração e da sanção que se pretende aplicar), devendo também ser assegurado ao contratado o direito à prévia e ampla defesa e ao contraditório (art. 87, *caput*), dando-lhe oportunidade para discutir e provar a "injuridicidade dos documentos oriundos da fiscalização" (Souto, 2004a:377).

As penalidades podem também ser aplicadas aos licitantes, antes da assinatura do contrato, embora o *caput* do art. 87 da Lei nº 8.666/1993 apenas se refira à aplicação de sanções aos "contratados", o que, à primeira vista, poderia induzir a uma interpretação literal no sentido de não ser permitida a imposição de qualquer penalidade aos concorrentes.

É que os incisos II e III do art. 88 da Lei nº 8.666/1993 preveem também a aplicação da suspensão temporária de participação em licitação e impedimento de contratar com a administração, bem como a declaração de inidoneidade para licitar ou contratar com a administração pública aos que tenham praticado atos ilícitos visando frustrar os objetivos da licitação (inciso II) e aos que demonstrarem não possuir idoneidade para contratar com a administração em virtude de atos ilícitos praticados (inciso III). Assim, a despeito de o *caput* do art. 88 também fazer referência às sanções aplicadas "em razão dos contratos regidos por esta Lei", os incisos mencionados, em especial o inciso II, têm como destinatários os licitantes, estendendo a eles a possibilidade de aplicação das sanções previstas no art. 87, III e IV, da Lei nº 8.666/1993.

Para Garcia (2009:322), entender que apenas pudesse

> ser punido o licitante que posteriormente celebrasse contrato com o Poder Público fere o bom-senso e a própria finalidade da norma que pretendeu, justamente, permitir que os licitantes se submetessem ao poder disciplinar estatal quando praticassem atos ilícitos.

Acrescenta o autor:

> No entanto, a meu ver, deve prevalecer, em uma interpretação sistemática, que o licitante, ao manifestar vontade de contratar com o Poder Público e apresentar uma proposta, se apresenta e se qualifica como verdadeiro auxiliar em potencial da Administração Pública, devendo, desde já, observância aos princípios previstos no art. 37, *caput* da CF e art. 3º da Lei nº 8.666/1993, em especial ao da moralidade. Anoto, como premissa básica, que os princípios que informam o procedimento licitatório alcançam a Administração Pública e os particulares que com ela desejam contratar.

No julgamento do Recurso Ordinário em Mandado de Segurança nº 15.999, o ministro Francisco Falcão também entendeu pela possibilidade de aplicação de sanção aos licitantes, conforme se depreende do seguinte trecho da ementa: "Todo aquele que se submete à administração, mesmo que de forma indireta, está sujeito às sanções administrativas decorrentes da falsidade das alegações feitas".[98]

A multa administrativa[99] é a única espécie de sanção que pode ser aplicada cumulativamente com as demais (§1º do art. 87 da Lei nº 8.666/1993). Quanto à sua aplicação, ela necessita de previsão no contrato ou no ato convocatório, delimitando as condutas passíveis de ensejá-la. É que as expressões "não cumprimento de cláusulas contratuais", "cumprimento irregular" e, ainda, "atraso injustificado no início dos serviços" são absolutamente genéricas.

Este é, também, o entendimento que encontramos no periódico *Informativo de Licitações e Contratos* (1997):

> Se o edital e (ou) contrato não previram, de modo preciso, os pressupostos de imposição da multa e sua extensão, será inviável sua exigência posteriormente. Não bastará o edital estabelecer, genericamente, que o contratado se sujeitará ao pagamento de multa, em caso de inadimplemento. Deverá estar quantificada a multa, assim como as condutas do particular que acarretarão sua incidência. Não poderá haver margem de discricionariedade para a Administração Pública escolher as hipóteses de aplicação de multa ou para dimensionar seu valor.

---

[98] STJ. RMS nº 15.999/BA. Recurso Ordinário em Mandado de Segurança 2003/0031795-4. Relator: ministro Francisco Falcão (1116). Órgão julgador. Primeira Turma. Data do julgamento: 16-12-2003. Data da publicação/fonte: *DJ* de 5-4-2004, p. 203.
[99] O contrato poderá ainda prever outras duas espécies de multa: a moratória (quando houver atraso injustificado na execução do ajuste pelo contratado – art. 86 da Lei nº 8.666/1993) ou compensatória (quando a obrigação do contratado não foi executada, não mais podendo sê-lo com algum proveito para o contratante, funcionando como uma prefixação das perdas e danos).

É ainda digna de menção a diferença entre a suspensão temporária e a declaração de inidoneidade quanto ao prazo de duração, pois, enquanto a primeira não pode ser aplicada por prazo superior a dois anos (art. 87, III, da Lei nº 8.666/1993), a segunda (aplicada exclusivamente pelos ministros de Estado, secretários estaduais ou municipais nas hipóteses de infrações gravíssimas) não tem duração limitada por qualquer prazo. Entretanto, nos termos do art. 87, IV, vigorará

enquanto perdurarem os motivos determinantes da punição ou até que seja promovida a reabilitação perante a própria autoridade que aplicou a penalidade, que será concedida sempre que o contratado ressarcir a Administração pelos prejuízos resultantes e após decorrido o prazo da sanção.

Ponto objeto de grande divergência diz respeito ao alcance dos efeitos das penalidades de suspensão temporária do direito de participar de licitações e da declaração de inidoneidade.

## A discussão acerca da abrangência das penalidades de efeitos extracontratuais

A controvérsia deve ser entendida a partir de sua fonte legal, a saber, a redação dos incisos III e IV do art. 87 da Lei nº 8.666/1993, posto que, enquanto o inciso III estabelece a "suspensão temporária de participação em licitação e impedimento de contratar com a Administração", o inciso IV refere-se à "declaração de inidoneidade para licitar ou contratar com a Administração Pública".

Por sua vez, o art. 6º da mesma lei, ao apresentar os conceitos básicos utilizados pela Lei de Licitações, faz distinção entre as expressões "administração pública" (inciso XI) e "administração" (inciso XII). Enquanto *administração pública* deve ser entendida como a administração direta e indireta dos entes federativos, *administração* significaria apenas o "órgão, entidade ou unidade administrativa pela qual a administração pública opera e atua concretamente". Assim, alguns esposam o entendimento de que, em sendo a suspensão temporária extensiva apenas à administração, não há que se cogitar da sua abrangência além da entidade ou órgão público que aplicou a sanção. Por sua vez, a declaração de inidoneidade aplicada produziria efeitos sobre toda a administração pública, vale dizer, teria abrangência nacional.

É, por exemplo, como se posicionam Santos e colaboradores (1995:207):

> O legislador, por óbvio, quis dar uma abrangência maior para a declaração de inidoneidade, sendo lícito pensar que o contratado inidôneo assim o será perante qualquer órgão público do País. E aquele que for suspenso temporariamente será assim tratado perante os órgãos, entidades e unidades administrativas concernentes ao Poder Público que aplicou a sanção.

No mesmo sentido, Pereira Junior:

> A diferença do regime legal regulador dos efeitos da suspensão e da declaração de inidoneidade reside no alcance de uma e de outra penalidade. Aplicada a primeira, fica a empresa punida perante as licitações e contratações da Administração; aplicada a segunda, a empresa sancionada resulta impedida perante as licitações e contratações da Administração Pública. Assim é porque, em seu art. 6º, a Lei nº 8.666/1993 adota conceitos distintos para Administração e Administração Pública [...].[100]

---

[100] Sentença publicada na seção de Jurisprudência do *Informativo de Licitações e Contratos* (1998:604). Relator: juiz Jessé Torres Pereira Junior.

Essa interpretação foi acolhida também pelo Tribunal de Contas da União, conforme ilustra o seguinte trecho da Decisão nº 369/1999:

> Quanto ao primeiro questionamento, assiste razão à Unidade Técnica quando afirma que a suspensão imposta por um órgão/entidade não afeta a possibilidade jurídica de o licitante vir a participar de certame em outro órgão/entidade. Esse é o entendimento firmado pela Decisão Plenária nº 352/1998, relatada pelo eminente Ministro Bento José Bugarin. Entendeu o Pleno desta Corte que a sanção prevista no inciso III do art. 87 da Lei de Licitações (suspensão temporária de participação em licitação) abrange tão somente o órgão/entidade que a aplica, ao passo que a penalidade prevista no inciso IV (declaração de inidoneidade para licitar com a Administração Pública) daquele mesmo comando estende-se por toda a Administração Pública.[101]

Há, entretanto, autores que, mesmo diante das diferentes definições, não entendem haver distinção entre a abrangência das referidas penalidades. Assim, recaindo a sanção de suspensão temporária do direito de licitar sobre empresa ou pessoa, estaria ela impedida de licitar perante toda a administração pública, ou seja, seus efeitos se estenderiam a todos os demais entes do poder público.

Tais autores fundamentam seu entendimento no fato de a administração pública ser una, apenas possuindo funções descentralizadas para melhor atender ao interesse público, haja

---

[101] TCU. Decisão nº 369/1999. Plenário. Relator: ministro. Benjamin Zymler. Data da decisão: 16-6-1999.

vista o art. 37, *caput* e inciso XXI, da CF/88, segundo os quais a lei de regência abrange todos os entes públicos integrantes da administração direta, indireta ou fundacional da União, dos estados e dos municípios.

Esse, por exemplo, o entendimento de Justen Filho (2005a:623) conforme se observa:

> Se um determinado sujeito apresenta desvios de conduta que o inabilitam para contratar com a Administração Pública, os efeitos dessa ilicitude se estendem a qualquer órgão. Nenhum órgão da Administração Pública pode contratar com aquele que teve seu direito de licitar "suspenso". A menos que lei posterior atribua contornos distintos à figura do inciso III, essa é a conclusão que se extrai da atual disciplina legislativa.

O Superior Tribunal de Justiça também adotou esse entendimento, conforme se depreende da seguinte ementa:

> Administrativo. Mandado de Segurança. Licitação. Suspensão temporária. Distinção entre administração e administração pública. Inexistência. Impossibilidade de participação de licitação pública. Legalidade. Lei 8.666/1993, art. 87, inciso III.
> 
> – É irrelevante a distinção entre os termos Administração Pública e Administração, por isso que ambas as figuras (suspensão temporária de participar em licitação (inciso III) e declaração de inidoneidade (inciso IV)) acarretam ao licitante a não participação em licitações e contratações futuras.
> 
> – A Administração Pública é una, sendo descentralizadas as suas funções, para melhor atender ao bem comum.
> 
> – A limitação dos efeitos da "suspensão de participação de licitação" não pode ficar restrita a um órgão do poder público, pois os efeitos do desvio de conduta que inabilita o sujeito para

contratar com a Administração se estendem a qualquer órgão da Administração Pública.

– Recurso especial não conhecido.[102]

Há ainda um terceiro entendimento no sentido de que nem mesmo a declaração de inidoneidade teria abrangência para além do ente federativo em que foi expedida. Esse é o posicionamento de Meirelles (2006:264), como se vê a seguir:

> A inidoneidade só opera efeitos em relação à Administração que a declara, pois que, sendo uma restrição a direito, não se estende a outras Administrações. Assim, a declaração de inidoneidade feita pela União, pelo Estado ou pelo Município só impede as contratações com as entidades e órgãos de cada uma dessas entidades estatais, e, se declarada por repartições inferiores, só atua no seu âmbito e no de seus órgãos subordinados. Essa sanção é da competência privada dos ministros de Estado e dos chefes de Executivo estadual e municipal, mas nada obsta a que a lei, o regulamento ou o estatuto da empresa a cometam a outras autoridades e dirigentes de entidades autárquicas ou paraestatais, sempre com possibilidade de defesa prévia do interessado. O necessário é que norma legal ou estatutária estabeleça previamente esta sanção e indique quem pode aplicá-la.

Assim também entende Souto (2004a:232-233):

> Essas penalidades de efeitos extracontratuais, que interferem no conceito de capacidade jurídica para habilitação em licitação, são reservadas às hipóteses mais graves e só produzem efeitos dentro da própria Administração. Assim, por exemplo, se a Se-

---

[102] REsp nº 151.567/RJ. Segunda Turma. Relator: ministro Francisco Peçanha Martins. Data do julgamento: 25-2-2003. Data da publicação/fonte: DJ de 14-4-2003, p. 208.

cretaria dos Transportes de um Município declara inidôneo um contratado, não ficam os demais Municípios e Estados sujeitos a tal declaração, mas ela se estende a todos os demais órgãos e entidades da Administração Municipal aplicadora da sanção, e não só àquela Secretaria.

[...]

A pena de declaração de inidoneidade, assim como a suspensão do direito de licitar, se restringe à Administração que a aplicou, por força do princípio federativo, contido nos arts. 1º e 18 da Constituição Federal, que asseguram a autonomia às entidades federadas; só assim pode ser entendido o crime previsto na Lei de Licitações de contratar com pessoa declarada inidônea perante a Administração; afinal, as normas de rejeição social, como as penais, não podem ter interpretação ampliada.

É possível que empresa declarada inidônea ou suspensa para participar de licitações ou contratar com o Estado altere o seu contrato social ou se extinga e se constitua em "nova" sociedade, com os mesmos sócios, para burlar os efeitos dessas sanções administrativas. Assim, a questão que se coloca é se poderia, nesses casos, haver a desconsideração da personalidade jurídica para fazer valer a sanção aplicada.

Para Souto, a lei não teria excepcionado a regra da distinção entre a pessoa dos sócios e da sociedade para essa finalidade. Argumenta que, por força do art. 173, §5º, da Constituição Federal, que dispõe que

a lei, sem prejuízo da responsabilidade individual dos dirigentes da pessoa jurídica, estabelecerá a responsabilidade desta, sujeitando-a às punições compatíveis com sua natureza, nos atos praticados contra a ordem econômica e financeira e contra a economia popular, e dos princípios constitucionais de que a pena não passará da pessoa do delinquente e da individualização da pena (art. 5º, XLV e XLVI da CF/88), somente a lei poderia prever a desconsideração da personalidade jurídica no direito administrativo, como fez no direito do consumidor (CDC, art. 28), no direito tributário (CTN — Lei nº 5.172/1966, art. 134, VII, e 135, II) e no direito trabalhista (CLT, art. 2º, §2º).

Entretanto, explica ele, a administração teria outras opções para escapar a eventuais artimanhas fraudulentas. Eis como sustenta:

> Nem por isso fica a Administração à mercê do fraudador, de mãos atadas. Pode ela, após a devida apuração da fraude, declarar nulo o contrato, já que a simulação teria viciado a sua vontade. Neste caso, autoriza-se a utilização supletiva de direito privado para considerar-se viciado o contrato por erro quanto à pessoa.
>
> É cabível, ainda, a extinção do contrato, invocando o interesse público em não celebrar o contrato ou não mantê-lo. Trata-se de manifestação do poder discricionário, no qual se analisa conveniência e oportunidade, sem uma enorme preocupação em caracterizar o Erro, satisfazendo-se a Administração com os indícios [Souto, 2004a:263].

Entretanto, a Segunda Turma do Superior Tribunal de Justiça, apreciando caso dessa natureza, decidiu pela desconsideração da personalidade jurídica com fundamento nos princípios da moralidade administrativa e da indisponibilidade dos interesses públicos tutelados, conforme se observa da seguinte ementa:

> Administrativo. Recurso Ordinário em Mandado de Segurança. Licitação. Sanção de inidoneidade para licitar. Extensão de efeitos à sociedade com o mesmo objeto social, mesmos sócios e mesmo endereço. Fraude à lei e abuso de forma. Desconsi-

deração da personalidade jurídica na esfera administrativa. Possibilidade. Princípio da moralidade administrativa e da indisponibilidade dos interesses públicos.

– A constituição de nova sociedade, com o mesmo objeto social, com os mesmos sócios e com o mesmo endereço, em substituição a outra declarada inidônea para licitar com a Administração Pública Estadual, com o objetivo de burlar à aplicação da sanção administrativa, constitui abuso de forma e fraude à Lei de Licitações (Lei nº 8.666/1993), de modo a possibilitar a aplicação da teoria da desconsideração da personalidade jurídica para estenderem-se os efeitos da sanção administrativa à nova sociedade constituída.

– A Administração Pública pode, em observância ao princípio da moralidade administrativa e da indisponibilidade dos interesses públicos tutelados, desconsiderar a personalidade jurídica de sociedade constituída com abuso de forma e fraude à lei, desde que facultado ao administrado o contraditório e a ampla defesa em processo administrativo regular.

– Recurso a que se nega provimento.[103]

Ressalte-se, por derradeiro, que o PLC nº 32/2007, que pretende alterar dispositivos da Lei nº 8666/1993, prevê a possibilidade de aplicação da teoria da desconsideração da personalidade jurídica nos casos das sanções de suspensão ao direito de licitar e de declaração de inidoneidade, ampliando sua aplicação também aos diretores das pessoas jurídicas de direito privado contratadas, gerentes ou seus representantes legais,

---

[103] RMS nº 15.166/BA. Recurso Ordinário em Mandado de Segurança 2002/0094265-7. Ministro: Castro Meira (1125). Órgão julgador: Segunda Turma. Data do julgamento: 7-8-2003. Data da publicação/fonte: *DJ* de 8-9-2003, p. 262. Sobre a doutrina da desconsideração da personalidade jurídica no direito administrativo, confiram-se os seguintes artigos específicos: Gasparini (2004:181-211); Montebello (2006:223-255).

quando praticarem atos com excesso de poder ou com infração à lei. Confira-se o trecho da proposição legislativa:

> Art. 87. Pela inexecução total, parcial ou pela execução deficiente do contrato, a Administração poderá, garantida a prévia defesa, aplicar ao contratado as seguintes sanções:
> [...]
> §4º As sanções previstas nos incisos III e IV aplicam-se também aos proprietários e aos diretores das pessoas jurídicas de direito privado contratadas, quando praticarem atos com excesso de poder, abuso de direito ou infração à lei, contrato social ou estatutos, bem como na dissolução irregular da sociedade.

## A inoponibilidade da exceção de contrato não cumprido pelo contratado

É a prerrogativa derrogatória da regra que permite, nos contratos privados, que uma parte não cumpra sua obrigação em decorrência do inadimplemento da outra, nos casos de prestações simultâneas (positivada no art. 192 do Código Civil).

Assim, a exceção de contrato não cumprido (*exceptio non adimpleti contractus*) não pode ser invocada pelo contratado para, diante do inadimplemento da administração pública, interromper a execução de suas obrigações contratuais, eis que vigora o princípio da continuidade dos serviços públicos para impedir a paralisação do atendimento do interesse público envolvido na questão.

Antes da Lei nº 8.666/1993, essa cláusula impunha uma sujeição quase absoluta, só cabendo ao contratado pleitear indenização pelos prejuízos sofridos. No entanto, a inoponibilidade da exceção em face da administração foi mitigada pelo art. 78, XIV e XV, da Lei de Licitações ao estabelecer como motivos para a rescisão do contrato o atraso superior a 90 dias dos pagamentos devidos pela administração ou suspensão de execução do contrato, por ordem escrita da administração, por prazo superior a 120 dias, ou, ainda, por repetidas suspensões que totalizem o mesmo prazo, assegurado ao contratado o direito de optar pela suspensão do cumprimento de suas obrigações até que seja normalizada a situação.

Entretanto, o exercício dessas opções pelo particular — ou a rescisão ou a suspensão — dependerá de a administração anuir ou, em não sendo autorizado pela contratante, de recurso prévio ao Poder Judiciário, a quem caberá analisar as razões e a possibilidade da rescisão ou da suspensão da execução, pelo contratado, ouvidas as partes e considerados os riscos e prejuízos para o interesse público.

É possível, ainda, que o contratado, querendo prosseguir no contrato, opte por pleitear a redução de seus encargos, postulando judicialmente a equalização do ajuste para reduzir a sua prestação, a fim de diminuir eventual onerosidade excessiva que lhe venha a ser imposta pelo poder público.

O certo é que o inadimplemento da administração poderá configurar seu enriquecimento sem causa. A parte contratada tem direito a obter o lucro justo almejado, o que é plenamente lícito em um regime de livre iniciativa. Não é possível que a ela seja imputado o sacrifício excessivo de arcar sozinha com a realização do objeto contratual, mesmo nos casos em que se tratar de serviço público, sob pena também de acarretar-lhe o risco de insolvência (e até o encerramento das atividades da empresa). Nas palavras de Justen Filho (2003:477-478):

> A relação entre indivíduo e coletividade, na Constituição, assegurou sobrevivência e o respeito a todos os interesses. Como repetidamente afirmado, nenhum interesse individual pode ser exterminado mediante invocação ao interesse público. Ninguém pode ser destruído porque isso seria útil ao interesse coletivo.

Autoriza-se limitação ou restrição dos interesses individuais, desde que resguardada sua essência. Em hipóteses excepcionais e expressas, o interesse individual poderá ser sacrificado, desde que seja assegurada a contrapartida da indenização justa. Essa sistemática se integra com os princípios norteadores de um Estado Democrático de Direito, que rejeita regras ou filosofias autoritárias.

Ademais, os contratos administrativos devem pautar-se também pelos princípios da boa-fé e do equilíbrio econômico-financeiro, zelando os parceiros contratuais pelo bom relacionamento e pela correta e satisfatória execução do objeto contratado, cabendo à administração, justamente pela sua posição de supremacia, além de fiscalizar a execução do contrato, fornecer as condições necessárias para a adequação e continuidade da prestação dos serviços públicos, principalmente quando a titularidade do serviço lhe for própria.

### Visão prospectiva: o futuro das cláusulas exorbitantes

Moreira Neto (2006:3-22), analisando a evolução das prerrogativas da administração pública e estudando as tendências na doutrina tanto nacional como internacional, apresenta interessantes conclusões e sugestões acerca do futuro das cláusulas exorbitantes.

Explica, primeiramente, que vem ocorrendo a revisão da doutrina "substantivadora" do contrato administrativo, concluindo que essa substantivação não é necessária para aplicar-se o direito administrativo aos contratos regidos pelo direito civil.[104]

---

[104] Explica, ainda, coerentemente: "Com essa perspectiva em mente, já em meu curso deixou-se de consignar a expressão cláusulas exorbitantes, porque implicitamente evocam o caráter revocatório do direito privado e, destarte, a ultrapassada teoria que lhe

Essa nova concepção enfoca as cláusulas exorbitantes como meras modulações contratuais que, quando utilizadas na órbita privada, são encaradas com temores e suspeitas, mas, quando se trata do Estado, não suscitam esse repúdio, pois não se supõe que delas faça uso com propósitos de abuso de poder econômico.

Assim, na perspectiva pós-moderna, as exorbitâncias nada mais representam que meras modulações contratuais (que já se apresentam abundantemente, sob diversas roupagens jurídicas e com diferentes justificativas, em quase todas as modalidades contratuais privadas) que não estariam implícitas nos contratos celebrados pela administração, mas poderiam ser inseridas sempre que motivadamente exigidas pela matéria administrativa.

Explica também que a postura de "'supremacia, imposição e unilateralidade' cede espaço à consensualidade e à negociação" (Moreira Neto, 2006:7), pois estas se vêm mostrando muito mais eficientes para satisfação dos interesses públicos.

Nesse novo contexto, o uso das cláusulas exorbitantes passa a apresentar desvantagens, tais como: a imprecisão e a insegurança de direitos resultantes do manejo público das prerrogativas da administração nas transações; o agravamento dos custos de transação pelo aumento do risco soberano; o sacrifício da confiança legítima do administrado na transação etc.

Assim, torna-se necessário que, em cada contrato, sejam sopesadas as vantagens e desvantagens do uso de cláusulas exorbitantes, o que não se coaduna com a disciplina atual dos contratos administrativos. Nas palavras de Moreira Neto (2006:13):

---

atribuía substantividade principiológica, preferindo-se utilizar expressões que se limitam a acentuar o seu assento legal ou mesmo contratual, como os que nele foram empregadas ao tratar da característica da instabilidade dos contratos administrativos, tais como as expressões cláusulas regulamentares e leis de serviço" (Moreira Neto, 2006:21).

Ora, no modelo tradicional de contratos administrativos — com prerrogativas legais estandardizadas — há total impossibilidade de ponderar casuisticamente essas vantagens e desvantagens considerando as características de cada um para que deva realizar a Administração Pública (juízos de oportunidade e de conveniência).

Alinham-se, pois, novos parâmetros a serem conjugados para as contratações públicas, tais como a preeminência dos direitos fundamentais, a exigência de legitimidade, de publicidade e de visibilidade da atuação pública, além da obrigatoriedade da motivação e a não afastabilidade de controles multimodais, cada vez mais especializados.

Como consequência, a consensualidade advém como a marca dessa nova forma de administrar interesses públicos na relação entre a administração e os administrados, o que é identificado em vários novos institutos,

> em que a flexibilidade, a negociação, o uso criterioso da discricionariedade, o exercício da ponderação entre interesses, valores e direitos e, sobretudo, a motivação dão a tônica pragmática e democrática do pós-modernismo [Moreira Neto, 2006:13-14].

Nesse passo, assim explica o autor:

> A conciliação necessária, para superar as antigas desvantagens, que tanto encarecem a Administração Pública e favorecem a corrupção em larga escala, de modo a fazê-la enveredar por esses novos promissores caminhos, está, pois, na flexibilização, já que, ante a imensa diversidade de contratos possíveis, que são firmados nos inúmeros setores da atividade da Administração Pública, não é lógico que o administrador público permaneça jungido a comandos excessivamente padronizados que, sobre

serem em grande parte anacrônicos, e desde logo por serem muito gerais, não admitem a necessária modulação para atender às miríades de circunstâncias próprias de cada contratação [Moreira Neto, 2006:15].

Propõe, então, que sejam adotadas as técnicas da flexibilização pela discricionariedade e da dupla motivação, de modo que a inserção e a formulação de cláusulas exorbitantes nos contratos possam ser feitas discricionariamente pelo administrador. Este deverá motivar tanto a adoção (inserção no contrato), em tese, da cláusula discricionária, como também a sua aplicação, quando necessária (diante das circunstâncias previamente delimitadas que ensejem sua execução), já que o atendimento do princípio do interesse público é que é legalmente indisponível por parte da administração, mas as condições em que esse atendimento se dará ou se pode dar é matéria administrativamente disponível, sempre que se instaure concurso com outros princípios constitucionalmente relevantes.

Portanto, aponta-se como tendência do mundo pós-moderno a flexibilização da imperatividade, das prerrogativas e das cláusulas exorbitantes, para fazer face a desafios cada vez mais problemáticos de eficiência e segurança, de modo a permitir a aplicação do princípio do interesse público em concurso com os demais princípios observados na mesma relação.

## Questões de automonitoramento

1. Após ler este capítulo, você é capaz de resumir o caso gerador do capítulo 7, identificando as partes envolvidas, os problemas atinentes e as soluções cabíveis?
2. Todas as cláusulas contratuais podem sofrer alteração unilateral?

3. As alterações qualitativas do objeto contratual estão sujeitas a limites?
4. Quais as diferenças de alcance existentes entre a pena de suspensão temporária do direito de participar de licitações e a declaração de inidoneidade para licitar?
5. Está o contratado obrigado a arcar com todos os custos da realização do objeto diante da inadimplência da administração que o contratou? Poderá ele aplicar a exceção de contrato não cumprido?
6. Pense e descreva, mentalmente, outras alternativas para a solução do caso gerador do capítulo 7.

# 5

# Equilíbrio econômico-financeiro e duração dos contratos administrativos

**Roteiro de estudo**

*Da teoria do equilíbrio econômico-financeiro dos contratos administrativos*

Os contratos administrativos, mesmo que subordinados às regras do direito público, não deixam de ser contratos, atos jurídicos bilaterais, onerosos, comutativos. Assim, sendo o contrato administrativo comutativo, deve manter o equilíbrio entre as obrigações assumidas e as importâncias a serem recebidas, de modo a assegurar a aplicação dos princípios da equidade, razoabilidade e continuidade da atividade administrativa, da segurança jurídica, entre outros.

Segundo Meirelles (2000:181):

> O equilíbrio financeiro ou equilíbrio do contrato administrativo, também denominado equação econômica ou equação financeira, é a relação que as partes estabelecem inicialmente,

no ajuste, entre os encargos do contratado e a retribuição da Administração para a justa remuneração da obra, do serviço ou do fornecimento [...]. Essa correlação deve ser conservada durante toda a execução do contrato, mesmo que alteradas as cláusulas regulamentares da prestação ajustada, a fim de que se mantenha a equação financeira ou, por outras palavras, o equilíbrio econômico-financeiro do contrato [...].

O art. 37, inciso XXI, da Carta Magna expressamente prevê que devem ser observadas as cláusulas as quais estabeleçam obrigações de pagamento, mantidas as condições efetivas da proposta, isto é, a proposta deve ser mantida em seu valor real durante toda a execução do contrato.

Ocorre que, com o decorrer do tempo, o valor real da proposta acaba por ser modificado em função das alterações econômicas. Assim, como forma de preservar o equilíbrio econômico-financeiro dos contratos, serão aplicados os institutos da revisão, reajuste de preços, atualização monetária e repactuação, a seguir analisados.

## Preço

Consoante leciona Souto (2004a:332):

> O preço é o valor devido como contraprestação do objeto almejado no contrato e deve ser aquele objeto da proposta vencedora da licitação, desde que em consonância com a pesquisa de mercado realizada e com o sistema de registro de preços. Deve ser reputado nulo, por lesivo aos cofres públicos, o contrato cujo preço esteja em desacordo com a realidade do mercado, cabendo não só a responsabilização da autoridade encarregada da despesa, por violação ao dever de eficiência administrativo-

financeira, como a instauração de procedimento para apuração do abuso de poder econômico.

O preço do contrato deve ser em moeda nacional corrente. Deve abranger todos os insumos do bem contratado, assim como os tributos, encargos sociais e trabalhistas e a previsão do aumento, principalmente destes últimos, uma vez serem objeto de constantes reclamações de revisão contratual em face dos reajustes de salário mínimo (Souto, 2004a:333).

Para a manutenção do equilíbrio econômico-financeiro dos contratos é necessário que todas as questões referentes à remuneração (tais como prazo, forma de pagamento e época de sua liquidação) estejam previstas no edital.

Assim, toda vez que for verificada a majoração de encargos deverá ser aumentada proporcionalmente ao particular a remuneração devida, possibilitando a perfeita execução do objeto contratado pela administração.

## Reajuste

Conforme já mencionado, o instituto tem por objetivo restabelecer o equilíbrio econômico-financeiro dos contratos administrativos, assegurando a paridade entre prestação e a contraprestação pactuadas.

Diferentemente do instituto da revisão, em que há a recomposição do preço, no reajuste o preço inicial é mantido, sendo apenas atualizado diante da mudança de índices setoriais vinculados às elevações inflacionárias quanto a prestações específicas.

O reajuste de preços é uma forma de compensar os efeitos das variações inflacionárias e, por conseguinte, evitar que seja rompida a equação econômico-financeira em decorrência de elevação dos preços dos insumos e mão de obra, durante a execução dos contratos.

Questão polêmica há no que tange à obrigatoriedade de previsão expressa da cláusula de reajuste de preços no edital e no instrumento contratual.

Para Justen Filho (2005a:552), "ainda que não esteja previsto contratualmente o reajuste, deverá assegurar-se ao interessado o direito ao reequilíbrio rompido em virtude de eventos supervenientes imprevisíveis etc.".

Sustentando seu entendimento, o citado autor mencionou o Acórdão nº 376/1997, da Primeira Turma do TCU, que reconheceu que a não previsão de cláusula de reajuste de preços não impedia sua prática.

No entanto, conforme prevê o art. 55, III, da Lei nº 8.666/1993, a cláusula de reajuste se apresenta como uma das cláusulas necessárias a todos os contratos. Assim, a mesma deve estar prevista expressamente nos contratos com prazo igual ou superior a um ano, sob pena de não procedência de reajuste na sua ausência.

Segundo Garcia (2009:278):

> Sem prejuízo de outras linhas de interpretação que acolham orientação diversa, parece *incabível* a concessão de reajuste na hipótese de omissão nos instrumentos convocatório e contratual. Isto porque, se o edital e o contrato nada previram, parte-se da premissa de que o preço a ser ofertado é irreajustável e que o licitante já incluiu na sua proposta de preços a não incidência de reajuste no valor original. Esta opção — discutível do ponto de vista econômico porque embute o risco do não reajustamento, acarretando o aumento dos preços — foi expressamente adotada no Município do Rio de Janeiro, que por meio do Decreto nº 19.810, de 23-04-2001, determinou que os contratos somente poderão ser reajustados após 24 (vinte e quatro) meses.

Destaque-se que o contratado não está sendo prejudicado com a omissão de cláusula de reajuste de preços no edital e no contrato, uma vez que teve oportunidade de impugnar o edital à época, e se assim não o fez foi porque aceitou as regras ali contidas.

Outra questão polêmica se refere ao termo inicial do reajuste quando o licitante prorroga o prazo de validade de sua proposta.

A Lei nº 10.192, de 14 de fevereiro de 2001, que dispôs sobre medidas complementares ao Plano Real, pretendeu proteger a proposta apresentada pelo licitante:

> Art. 2º. É admitida estipulação de correção monetária ou de reajuste por índices de preços gerais, setoriais ou que reflitam a variação dos custos de produção ou dos insumos utilizados nos contratos de prazo de duração igual ou superior a um ano.
> §1º É nula de pleno direito qualquer estipulação de reajuste ou correção monetária de periodicidade inferior a um ano.
> [...]
> Art. 3º. Os contratos em que seja parte órgão ou entidade da administração pública direta ou indireta da União, dos Estados, do Distrito Federal e dos Municípios, serão reajustados ou corrigidos monetariamente de acordo com as disposições desta Lei, e, no que com ela não conflitarem, da Lei nº 8.666, de 21.06.1993.
> §1º A periodicidade anual nos contratos de que trata o *caput* deste artigo será contada a partir da data limite para *apresentação da proposta* ou do orçamento a que essa se referir [grifos nossos].

Na forma do artigo *supra*, o prazo inicial para o reajuste de preços não será contado da assinatura do contrato, mas sim da data da apresentação da proposta. Em igual sentido prevê o art. 40, inciso XI, da Lei nº 8.666/1993.

Válido transcrever decisão do Tribunal de Contas da União acerca da matéria:

> É, portanto, totalmente procedente a pretensão do recorrente de continuar a fixar o termo inicial da periodicidade anual a partir da apresentação da proposta e deve ser excluída a determinação do TCU que prevê o contrário, por absoluta falta de amparo na legislação vigente.[105]

Na mesma linha leciona Justen Filho (1999:173 apud Garcia, 2003):

> Portanto, a interpretação de que o reajuste seria computado a partir da data da contratação não envolve simples fixação da periodicidade do reajuste. Traduz a exclusão do reajuste sobre o período que mediar entre a data da proposta e a data da contratação. Logo, isso significaria reduzir a condição proposta pelo particular. Estaria frustrada a garantia da intangibilidade da equação econômico-financeira do contrato.

Questão não menos importante é a referente à possibilidade ou não de reajustar o valor do objeto contratado no prazo inferior a um ano.

Note-se que o art. 2º, §1º, da Lei nº 10.192/2001 estabeleceu expressamente que somente pode incidir reajuste de preços nas hipóteses em que o contrato administrativo apresente prazo igual ou superior a um ano.

No entanto, segundo Garcia (2009: 274-275), como a periodicidade anual conta-se a partir da data da apresentação da proposta ou do orçamento a que esta se referir, decorridos 12

---

[105] TC nº 016.352/1999 do Tribunal de Contas da União apud Garcia (2003).

meses desta data o reajuste será devido, ainda que o contrato tenha prazo inferior a um ano.

O citado autor assim exemplificou:

> Um contrato de obra pública cujo prazo de execução é de 10 (dez) meses. Se a proposta é apresentada em abril, mas o contrato é assinado apenas em setembro, como negar ao contratado o direito de, em abril do ano subsequente, ter o direito de reajuste assegurado?

Em regra, por ter o contrato administrativo prévia licitação é que se pode extrair o entendimento de que entre a data da apresentação da proposta e a assinatura do contrato pode haver desatualização do valor ofertado originalmente, o que ensejaria o reajuste de preços.

Nesta linha, Justen Filho (2002 apud Garcia, 2009:275):

> A disciplina ao reajuste foi objeto de modificações em virtude do plano real. Somente se admite reajuste após decorridos doze meses, com efeitos para o futuro. Segundo a nova sistemática, não se produz reajuste entre a data da proposta (ou do orçamento a que ela se refere) e a data da contratação. Computa-se sempre o prazo de doze meses. Logo, é possível reajuste antes de um ano da contratação, desde que decorrido um ano da formulação da proposta.

Desta forma, salienta Garcia (2009:275) que o importante para os contratos públicos, para fins de reajuste, é a ideia de periodicidade anual, e não de prazo de duração dos contratos, cuja noção seria aplicável apenas para os contratos privados.

Somando-se a isso, em Decisão Plenária de nº 698/2000, o Tribunal de Contas da União informou que nos casos relativos às obras financiadas com recursos federais, mesmo que a duração seja inferior a um ano, pode ser prevista a possibilidade de reajuste, com menção ao índice setorial a ser aplicado, para os casos em que, inexistindo culpa do contratado, o prazo inicialmente pactuado não seja cumprido.[106]

## Correção monetária

A correção monetária é mais um meio de preservar a equação econômica inicial do contrato, utilizando-se, para tanto, de índices gerais e não específicos, uma vez que visa à recomposição do valor nominal da moeda alterado pela inflação.

Embora tenham a mesma finalidade, não se deve confundir o instituto do reajuste de preços com a correção monetária. Aquele visa a acompanhar a variação dos custos despendidos pelo contratado, necessários à consecução do objeto contratual, sendo que este visa restabelecer o valor nominal da moeda.

Neste sentido, Souto (2004c:139) leciona:

> O reajuste que é exatamente a reposição do custo de produção, que difere, portanto, da atualização monetária, que envolve o custo de dinheiro; um envolve índices setoriais, a atualização monetária envolve índices gerais, sempre relacionados com o impacto da inflação ou na generalidade da sociedade, ou num determinado segmento econômico, mas também se explicitando a possibilidade de rever o Contrato Administrativo sempre que ocorresse a quebra do equilíbrio econômico-financeiro do contrato.
> 
> [...] *A correção monetária* incide sobre os atrasos de pagamento; não é penalidade, mas mera recomposição do valor da *moeda*,

---

[106] TCU. Decisão nº 698/2000. Plenário. Relator: ministro Humberto Souto. Data da decisão: 30-8-2000. Processo nº 675.047/1996-0.

calculável pelos índices *gerais* de inflação. [...] *O reajuste* visa à recomposição dos custos de reposição do *objeto* contratado, calculável por índices *setoriais* de custos (que reflitam a variação do custo de produção do bem ou de prestação do serviço) [grifos do autor].

No tocante ao prazo máximo para pagamento das obrigações e à data a partir da qual incidiria a correção monetária, importante observar o art. 40 da Lei nº 8.666/1993, inciso XIV, alíneas "a" e "c".

A alínea "a" estabelece como condição de pagamento o "prazo de pagamento não superior a 30 dias, contado a partir da data final do período de adimplemento de cada parcela", e deve ser interpretada juntamente com a alínea "c", que estabelece o "critério de atualização financeira dos valores a serem pagos, desde a data final do período de adimplemento de cada parcela até a data do efetivo pagamento". Ou seja: de acordo com esta, a correção monetária incidiria desde a data do adimplemento, independentemente da ocorrência de atraso de pagamento, que é posterior.

Cumpre destacar entendimento do Tribunal Regional Federal da Primeira Região:[107]

> 1. A correção monetária, não sendo acréscimo, e sim expressão atualizada da moeda, faz-se incidente quando há impontualidade no pagamento.
> 2. Independentemente da previsão legal ou contratual, a correção monetária decorre do princípio do equilíbrio econômico das partes contratantes [...].

---

[107] Tribunal Regional Federal. Primeira Região. Quarta Turma. AC nº 01301036/DF. Processo nº 1995.01.30103-6. Data da publicação/fonte: *DJ* de 12-2-1996, p. 6315.

No mesmo sentido, o Tribunal Regional Federal da Quarta Região assim entendeu:[108]

> Comprovado o atraso no pagamento das parcelas contratadas em decorrência da licitação, deve incidir atualização monetária, que não constitui um *plus*, mas mero mecanismo de preservação do valor real da moeda aviltada pela inflação, segundo precedentes do STJ. Aplicação do BTN no período entre 15-01-1989 e 02-1991, por ser o índice que melhor reflete a inflação do período.

A cláusula referente aos critérios de atualização financeira de prestações em atraso devem estar previstas no edital ou no contrato entre o particular e a administração pública, consoante os arts. 40, XI, e 55, III, da Lei nº 8.666/1993.

No entanto, o Superior Tribunal de Justiça tem-se manifestado no sentido de não ser obrigatória cláusula expressa de correção monetária nos contratos administrativos, mormente em virtude de sua decorrência legal:

> Administrativo. Correção monetária. Contrato de prestação de serviço. Pagamento com atraso.
> 1. A Jurisprudência desta Corte é firme e pacífica quanto à incidência de correção monetária nos pagamentos em atraso, mesmo que não haja previsão contratual.
> 2. A única exceção é quando o credor, ao receber a parcela devida, mesmo em atraso, dá quitação plena.
> 3. A simples consignação de recebimento no anverso da fatura não induz à quitação plena.
> 4. Recurso Especial improvido.[109]

---

[108] Tribunal Regional Federal. Quarta Região. Quarta Turma. AC nº 134.342/PR. Processo nº 1994.04.48822-6. Data da publicação/fonte: *DJ* de 15-8-2001, p. 2178.
[109] REsp nº 302.947/SP. Relator: ministra Eliana Calmon. Órgão julgador: Segunda Turma. Data do julgamento: 21-2-2002. Data da publicação/fonte: *DJ* de 22-4-2002.

Frise-se que, mesmo que a administração pública tenha pago o valor principal do objeto contratado, se houver saldo remanescente, poderá o contratado cobrá-lo. Cabe expor entendimento do Superior Tribunal de Justiça nesse sentido:

Administrativo e Civil. Contrato com a administração pública. Quitação sem ressalva. Possibilidade de cobrança de saldo residual e de correção monetária. Precedentes.
1. Havendo quitação sem ressalva, presume-se o pagamento apenas quanto ao principal, podendo tal presunção ser afastada mediante prova em contrário, uma vez que relativa. No caso concreto, não logrou êxito a Recorrente em arredá-la.
2. Especificamente quanto à possibilidade de cobrança de correção monetária, ainda que sem ressalva a quitação, há inúmeros precedentes que a admitem. Entende-se que, por não constituir a correção monetária um plus, mas um minus, nada acrescentando ao valor original, o Poder Público só estará liberado quando integralmente pago o débito, o que inclui a atualização pleiteada, quando verificado o atraso no inadimplemento da obrigação. [110]

A correção monetária visa tão somente restabelecer o valor pactuado na cláusula de preço, não se tratando, portanto, de sanção por atraso, a qual ensejaria multa, juros moratórios e/ou compensatórios.

Souto (2004a:340) assim expõe:

Não se trata de cláusula penal, mas de mera recomposição do valor da moeda, que, como aceito pacificamente pela doutrina

---

[110] REsp nº 171.160/SP. Relator: ministro Milton Luiz Pereira. Órgão julgador: Primeira Turma. Data do julgamento: 12-6-2001. Data da publicação/fonte: DJ de 11-3-2002.

e jurisprudência, não tem caráter penalizador. A jurisprudência já vinha admitindo a correção dos débitos contratuais em atraso (RJSTJ nº 24, p. 473-477) ainda que sem previsão contratual, como forma de evitar o enriquecimento sem causa do Estado. A Lei nº 8.880/1994 não veda tal previsão para os atrasos.

Não confundi-la, portanto, com pena, sanção ou remuneração de capital, as quais deverão estar previstas no instrumento contratual.

Assim decidiu o Tribunal Regional Federal da Primeira Região:

> 1. O ato convocatório da licitação constitui lei para a realização do certame e elaboração do contrato administrativo, devendo este obedecer fielmente as condições constantes do edital.
> [...]
> 6. Não há que se falar em aplicação de multa contra a Administração quando não prevista no edital e no contrato.[111]

## Repactuação

Prevista no art. 5º do Decreto nº 2.271/1997,[112] assim como na Instrução Normativa Mare nº 18/1997,[113] a repactuação é a

---

[111] Tribunal Regional Federal. Primeira Região. Terceira Turma. AC nº 1999.01.00.030799-8/DF. Data da publicação/fonte: *DJ* de 17-10-2002.
[112] Decreto nº 2.271/1997:
"Art. 5º. Os contratos de que trata este Decreto, que tenham por objeto a prestação de serviços executados de forma contínua, poderão, desde que previsto no edital, admitir repactuação visando à adequação aos novos preços de mercado, observados o interregno mínimo de um ano e a demonstração analítica da variação dos componentes dos custos do contrato, devidamente justificada."
[113] Instrução Normativa Mare nº 18/1997:
"[...]
7. Da repactuação dos contratos
7.1. Será admitida a repactuação do contrato, desde que seja observado o interregno mínimo de um ano a contar da data da proposta, ou da data do orçamento a que a proposta se referir, ou da data da última repactuação.

forma de negociação entre a administração e o contratado que visa à adequação dos preços contratuais aos novos preços de mercado, preservando o equilíbrio econômico-financeiro do contrato.

Somente poderá ser aplicada às contratações de serviços contínuos, na esfera federal, subordinadas ao art. 57, II, da Lei nº 8.666/1993.

Para que haja repactuação é necessária a existência de cláusula admitindo-a, que poderá aumentar ou diminuir o valor do contrato. Ocorre que a hipótese de repactuação que visa ao aumento de despesa será vedada caso não tenha decorrido um ano de vigência do contrato.[114]

Trata-se de negociação entre as partes contratantes, não tendo relação com índices de reajustes de preços, levando-se em consideração, apenas, a alteração dos custos do contrato — alteração esta que deverá ser devidamente justificada através de planilha de custos e formação de preços.

Morais (2003:245-260) apresentou a distinção entre os dois institutos:

> Ora, a repactuação de preços, apesar da sua característica de negociação bilateral, tem por finalidade adequar a relação econômico-financeira do contrato administrativo de serviços contínuos, tal como o reajuste de preços, diferenciando-se os institutos pelo meio utilizado para tanto e pela amplitude com que esses institutos são aplicáveis no âmbito federal. Enquanto

---

7.2. Será adotada como data do orçamento a que a proposta se referir, a data do acordo, convenção, dissídio coletivo de trabalho ou equivalente, que estipular o salário vigente à época da apresentação da proposta, vedada a inclusão, por ocasião da repactuação, de antecipações e de benefícios não previstos originariamente.
7.3. A repactuação será precedida de demonstração analítica do aumento de custos, de acordo com a Planilha de Custos e Formação de Preços referida no subitem 1.1.5."
[114] Ferreira et al. (2004).

o reajuste de preços aplica diretamente índices de preços, recaindo genericamente sobre os contratos administrativos, a repactuação de preços aplica-se exclusivamente aos contratos administrativos de serviços contínuos, podendo considerar tão somente a efetiva alteração dos custos contratuais, através de sua demonstração pela comparação entre planilhas de preços e custos inerentes à contratação.

## Revisão dos contratos

### Conceito de revisão

Outro instituto jurídico utilizado para que se garanta o equilíbrio das condições econômico-financeiras do contrato é a *revisão dos preços*, também conhecida como recomposição dos preços.

Diante de fatores que não ensejam nenhum dos mecanismos vistos anteriormente (atualização monetária, reajuste ou repactuação), mas que igualmente alterem a equação inicial estabelecida entre os encargos e a remuneração do particular, poderá surgir para o contratado o que Pereira Junior (1997:280) chamou de *direito à revisão*, consoante se observa do seguinte trecho:

> Há também os fatos supervenientes ao contrato, imprevisíveis, ou previsíveis de consequências incalculáveis, retardadores ou impeditivos da execução; aqueles que se encontram mencionados no art. 65, inciso II, alínea "d". Também o *fato do príncipe,* igualmente referido no art. 65, inciso II, alínea "d", e também no §5º do mesmo artigo; e há ainda o *caso fortuito* ou *força maior,* no mesmo art. 65, II, "d", também mencionado no art. 78, inciso XVII, da Lei nº 8.666. Este conjunto de fenômenos, repito, são fatos supervenientes, imprevisíveis, ou previsíveis

de consequências incalculáveis; fato do príncipe; caso fortuito ou força maior. Estes fatos geradores vão constituir, para o contratado, um outro direito: o *direito de revisão*.

Então, percebe-se como o Direito constrói figuras distintas; há um direito ao reajuste, há um direito à correção, há um direito à revisão, conforme a natureza do fato que gera o desequilíbrio econômico-financeiro do contrato [grifos do autor].

Destacando a distinção entre a revisão e o reajustamento dos contratos, Meirelles (apud Marques Neto, 1997:614) assim coloca:

> A recomposição de preços não se confunde de forma alguma com o reajustamento contratual de preços, pois este surge do consenso inicial das partes, para manter o equilíbrio econômico-financeiro do contrato durante sua execução normal, ao passo que aquela, a recomposição, destina-se a restaurar esse mesmo equilíbrio, desfeito por eventos supervenientes e extraordinários, não previstos e imprevisíveis pelos contratantes, que acarretaram modificação anormal na situação fática existente na época da celebração do ajuste.

Ressalte-se também, em consonância com Souto (2004a:409), que há possibilidade de ocorrer alterações que não possam ser previstas por índices ou margens preestabelecidas, eis que, conforme observa o autor:

> É sabido que os preços dos vários insumos que compõem a prestação do contratado não variam de forma coordenada e concomitante, nem obedecem aos mesmos índices; em razão disso, os preços praticados no mercado sobem, frequentemente, acima das taxas de inflação; o mercado é sujeito a fatores outros não medidos necessariamente por índices setoriais. Isso implica

dizer que, no decorrer do contrato, a remuneração do contratado poderá não corresponder aos encargos por ele assumidos, gerando desequilíbrio na relação.

Nesse sentido, por exemplo, podem ser citadas as ponderações contidas no relatório do ministro Marcos Bemquerer Costa,[115] do Tribunal de Contas da União, acolhidas em plenário, que, ao analisar caso de pleito de concessionária no sentido de promover revisão das tarifas em razão de ter havido elevação dos custos para além do que o índice de reajustamento previa, assim consignou:

> Evidencia-se que o direito assegurado aos concessionários, assim como a qualquer outro que celebre contrato com a Administração, refere-se à manutenção do equilíbrio econômico-financeiro pactuado e não à correção de suas tarifas por determinado índice. [...]
> No caso em tela, porém, foi utilizado um índice geral de preços da economia, resultando numa variação diversa dos custos incorridos por determinadas empresas, tais como as do setor de telecomunicações [...]
> Daí surge a necessidade de revisão tarifária, de forma a garantir o restabelecimento da situação econômica do contrato. Assim, se a aplicação da fórmula e do índice de referência para o reajustamento se mostram elevados em relação à real valoração dos custos incorridos na prestação dos serviços, tem-se um desequilíbrio gerado em desfavor daquele que contrata o serviço (usuário). Mas, se ao contrário o inverso ocorre, como o estabelecimento de índice de reajuste inferior à valoração dos custos incorridos, medidos em determinado período, tem-se

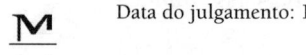

---

[115] TCU. Acórdão nº 1.196/2005. Plenário. Relator: ministro Marcos Bemquerer Costa. Data do julgamento: 17-8-2005. Data da publicação/fonte: *DOU* de 29-8-2005.

um desequilíbrio favorável ao contratante e desfavorável ao contratado (concessionária), situação que também evidenciaria a necessidade de revisão tarifária.

[...] desequilíbrio pode ser minimizado quando o índice adotado refere-se a um índice específico para o setor, capaz de melhor refletir a variação dos preços dos insumos necessários à prestação dos serviços. Ainda assim o processo revisional deve ser instaurado se verificado, em algum momento, que o índice utilizado para o reajustamento não refletiu, para um dado período, a realidade de custos das empresas.

Conforme explica Meirelles (1996:216), a *revisão do contrato* (e a consequente modificação das condições de sua execução) pode ocorrer por interesse da própria administração ou pela superveniência de fatos novos que tornem inexequível o ajuste inicial.

No primeiro caso, tem-se a alteração unilateral justificada em um determinado interesse público a exigir a alteração do projeto ou dos processos técnicos de sua execução, acarretando o aumento dos encargos ajustados.

Na segunda hipótese — superveniência de fatos novos — verifica-se a ocorrência de "obstáculos intransponíveis em condições normais de trabalho ou por encarecimento extraordinário das obras e serviços a cargo do contratado" (Meirelles, 1996:216), decorrentes de "atos do Governo ou fatos materiais imprevisíveis pelas partes, que dificultam ou agravam, de modo excepcional, o prosseguimento ou a conclusão do objeto do contrato".

Diga-se ainda que não é qualquer desequilíbrio que autorizará a revisão. Ora, todo empreendimento, toda atividade econômica está sujeita a riscos de diversas ordens. São as áleas do negócio, ou seja, a probabilidade de lucro frente às chances de perda.

Todos os tipos de risco devem ser previstos, tanto quanto possível, pelo contratado, quando da elaboração de sua proposta. Logicamente, há riscos contra os quais não é possível precaver-se.

Essa é a diferença entre o que se chama de "álea ordinária", a qual já deverá ter sido embutida nos preços ofertados, e a chamada "álea extraordinária", que decorre de eventos que o contratado não podia esperar, ou cujas consequências não fossem passíveis de dimensionamento para efeito de cálculo da contraprestação. Assim, como ressalva Souto (2004a:410), "só a 'álea extraordinária', imprevista e causadora de uma onerosidade excessiva e insuportável para a parte, pode autorizar a revisão do contrato".

Di Pietro (2010:277-278) divide os principais riscos em três tipos de áleas:

> (i) álea ordinária ou empresarial — que representaria exatamente os riscos previsíveis que todo empresário corre em razão da própria flutuação do mercado;
> (ii) álea administrativa — que abrange, por sua vez, três modalidades: (a) uma decorrente do poder de alteração unilateral do contrato administrativo para atendimento do interesse público; (b) a segunda, que corresponde ao chamado "fato do príncipe", que seria um ato de autoridade, não diretamente relacionado com o contrato, mas que repercute indiretamente sobre ele; (c) a terceira, que constitui o fato da administração, entendido como toda conduta ou comportamento, ativo ou omissivo da contratante, que incidindo direta e especificamente sobre o contrato torne impossível, retarde, agrave ou impeça a sua execução;
> (iii) álea econômica — que corresponde a circunstâncias externas ao contrato, estranhas à vontade das partes, imprevisíveis, excepcionais, inevitáveis, que causam desequilíbrio

muito grande no contrato, dando lugar à aplicação da teoria da imprevisão.

## Causas de revisão

As causas capazes de ensejar a revisão do contrato estão previstas no art. 65, II, "d", da Lei nº 8.666/1993, posto que autorizam as partes a, por acordo, restabelecerem a relação pactuada inicialmente para a justa remuneração da obra, serviço ou fornecimento, objetivando a manutenção do equilíbrio econômico-financeiro inicial do contrato, na hipótese de sobrevirem fatos imprevisíveis, ou previsíveis de consequências incalculáveis, retardadores ou impeditivos da execução do ajustado, ou ainda, em caso de força maior, caso fortuito ou fato do príncipe, configurando álea econômica extraordinária e extracontratual.

Da leitura do citado artigo, percebe-se que estão reunidas, para efeitos de revisão do contrato, diferentes causas, como fatos imprevisíveis, fato do príncipe, caso fortuito ou força maior. Assim, embora sejam classificações distintas para fenômenos distintos, vê-se que a legislação as reuniu, sem distinção, para o mesmo efeito: permitir a revisão do contrato. Esse tratamento uniforme dado pela lei foi notado por Justen Filho (2005a:544), que assim registrou:

> É importante destacar que, em nosso sistema jurídico, não se aplicam alguns princípios peculiares ao Direito francês. Assim, não há diversidade de tratamento jurídico em vista da distinção entre fato do príncipe, teoria de imprevisão, fato da Administração ou caso fortuito. Todas essas hipóteses são agrupadas pelo art. 65, inc. II, "d", para tratamento uniforme. Logo, não há utilidade em diferenciar as diversas hipóteses — ao menos, isso não acarreta tratamento jurídico distinto.

[...]
Essa observação é extremamente importante porque, no Direito francês, os remédios jurídicos fornecidos pelas teorias do fato do príncipe e da imprevisão são diferentes. Aplicar uma ou outra das teorias resulta em solução jurídica distinta. Mas, no Brasil, o art. 65, II, "d", unifica o tratamento jurídico de ambas as teorias. Portanto, a disputa sobre a aplicação ou não da teoria do fato do príncipe é relevante para o Direito francês, mas não apresenta maior importância para o Direito brasileiro.

E prossegue o autor, explicando mais uma razão para que se tenha em vista que no Brasil, diferentemente do que ocorre na França, não há distinção entre as causas referidas:

> O segundo motivo é muito mais grave. Infere-se de algumas manifestações de unidades técnicas do TCU o pensamento de que, se um gravame apresentar a natureza de generalidade, não apenas seria inaplicável a teoria do fato do príncipe como não haveria direito à recomposição da equação econômico-financeira. Essa segunda inferência é incorreta, incompatível tanto com o Direito francês como com o Direito brasileiro. Tal como exposto acima, a não aplicação da teoria do fato do príncipe no Direito francês — nos casos de generalidade do gravame — conduz à aplicação da teoria da imprevisão. Para esta, é absolutamente irrelevante a natureza geral ou especial do gravame. O que se exige é a consumação de um desequilíbrio na economia contratual.

### Fato do príncipe

Fato do príncipe é todo fato extracontratual que se origina de uma ação estatal lícita que acaba por provocar uma profunda alteração nas condições de execução do contrato, onerando de forma excessiva o contratado. O fato do príncipe integra a chamada álea administrativa.

Um dos principais eventos que podem ser considerados como fato do príncipe é a criação, alteração ou extinção de qualquer tributo ou encargo legal que repercuta sobre os preços contratados, autorizando a revisão do contrato, conforme expressamente previsto no art. 65, §5º, da Lei nº 8.666/1993.

A doutrina não é unânime na conceituação de fato do príncipe. As diferenças conceituais baseiam-se em duas características que podem variar quando se trata da álea administrativa.

A primeira diz respeito à incidência do ato ou fato produzido pela administração no contrato, posto que poderá atingir diretamente o ajuste ou poderá alcançá-lo de forma indireta, apenas repercutindo nas condições de execução.

O outro ponto variável é a pessoa administrativa que produz a medida, posto que poderá ser tanto a contratante como outra qualquer, de qualquer esfera.

Com base nesses dois pontos é que se estabelece a divergência, de modo que para uns o fato do príncipe abrangeria o poder de alteração unilateral e também as medidas de ordem geral (não relacionadas diretamente com o ajuste), mas que repercutem no contrato; para outros corresponderia apenas às medidas de ordem geral, excluídos os atos da contratante que se dirijam diretamente à contratada, nessa condição.

Este último é o posicionamento de Di Pietro (2004), para quem os atos gerais e extracontratuais de governo seriam considerados fatos do príncipe, enquanto os específicos seriam fatos da administração. E prossegue afirmando, na linha de seu entendimento, que, no direito brasileiro, "a teoria do fato do príncipe somente se aplica se a autoridade responsável pelo fato do príncipe for da mesma esfera de governo em que se celebrou o contrato (União, Estados e Municípios)". Segundo a autora, caso se trate de integrante de outro ente federativo aplica-se a teoria da imprevisão.

Também Pereira Junior (2003:280), adotando o posicionamento de Gasparini, assim explica o fato do príncipe:

> Fato do príncipe, bem o define Gasparini, "é toda determinação estatal, positiva ou negativa, geral e imprevisível que onera extraordinariamente ou que impede a execução do contrato e obriga a administração pública a compensar integralmente os prejuízos suportados pelo contratante particular. Pode ser tanto da administração pública contratante como de qualquer outra esfera de poder. [...] Assim, mesmo que o ato não seja da contratante, a ela cabe indenizar o correspondente prejuízo ou rever o ajuste, com o fito de tornar possível sua execução [...] A determinação estatal há de ser geral, isto é, não pode visar diretamente o contratante ou o contrato (estes são atingidos reflexamente)".

Mas a hipótese tratada no inciso III, bem assim aquelas de que se ocupam os incisos I, IV e VI, poderá, no caso concreto, dever-se também a fato da administração, entendido este como "todo o ato ou fato, comissivo ou omissivo, do contratante que dificulta ou impede a execução do contrato". Distingue-se do fato do príncipe porque "incide diretamente sobre o contrato", por instâncias da mesma Administração que contratou e tendo por objeto específico o mesmo contrato.

Vê-se, portanto, que alguns autores fazem a distinção entre fato do príncipe e fato da administração, sendo este último o decorrente de ato da administração na condição de contratante, incidindo diretamente sobre o contrato. Assim, estar-se-ia diante de fatos da administração quando a contratante deixasse de entregar o local da obra ou do serviço, ou não providenciasse as desapropriações necessárias, ou não expedisse a tempo as competentes ordens de serviço ou, ainda, praticasse qualquer ato impeditivo dos trabalhos. Também a falta de pagamento, por longo tempo, das prestações contratuais (o que autoriza até a rescisão do contrato por culpa do poder público, com direito a indenização) poderia ser considerada fato da administração.

## Teoria da imprevisão

A teoria da imprevisão está assentada na ideia de que, por serem lei entre as partes (*pacta sunt servanda*), os contratos devem ser cumpridos a qualquer custo, mas desde que inalteradas as circunstâncias existentes e as previstas no momento da celebração do acordo (*rebus sic stantibus*). Assim, os contratos que têm trato sucessivo ou dependência do futuro entendem-se condicionados pela manutenção do estado atual das coisas.

A cláusula *rebus sic stantibus* teve origem no direito romano, mas teve sua aplicação abandonada do final do século XVIII até a I Guerra Mundial, em razão dos abusos cometidos em sua utilização. Passaram então a valer os princípios reguladores da autonomia da vontade e da intangibilidade dos pactos, que deveriam ser cumpridos independentemente das circunstâncias. Com efeito, o próprio Código Napoleônico determinava expressamente que os pactos de qualquer natureza deveriam ser rigorosamente cumpridos, a despeito de quaisquer alterações surgidas após o instante vinculativo.[116]

Com a I Grande Guerra, no início do século XX, as violentas flutuações econômicas geradas pelo desequilíbrio social e político exigiram dos intérpretes e dos tribunais a mitigação do princípio rígido da imutabilidade dos contratos (*pacta sunt servanda*).

---

[116] Sobre a origem e a evolução da cláusula, ver Borges (2002:70-109).

O ressurgimento da teoria da imprevisão (também conhecida como teoria revisionista) foi marcado pela decisão do Conselho de Estado francês, proferido no célebre caso da Compagnie Générale d'Éclairage de Bordeaux (a companhia de gás de Bordeaux), em 30 de março de 1916. A guerra de 1914 tinha provocado uma grande elevação no preço do carvão (utilizado para a fabricação de gás de iluminação), de forma que os concessionários de gás não podiam prosseguir a sua exploração com as tarifas previstas nos contratos sem se exporem à ruína. Após diversas tentativas administrativas no sentido de se obter a autorização para elevação das tarifas, a citada companhia recorreu ao Conselho de Estado francês, que reconheceu o caráter de excepcionalidade do aumento dos custos, reformando os julgados administrativos anteriores e permitindo a revisão das tarifas (Borges, 2002:115-120).

No mesmo ano, o parlamentar Failiot encaminhou à Câmara dos Deputados projeto de lei que autorizava a revisão dos contratos em razão de situações de reconhecida excepcionalidade, projeto este que, em 1918, foi convertido em lei, sendo o primeiro texto legal a dispor sobre a imprevisão nos contratos comerciais e administrativos (Borges, 2002:123).

Conforme leciona Borges (2002:142), antes de serem antagônicas, as cláusulas *pact sunt servanda* e *rebus sic stantibus* se harmonizam em direção à justiça comutativa, conciliando obrigação e justiça como regra de exceção. Prossegue ele assim afirmando:

> Então, à luz da boa-fé e da equidade — fundamentos indispensáveis em todas as relações jurídicas —, é suficiente a conjugação das duas expressões, com o simples acréscimo da conjunção adversativa latina *sed*. Neste caminhar teríamos: *pacta sunt servanda, sed rebus sic stantibus*, que equivale a "o contrato faz lei entre as partes desde que mantidas as condições iniciais da contratação".

Explicando a razão para a aplicação desta teoria, Souto (2004a:410) assim coloca:

A "Teoria da Imprevisão", calcada na mesma premissa, traz um "conceito amortecedor", que prestigia a manutenção do contrato, porém em outras bases, para assegurar-lhe a comutatividade, ou, em outras palavras, "a equivalência das prestações das partes, quando, por motivo imprevisto, uma delas se tornou excessivamente onerosa".

O citado autor observa ainda que a teoria da imprevisão visa permitir a continuidade da relação contratual, pois "sairia menos oneroso prosseguir no contrato, em novas bases, que selecionar outro contratado, arriscando, inclusive, o princípio da permanência do serviço público" (Souto, 2004a:411)

Segundo Di Pietro (2010:284), são requisitos para restabelecimento do equilíbrio econômico-financeiro do contrato, pela aplicação da teoria da imprevisão, que o fato seja:

1. imprevisível quanto à sua ocorrência ou quanto às suas consequências;
2. estranho à vontade das Partes;
3. inevitável;
4. causa de desequilíbrio muito grande no contrato.

Se o fato for previsível e de consequências calculáveis, ele deverá ser suportado pelo contratado, constituindo álea econômica ordinária. Igualmente ocorrerá em caso de constatar-se que o fato poderia ter sido evitado pelo particular, pois não seria justo que a administração respondesse pela desídia do contratado. É, pois, preciso ter certa cautela, já que, conforme ressalva Souto (2004a:412), "não raro o interesse em contratar com a administração leva a parte a apresentar proposta em que não há um *equilíbrio* perfeito na relação".

Veja-se, por exemplo, que tanto o Tribunal de Contas da União quanto o Superior Tribunal de Justiça têm entendido não ser possível a revisão do contrato com base na teoria da imprevisão em razão de reajuste salarial decorrente de convenção coletiva de determinada categoria. Nesse sentido transcreve-se o posicionamento do Tribunal de Contas da União:[117]

> 13. De início, cumpre esclarecer que o reajuste salarial nada mais é do que a variação do custo do insumo "mão de obra" provocada pelo fenômeno inflacionário. Por esse motivo, não há como se aplicar a teoria da imprevisão, posto que o reajustamento não é resultante de imprevisão das partes, mas sim da previsão de uma realidade existente — a inflação —, consoante asseverado por José Cretella Júnior (*Licitações e contratos*, 2. ed. Rio de Janeiro. Forense, 1999:255). Em consequência, fica eliminada a possibilidade de se caracterizar tal reajuste como fato imprevisível, retardador ou impeditivo, caso de força maior, caso fortuito, fato do príncipe ou álea econômica extraordinária. Também não cabe enquadrar o reajuste salarial como "fato previsível, porém de consequências incalculáveis", uma vez que o comportamento e os efeitos da inflação podem ser antevistos já na elaboração da proposta e, a seguir, incorporados na equação econômico-financeira do contrato, ainda que isso não ocorra em valores exatos. Verifica-se, pois, que o mencionado reajuste salarial não se amolda a nenhuma das situações determinantes de reequilíbrio econômico-financeiro [pelo mecanismo da revisão] descritas na lei.[118]

---

[117] TCU. Acórdão nº 1.563/2004. Plenário. Relator: ministro Augusto Sherman Cavalcanti. Data do julgamento: 6-10-2004. Publicação: *Boletim TCU* 40/2004.

[118] O TCU já havia firmado seu entendimento no sentido de que: "1 – os preços contratados não poderão sofrer reajustes por incremento dos custos de mão de obra decorrentes da data base de cada categoria, ou de qualquer outra razão, por força do disposto no

No mesmo sentido, o Superior Tribunal de Justiça[119] assim decidiu:

> Revisão de contrato administrativo. Dissídio coletivo. Aumento de salário. Reequilíbrio econômico-financeiro. O aumento do piso salarial da categoria não se constitui fato imprevisível capaz de autorizar a revisão do contrato. Recurso não conhecido.

A fim de ilustrar eventos imprevisíveis que autorizem a revisão, vale também transcrever a seguinte ementa de acórdão do Superior Tribunal de Justiça,[120] que reconheceu, no caso concreto, a desvalorização da moeda como fato excepcional e

---

art. 28 e seus parágrafos da Lei nº 9.069/1995, antes de decorrido o prazo de um ano, contado na forma expressa na própria legislação; e 2 – poderá ser aceita a alegação de desequilíbrio econômico-financeiro do contrato, com base no reajuste salarial dos trabalhadores ocorrido durante a vigência do instrumento contratual, desde que a revisão pleiteada somente aconteça após decorrido um ano da última ocorrência verificada (a assinatura, a repactuação, a revisão ou o reajuste do contrato), contado na forma da legislação pertinente" (TCU. Decisão nº 457/1995. Plenário. Relator: ministro Carlos Átila Álvares da Silva. Data da decisão: 6-9-1995).
Em outro acórdão, aquela corte de contas, esclarecendo sobre como deveria se efetivar a contagem do prazo para que fosse possível proceder à repactuação, afirmou:
"[...] 9.1.3. no caso da primeira repactuação dos contratos de prestação de serviços de natureza contínua, o prazo mínimo de um ano a que se refere o item 8.1 da Decisão nºs 457/1995 (Plenário) conta-se a partir da apresentação da proposta ou da data do orçamento a que a proposta se referir, sendo que, nessa última hipótese, considera-se como data do orçamento a data do acordo, convenção, dissídio coletivo de trabalho ou equivalente que estipular o salário vigente à época da apresentação da proposta, vedada a inclusão, por ocasião da repactuação, de antecipações e de benefícios não previstos originariamente [...];
9.1.4. no caso das repactuações dos contratos de prestação de serviços de natureza contínua subsequentes à primeira repactuação, o prazo mínimo de um ano [...] conta-se a partir da data da última repactuação" (TCU. Acórdão nº1.563/2004. Plenário. Relator: ministro Augusto Sherman Cavalcanti. Data do julgamento: 6-10-2004. Publicação: Boletim TCU 40/2004.)
[119] REsp nº 134.797/DF. Relator: ministro Paulo Gallotti. Órgão julgador: Segunda Turma. Data do julgamento: 16-5-2000. Data da publicação/fonte: DJ de 1-8-2000.
[120] RMS nº 15.154/PE. Relator: ministro Luiz Fux. Órgão julgador: Primeira Turma. Data do julgamento: 19-11-2002. Data da publicação/fonte: DJ de 2-12-2002.

imprevisto, e o atraso da administração em permitir o início dos trabalhos, como fato do príncipe:

Contrato administrativo. Equação econômico-financeira do vínculo. Desvalorização do real. Janeiro de 1999. Alteração de cláusula referente ao preço. Aplicação da teoria da imprevisão e fato do príncipe.

1. A novel cultura acerca do contrato administrativo encarta, como nuclear no regime do vínculo, a proteção do equilíbrio econômico-financeiro do negócio jurídico de direito público, assertiva que se infere do disposto na legislação infralegal específica (arts. 57, §1º, 58, §§1º e 2º, 65, II, "d", 88, §§5º e 6º, da Lei nº 8.666/1993).
Deveras, a Constituição Federal ao insculpir os princípios intransponíveis do art. 37 que iluminam a atividade da administração à luz da cláusula *mater* da moralidade, torna clara a necessidade de manter-se esse equilíbrio, ao realçar as "condições efetivas da proposta".

2. O episódio ocorrido em janeiro de 1999, consubstanciado na súbita desvalorização da moeda nacional (real) frente ao dólar norte-americano, configurou causa excepcional de mutabilidade dos contratos administrativos, com vistas à manutenção do equilíbrio econômico-financeiro das partes.

3. Rompimento abrupto da equação econômico-financeira do contrato. Impossibilidade de início da execução com a prevenção de danos maiores (*ad impossiblia memo tenetur*).

4. Prevendo a lei a possibilidade de suspensão do cumprimento do contrato pela verificação da *exceptio non adimplet contractus* imputável à administração, *a fortiori*, implica admitir sustar-se o "início da execução", quando desde logo verificável a incidência da "imprevisão" ocorrente no interregno em que a administração postergou os trabalhos. Sanção injustamente aplicável ao contratado, removida pelo provimento do recurso.

5. Recurso Ordinário provido.

## Caso fortuito e força maior

São situações de fato que acarretam a impossibilidade de serem cumpridas as obrigações contratuais conforme foram pactuadas. O caso fortuito decorre de eventos da natureza, como tempestades, enchentes ou ciclones, enquanto a força maior é resultante de algum fato causado, de alguma forma, pela vontade humana, como é o clássico exemplo da greve.

A legislação brasileira não faz distinção entre as figuras. Com efeito, o Código Civil, em seu art. 393, parágrafo único, apenas registra que "o caso fortuito ou de força maior verifica-se no fato necessário, cujos efeitos não era possível evitar ou impedir". O devedor não responde pelos prejuízos causados pelos eventos assim considerados, desde que não esteja em mora.

A Lei nº 8.666/1993 faz menção a elas em dois dispositivos, quais sejam: art. 65, II, "d", como causa a ensejar a revisão, e art. 78, XVII, como causa para a rescisão do contrato.

Significa que, diante da força maior ou do caso fortuito, existem duas opções para o contratado: ou a rescisão do contrato (com as formalidades de estilo) ou a continuidade da execução contratual, sobre novas bases, a serem fixadas com a revisão.

Entretanto, as distinções entre as figuras são assim apresentadas por Di Pietro (2010:285):

> Cumpre distinguir a álea econômica, que justifica a aplicação da teoria da imprevisão, e a força maior.
> Nesta estão presentes os mesmos elementos: fato estranho à vontade das partes, inevitável, imprevisível; a diferença está em que, na teoria da imprevisão, ocorre apenas um desequilíbrio econômico, que não impede a execução do contrato; e na força maior, verifica-se a impossibilidade absoluta de dar prosseguimento ao contrato. As consequências são também diversas: no primeiro caso, a Administração pode aplicar a teoria da imprevi-

são, revendo as cláusulas financeiras do contrato, para permitir a sua continuidade, se esta for conveniente para o interesse público; no segundo caso, ambas as partes são liberadas, sem qualquer responsabilidade por inadimplemento [...].

No mesmo sentido, Borges (2002:153) ensina que as hipóteses de caso fortuito e força maior "têm seu alicerce fixado em situação de cumprimento impossível consequente à inevitabilidade e irresistibilidade; e a imprevisibilidade apenas na de adimplemento extremamente difícil".

Adiante, afirma:

> No caso fortuito ou de força maior só é possível pedir a resolução contratual. Nas situações de imprevisibilidade primeiramente pode tentar manter o pacto por meio da revisão ou, na sua impossibilidade, extingui-lo pela resolução [Borges, 2002:157].

Entretanto, tal não se aplica ao direito administrativo, vez que a Lei nº 8.666/1993, em seu art. 65, II, "d", prevê expressamente a possibilidade de alteração (revisão) do contrato em caso fortuito ou de força maior, ainda que a mesma lei considere que a ocorrência de caso fortuito ou de força maior também constitua fundamento para a rescisão do contrato (art. 78, XVII).

## Duração dos contratos administrativos

Apesar de constar no §3º do art. 57 da Lei nº 8.666/1993, a primeira regra essencial ao estudo da duração dos contratos administrativos trata da obrigatoriedade de fixação de prazo determinado para a sua vigência, que, por sua vez, não se confunde com o prazo de execução, nem com o tempo da eficácia do contrato.

Diferentemente do prazo de vigência, que representa o prazo durante o qual o contrato vigora, o prazo de execução refere-se ao tempo em que o objeto do contrato deve ser executado. No que concerne ao marco inicial da eficácia do contrato, observa-se que este se dá a partir da publicação de seu extrato na imprensa oficial, nos termos do art. 61 do Estatuto das Licitações (Consultoria Zênite, 2002c:956-957).

Na realidade, o contrato entra em vigor na data da sua assinatura, mas só poderá começar a produzir efeitos após a publicação do seu respectivo extrato, para que, somente depois de cumprida esta formalidade, possa ter início o seu prazo de execução.

Cumpre observar, especificamente quanto aos prazos de execução, que usualmente estarão englobados no prazo de duração do contrato, visto que o prazo de duração ou vigência somente poderá se extinguir após o término da execução (entrega do objeto) e o adimplemento das obrigações por parte da administração.

Outro ponto de suma importância no que diz respeito à duração dos contratos é a questão posta no *caput* do art. 57 da Lei nº 8.666/1993, que deve ser encarada como regra geral. A disciplina legal dispõe que a duração dos contratos ficará adstrita à vigência dos respectivos créditos orçamentários.

Nunca é demais esclarecer que, em regra, os créditos orçamentários obedecem ao critério da anualidade, conforme estabelecido no art. 34 da Lei nº 4.320/1964, coincidindo o exercício financeiro com o ano civil, ou seja, os créditos orçamentários terão início em 1º de janeiro e cessarão em 31 de dezembro.[121]

---

[121] "O valor de empenho de despesa não liquidada, total ou parcialmente, será anulado pela administração em 31 de dezembro, exceto quando: vigente o prazo para cumprimento da obrigação assumida pelo credor, nele estabelecida; vencido o prazo de que trata o item anterior, mas esteja em curso a liquidação da despesa, ou seja de interesse da Administração exigir o cumprimento da obrigação assumida pelo credor; destinada a

Essa limitação da duração dos contratos pela vigência dos respectivos créditos orçamentários se justifica na preocupação fiscal de que a administração não se comprometa com despesas sem a prévia designação dos créditos orçamentários bastantes a tanto.

Pereira Junior (2003:587), citando José Afonso da Silva, arrola as seguintes razões para a observância do princípio da anualidade:

> (a) política, no sentido de propiciar ao Poder Legislativo o exercício de sua missão precípua nas democracias, qual seja a de intervir periodicamente na atividade econômico-financeira do governo, seja fiscalizando a administração de receita e despesa públicas e tomando-lhes contas, seja fixando diretrizes de desenvolvimento;
> (b) financeira, no sentido de fixar o período de arrecadação, contabilização e execução das despesas autorizadas;
> (c) econômica, no sentido de ensejar aos Poderes constituídos a oportunidade de "influir nas flutuações dos ciclos econômicos".

No entanto, sob pena de limitar excessivamente o poder de celebrar contratos de médio e longo prazos, o próprio diploma legal trouxe exceções que permitem ao administrador maior flexibilidade na fixação dos prazos contratuais.

Desta forma, percebendo a existência de contratos que, pela sua própria natureza, buscam satisfazer necessidades duradouras da administração, a lei excepcionou a regra da anualidade em três hipóteses específicas, das quais não cabe interpretação extensiva

---

atender transferências a instituições públicas ou privadas; corresponde a compromissos assumidos no exterior" (Tribunal de Contas da União, 2006:299).

em razão de sua natureza excepcional. Só poderão, em primeiro momento, ultrapassar o limite da vigência dos créditos orçamentários os projetos cujos produtos tenham sido contemplados nas metas do Plano Plurianual, ou quando se tratar de prestação de serviços contínuos, ou, ainda, quando consistir em aluguel de equipamentos ou utilização de programas de informática (incisos I, II e IV do art. 57 da Lei de Licitações).

## Projetos contemplados no Plano Plurianual

A primeira das exceções feita à questão da limitação dos contratos ao exercício financeiro contempla uma das hipóteses que traduz o princípio do planejamento no ordenamento jurídico pátrio.

A Constituição da República, em seu art. 167, §1º, estabeleceu que nenhum investimento cuja execução ultrapasse um exercício financeiro poderá ser iniciado sem prévia inclusão no Plano Plurianual ou sem lei que autorize a inclusão, sob pena de crime de responsabilidade. Sendo assim, adotou-se esta medida que vai ao atendimento daqueles que serão contratados para executar um objeto de interesse da administração, que, por sua complexidade, demande um prazo maior do que um exercício financeiro para a sua realização.

A doutrina discute se a redação do inciso I do art. 57 da Lei nº 8.666/1993 apenas excepcionou a regra do *caput* para permitir a prorrogação dos contratos previstos no Plano Plurianual ou se veio permitir que sejam celebrados contratos com duração inicial superior à duração do exercício financeiro.

Justen Filho (2005a:503) afirma claramente que é possível tanto celebrar contratos mais longos quanto prorrogá-los, cabendo ao administrador dimensionar as suas necessidades de acordo com o objeto a ser executado. Uma vez feito isso, não poderá optar por celebrar um contrato de prazo inferior já com a finalidade de prorrogá-lo, posto que, para celebrar este primeiro contrato, seria necessária a elaboração de cronograma físico-financeiro, o qual, como parte integrante do contrato e do edital, deve ser obrigatoriamente observado.

Em sentido contrário encontra-se Szklarowsky (2000a:174), para quem os contratos devem ser celebrados para ter a sua vigência atrelada aos créditos orçamentários, como deseja a interpretação mais restritiva do dispositivo. Para este autor, nos casos em que a prorrogação se fizesse necessária, caberia ao administrador justificá-la e autorizá-la.

Em que pese à divergência doutrinária, o TCU manifestou-se sobre a questão da seguinte forma:

> *Voto do ministro relator*: Entendo que o assunto foi bem tratado no âmbito da 3ª Secex, não existindo guarida para a celebração de contratos com duração que ultrapasse a vigência dos respectivos créditos orçamentários, salvo as exceções previstas nos incisos do art. 57 da Lei nº 8.666/1993, que não contemplam as situações trazidas pelo Ministério da Aeronáutica nesta consulta. 2. Creio que a solução para o problema enfrentado pelo Ministério da Aeronáutica passa pelo reconhecimento, pela autoridade competente, do caráter estratégico de tais aquisições e da inclusão dos respectivos programas no Plano Plurianual. *Decisão*: O Tribunal Pleno, diante das razões expostas pelo relator, decide: [...], conhecer da presente consulta para, no mérito, responder ao consulente que somente poderão ser celebrados contratos destinados à aquisição de materiais bélicos, aeronáuticos e combustível de aviação, com vigência superior àquela estabelecida no *caput* do art. 57 da Lei nº 8.666/1993, se tais produtos estiverem contemplados em programas incluídos no Plano Plurianual, configurando-se a exceção prevista no inciso I do mesmo artigo.[122]

---

[122] Plenário. Processo TC nº 3.058/1999-9. Decisão nº 298/1999.

Sendo assim, conclui-se pela possibilidade de celebração de contratos cuja duração seja maior que o respectivo crédito orçamentário, desde que seus produtos estejam contemplados no Plano Plurianual, tenha havido previsão nesse sentido no ato convocatório, assim como interesse da administração, que deverá ser demonstrado motivadamente pelo administrador com a autorização expressa da autoridade competente para celebrar o contrato.

## Serviços executados de forma contínua

O legislador instituiu este permissivo como forma de facilitar o recebimento, pela administração pública, de determinados serviços que, pela sua importância, não podem sofrer interrupções.

Inicialmente é necessário esclarecer que o conceito legal faz referência apenas à prestação de serviços, ou seja, tal dispositivo não seria aplicado às compras feitas pela administração.[123]

No entanto, o Tribunal de Contas do Distrito Federal reconhece a possibilidade de interpretar extensivamente o disposto no inciso II do art. 57 da Lei nº 8.666/1993 para reconhecer a natureza contínua do fornecimento de determinados produtos, desde que devidamente fundamentado pelo órgão interessado.[124]

Quanto à questão da forma contínua de prestação dos serviços, é valiosa a lição de Justen Filho (2005a:504), quando afirma que a necessidade de continuidade não decorre da natureza do serviço em si, mas da permanência das necessidades públicas que o exigem. No mais, vale lembrar que serviço contínuo não é sinônimo de serviço essencial. Invariavelmente, os serviços

---

[123] Cf. Justen Filho (2005a:504); TCU (Processo nº 10.230/94-7. Decisão nº 110/1996).
[124] TCDF. Processo nº 4.942/1995. Decisão Normativa nº 3/1999.

essenciais deverão ser prestados de forma contínua, mas também é possível que existam necessidades permanentes relacionadas com atividades não essenciais.

Apesar de não haver uma definição legal sobre o conceito de serviço contínuo, utilizamo-nos da Instrução Normativa nº 18, de 22 de dezembro de 1997, do Ministério de Estado da Administração Federal e Reforma do Estado, para conceituar serviço contínuo como aquele serviço auxiliar necessário à administração para o desempenho das suas atribuições, cuja interrupção possa comprometer a continuidade de suas atividades e cuja contratação deva estender-se por mais de um exercício financeiro.

Por fim, reconhece-se a necessidade da continuidade do serviço em função dos prejuízos ou danos irreparáveis que da interrupção da sua execução possam resultar. Tamanha é a importância da manutenção destes serviços que o Tribunal de Contas da União reconheceu que não devem ser eles interrompidos até que seja realizada nova licitação, mesmo que o contrato seja nulo.[125]

No que tange à possibilidade de prorrogação destes contratos, a lei dispõe que se dará em iguais e sucessivos períodos, o que, conjugado com a disciplina do *caput* do art. 57 no que diz respeito à duração dos contratos estar adstrita à vigência dos créditos orçamentários, levaria à conclusão de que um contrato de prestação de serviço contínuo celebrado no mês de novembro só teria dois meses de prazo de vigência e poderia ser renovado sempre a cada dois meses. No entanto, não deve prevalecer tal interpretação, uma vez que dissociada do mais básico senso de razoabilidade.

Sendo assim, a melhor doutrina não reconhece a impossibilidade de prorrogar os contratos por prazo diferente do ini-

---

[125] Decisão nº 197/1998.

cialmente pactuado, seja a prorrogação por prazo superior ou inferior ao período inicial.[126] Certo é que não pode prevalecer a interpretação gramatical a ensejar medida antieconômica.

A lei exige, ainda, que sejam obtidos preços e condições mais vantajosas para a administração para que se justifique a prorrogação do contrato. Desta forma, verifica-se que não basta que a contratação se destine à execução de serviços de natureza contínua para que o contrato seja necessariamente prorrogado, posto que a redação atual do dispositivo excluiu a possibilidade de prorrogação discricionária. Nesta esteira, caberá à administração verificar, perante o mercado, a compatibilidade dos preços praticados pelo contratado, bem como as condições de pagamento, para que se decida motivadamente pela manutenção ou não do contrato.

No que tange ao prazo máximo para os contratos prorrogados com fundamento no art. 57, II, da Lei de Licitações, a norma os limita ao máximo de 60 meses, o que poderá ser alcançado por meio de uma ou mais prorrogações, que deverão ter o seu prazo determinado de acordo com a necessidade do serviço. Assim, o contrato celebrado no fim de um exercício financeiro poderá ser prorrogado até o fim do novo exercício, e assim sucessivamente, desde que tenha sido incluída no orçamento do ano previsão para atendê-lo.

Entretanto, ainda resta uma possibilidade de prorrogação dos contratos para execução de serviços de natureza contínua. Trata-se da hipótese do §4º do art. 57, que traz a possibilidade de se prorrogar o contrato de prestação de tais serviços por até 12 meses. Vale aqui manifestar o entendimento firmado pela Consultoria Zênite (2002h:876-877) no sentido que o adminis-

---

[126] Nesse sentido: Justen Filho (2005a:506); Pereira Junior (2003:593); Szklarowsky (2000a:179); Miqueloto (1999:363-369).

trador só poderá lançar mão de tal dispositivo quando se estiver exaurindo o prazo máximo fixado no edital e contrato, já tendo contado inclusive com as prorrogações "ordinárias", que nada mais são do que as realizadas com fundamento no próprio inciso II daquele artigo. Esta forma de prorrogação caracteriza-se pela sua excepcionalidade, já que só poderá ser utilizada nos casos em que não for mais possível prorrogar o contrato por ter alcançado seu prazo máximo, quando a prorrogação se mostrar vantajosa e os fatos que a ensejaram tenham sido imprevisíveis.

Ressalte-se, por fim, ao citar o prazo de que trata o inciso II do art. 57, que o legislador não se referiu necessariamente ao prazo máximo autorizado em lei (60 meses), mas ao prazo máximo fixado no edital e no contrato.

## Locação de equipamento e utilização de programas de informática

Esta última possibilidade de prever em contrato a prorrogação de seu prazo de vigência além do respectivo crédito orçamentário não traz maiores problemas, posto que o inciso IV do art. 57 da Lei nº 8.666/1993 foi bastante claro e objetivo ao tratar da questão.

No entanto, vale a lição de Pereira Junior (2003:588) sobre o tema, no que diz respeito à inaplicabilidade deste dispositivo aos contratos de prestação de serviços de manutenção de equipamentos de informática de propriedade da administração, os quais, caso possuam natureza essencial, deverão ser prorrogados com fundamento no inciso II do mesmo artigo. Além disso, o autor ainda observa que a utilização dos programas não deveria ficar restrita ao prazo de 48 meses, já que, muitas vezes, o licenciamento para uso é ilimitado; tratamento diferenciado dado à utilização de programas de informática impediria a realização de novos certames e consequentes trocas de sistemas já implantados.

Por fim, expõe-se ainda o entendimento de Souto (2004a:322), para quem os programas de computador não poderiam ser objeto de locação, comodato ou compra e venda, já que estariam submetidos à sistemática dos direitos autorais.

## Da aplicabilidade das normas do art. 57 da Lei nº 8.666/1993 aos chamados "contratos privados"

A ressalva se faz necessária em virtude do disposto no §3º do art. 62 da Lei nº 8.666/1993, já que este dispositivo contém norma que não aplica, especificamente aos contratos de direito privado da administração, o art. 57. Não se fala aqui em inaplicabilidade do dispositivo, mas apenas que o legislador não julgou conveniente aplicar aos contratos de direito privado a disciplina da duração dos contratos de direito público.

Sendo assim, é trazido à colação entendimento manifestado no *Informativo de Licitações e Contratos* acerca da não aplicabilidade das normas do art. 57 e seus incisos e parágrafos aos contratos de direito privado:

> Nos termos em que se encontram disciplinados na Lei, tais contratos podem ser celebrados por qualquer prazo, até mesmo por prazo indeterminado, devendo, no caso da celebração por prazo determinado, ficar prevista no instrumento a possibilidade de prorrogações, o que evitaria a adoção do procedimento acima sugerido, no qual a Administração, a cada vencimento, instauraria novo processo, para a contratação com quem ela já saberia, de antemão, só poder ser com o atual contratado. Tal procedimento configura-se dispendioso, burocrático e inócuo, já que a Administração sabe que a contratação só poderá ser com aquele que já vem prestando o serviço, pelo que deve ser evitado [Arimatéia Neto, 1998:232-236].

No entanto, tal entendimento não é pacífico, haja vista o abalizado entendimento de Sundfeld (1994:203):

> Conclui-se que todos os contratos da administração pública são administrativos, submetidos ao regime de direito administrativo e informados pelos princípios e regras que lhe são próprios. Inexistem contratos privados da Administração, porquanto a ausência, para ela, de liberdade negocial impede que seus atos bilaterais pertençam ao sistema de direito privado.
>
> Não obstante, os contratos administrativos podem ser mais ou menos assemelhados aos comuns (ou, se se quiser, aos de direito privado), na dependência de conferirem ou não ao contratante público prerrogativas de autoridade em relação à outra parte. Para não fugir demais da praxe terminológica consagrada na doutrina, chamemos de contratos administrativos em sentido estrito aos vínculos onde tais prerrogativas existam, ficando os demais (que a doutrina inadequadamente chama de contratos privados da Administração) enquadrados na categoria dos contratos administrativos em sentido amplo.[127]

## Prorrogação contratual

Trata-se da medida excepcional introduzida pelo legislador com a finalidade de permitir que o contratado que já executa o objeto para a administração possa continuar a fazê-lo como medida de atendimento aos princípios da eficiência e economicidade. No entanto, a influência destes mesmos princípios leva o administrador a observar parâmetros decisórios mínimos que os assegurem.

---

[127] No mesmo sentido: Consultoria Zênite (2001:858-862); Pereira Junior (2003:603).

Sendo assim, o §1º do art. 57 traz o rol de hipóteses em que serão possíveis prorrogações dos prazos estabelecidos no contrato e no edital, desde que se mantenham inalteradas as demais cláusulas e o equilíbrio econômico-financeiro do contrato. Vale lembrar que estas hipóteses do §1º do art. 57 não carecem de previsão contratual ou editalícia para se concretizar, visto que decorrem da própria lei.

A doutrina agrupa as seis hipóteses previstas no dispositivo[128] em três grupos específicos: as causadas pela administração (incisos I, III, IV e VI), por ato ou fato de terceiro (inciso V) e as decorrentes de álea extraordinária (inciso II).

Entre as causas agrupadas como decorrentes de atuação da administração, Justen Filho (2005a:507) leciona que os incisos I, III e IV decorrem da faculdade de que dispõe a administração para modificar unilateralmente as condições originais do contrato a fim de melhor adequá-las aos interesses fundamentais em jogo. A ideia de que o particular deve arcar com os valores decorrentes da alteração unilateral do contrato não deve levar à conclusão de que continuará obrigado a entregar o objeto no

---

[128] Lei nº 8.666/1993:
"Art. 57. [...]
§1º Os prazos de início de etapas de execução, de conclusão e de entrega admitem prorrogação, mantidas as demais cláusulas do contrato e assegurada a manutenção de seu equilíbrio econômico-financeiro, desde que ocorra algum dos seguintes motivos, devidamente autuados em processo:
I – alteração do projeto ou especificações, pela Administração;
II – superveniência de fato excepcional ou imprevisível, estranho à vontade das partes, que altere fundamentalmente as condições de execução do contrato;
III – interrupção da execução do contrato ou diminuição do ritmo de trabalho por ordem e no interesse da Administração;
IV – aumento das quantidades inicialmente previstas no contrato, nos limites permitidos por esta Lei;
V – impedimento de execução do contrato por fato ou ato de terceiro reconhecido pela Administração em documento contemporâneo à sua ocorrência;
VI – omissão ou atraso de providências a cargo da Administração, inclusive quanto aos pagamentos previstos de que resulte, diretamente, impedimento ou retardamento na execução do contrato, sem prejuízo das sanções legais aplicáveis aos responsáveis."

mesmo prazo inicialmente pactuado. Caso verifique a impossibilidade de entregar o objeto alterado no prazo inicialmente estipulado, o contratado deverá dirigir-se à administração e solicitar a alteração do prazo de entrega, demonstrando, para tal, que a alteração realizada (incisos I ou IV) impossibilitou a manutenção do cronograma de execução estabelecido, posto que, ausente tal comprovação, não será cabível a prorrogação do prazo de entrega.

No que concerne às hipóteses dos incisos III e VI, fica claro que o ato ou omissão da administração acarretou atraso no cronograma de execução, o qual deverá ser alterado de forma a reequacionar o prazo para a entrega do objeto.

No que tange especificamente ao inciso VI, Justen Filho (2005a:508) leciona no seguinte sentido:

> A lei alude a omissão ou atraso inclusive de pagamentos. Ao assim determinar, está indiretamente consagrando o princípio da *exceptio non adimpleti contractus* — cuja aplicação aos contratos administrativos era negada pela maioria da doutrina. O particular pode afirmar que a ausência de cumprimento dos deveres da Administração inviabilizou o cumprimento tempestivo dos deveres dele próprio.

No que concerne ao inciso V, a doutrina vislumbra nele albergadas as hipóteses em que a prorrogação se fizer necessária em função de fato ou ato de terceiro. No entanto, a própria disciplina legislativa prevê que não basta ao contratado alegar ato ou fato de terceiro para justificar o atraso na execução, devendo haver expresso reconhecimento da administração de que o impedimento é atribuível a terceiro, e não ao próprio contratado.

Por fim, o inciso II atende aos casos em que se verificar caso fortuito ou força maior, nos quais não se verifica qualquer ato de vontade da administração, posto que o fato é excepcional e imprevisível. Pereira Junior (2003:596-597) estabelece os seguintes critérios para que sejam revistos os contratos com fundamento na álea extraordinária:

(a) flutuações econômicas e de mercado não devem constituir motivo habitual para a invocação da regra excepcional para alterar o pactuado;

(b) a álea ordinária, previsível ou suportável, é de risco inerente a todo contrato, daí ser a aplicação da *rebus sic stantibus* restritiva, casuística e não extensiva;

(c) o acréscimo no custo operacional do serviço não propicia, por si só, a revisão do preço ou a resolução do contrato, prevalecendo a lição de Francisco Campos, para quem álea extraordinária é aquela que, se tivesse sido prevista, teria impedido a formação do contrato nos termos em que o foi;

(d) somente a mutação, inesperada e violenta, das condições de execução do contrato [...] justifica a revisão de modo a dividir entre os contraentes os ônus decorrentes de tal álea extraordinária;

(e) a álea que enseja a aplicação da *rebus sic stantibus* é de ordem a tornar iníqua e ruinosa a prestação, acarretando lucro exorbitante e injusto para o credor e gravame insuportável para o devedor, importando examinar a boa-fé dos contraentes quanto à impossibilidade de haverem previsto a superveniência de tais condições, quando da avença.

Desta feita, vale ressaltar que em nenhuma das hipóteses dos incisos do *caput* ou do §1º é possível vislumbrar permissão de prorrogação automática de contrato, inclusive em razão das exigências legais para que se realize tal prorrogação, quais sejam: exigência de justificativa por escrito e prévia autorização da autoridade competente para a celebração do contrato (§1º) e a vedação aos contratos com vigência indeterminada (§2º).

Por fim, é adequado salientar que a figura da prorrogação só é possível em contratos vigentes, ou seja, contratos cujo prazo não se tenha esgotado. Logo, não será possível pretender prorrogar contratos que já se tenham extinguido pelo decurso do seu prazo de vigência, excetuado o caso previsto no §5º do art. 79 da Lei nº 8.666/1993. Nos casos em que o contrato já se tenha extinguido será hipótese de renovação do contrato, e não mais de prorrogação.

No entanto, a renovação consiste em novo ajuste, que em princípio exigiria licitação, salvo os casos em que esta for dispensável ou inexigível (Mukai, 1998:103).

## Formalização e execução dos contratos

A Lei nº 8.666/1993 estabeleceu algumas regras para que os contratos celebrados pela administração pública tenham validade e eficácia.

A primeira regra básica consiste na formalização do contrato, uma vez que não se pode olvidar que a celebração do contrato se dá no momento em que as partes manifestam a sua vontade de forma a produzir efeitos jurídicos. Inicialmente seria possível concluir que bastaria ao administrador celebrar o contrato verbalmente com o interessado, pactuando a execução do objeto e a forma de pagamento. No entanto, parece óbvio que este tipo de procedimento tornaria o controle, tanto interno quanto externo, muito difícil. Em razão disto, a lei fixou, como norma básica, a celebração dos contratos pela forma escrita, sob pena de nulidade dos mesmos, consoante se observa na redação do parágrafo único do art. 60 da Lei de Licitações.

Apesar de a regra geral traduzir a obrigatoriedade de formalização dos contratos, o mesmo dispositivo excepciona esta regra, permitindo que pequenas compras realizadas em regime de adiantamento sejam feitas por contrato verbal. Neste ponto,

Pereira Junior (2003:620) salienta que a menção legal expressa a compras não autorizaria interpretação que desejasse estender este permissivo às obras e serviços de engenharia e serviços comuns, mesmo que de pequeno valor. No mais, o mesmo autor diferencia o pagamento imediato, em regime de adiantamento, da antecipação de pagamento, que é vedada pela Lei nº 4.320/1964 (Pereira Junior, 2003:620), visto que a regra na administração pública consiste no pagamento somente depois que seja atestada pela administração a entrega do objeto.

A doutrina ainda aduz que seria possível a celebração de contrato verbal nas situações em que a formalização e o tempo necessário para tal possam oferecer risco à finalidade da própria contratação. Notadamente seriam os casos de contratação direta com fundamento no art. 24, IV, da Lei nº 8.666/1993. Entretanto, não se está a defender que todas as contratações diretas com fundamento neste dispositivo devam ser realizadas por contratos verbais, e nem tampouco que não devam ser formalizadas. Nesse sentido, vale destacar a lição de Justen Filho (2005a:525):

> [...] nesses casos, aguardar a formalização poderia acarretar a inutilidade da contratação, eis que algum dano irreparável poderia concretizar-se. Quando estiverem presentes tais pressupostos, caberá a contratação verbal, a qual deverá ser formalizada no mais breve espaço de tempo.

Partindo-se, portanto, da necessidade de formalização do contrato, é necessário observar que tal exigência não significa necessariamente a adoção de termo contratual. O contrato administrativo estará firmado mesmo quando firmada assinatura do contratante na nota de empenho. O instrumento ou termo contratual somente é exigido pela lei nos casos de contratação acima do limite previsto para a modalidade convite, ou seja, estando a contratação acima da faixa de valores à qual a lei faculta a utilização da modalidade convite, estará ela sujeita à adoção do instrumento contratual, seja ela direta ou não.

Tal disposição se deve à intenção de facilitar o controle das contratações que envolvem valores mais significativos, posto que o instrumento contratual deverá contar com todas as informações e detalhamentos de que tratam os arts. 55 e 61, entre outros.

Entretanto, a própria lei permitiu a substituição do termo contratual por qualquer das formas previstas no *caput* do art. 62 independentemente do valor envolvido, nos casos de compras com entrega imediata e integral do objeto pretendido e dos quais não resultem obrigações futuras.

Não adotado o termo contratual, poderá a administração optar entre aqueles enumerados no *caput* do art. 62; somente não será possível o contrato verbal, como lembra Souto (2004a:388).

A Lei nº 8.666/1993 introduziu formalidade interessante no que concerne ao contrato, que passou a ser exigido como anexo do edital, de forma que os interessados possam tomar conhecimento dos seus termos no momento em que analisam o ato convocatório.

Apesar de o diploma legal estabelecer esta série de formalidades a serem observadas para que seja válido o contrato da administração com o particular, ainda resta um último requisito para assegurar a eficácia, e não apenas a existência e validade do mesmo. O parágrafo único do art. 61 condiciona claramente a eficácia do contrato à publicação resumida do instrumento do contrato na imprensa oficial no prazo fixado.

Por fim, o art. 60 exige que sejam mantidos, na repartição em que foram celebrados, o contrato, seus aditivos, seus extratos e publicações, como medida de facilitar posterior fiscalização.

Garantias contratuais

A exigência de garantia pelo contratante constitui questão delicada, uma vez que, exigida em alto grau, caucionará melhor os interesses da administração envolvidos no procedimento. No entanto, não se pode esquecer que garantias altas resultam em propostas mais altas e, consequentemente, menor universo de concorrentes, o que, por si, pode prejudicar a escolha da melhor oferta.

Por outro lado, a exigência de garantias ínfimas não encarece o valor das propostas e não limita o mercado, mas seu valor não se presta a garantir adequadamente a execução do objeto.

Foi nesta esteira que a Lei nº 8.666/1993 fixou limites para a garantia a ser exigida,[129] além de conferir ao administrador a faculdade de não exigi-la necessariamente desde o instrumento convocatório quando não identificar risco aos interesses da administração.

Pereira Junior (2003:580) leciona que não basta ao administrador simplesmente exigir a garantia, visto que esta deve se coadunar com o cumprimento do contrato, sob pena de desnecessidade.

A Lei de Licitações fez menção às contratações de obras, compras e serviços, mas não dispôs expressamente sobre a exigência de garantia nos contratos de concessão de serviços públicos. Da mesma maneira, quedou silente a Lei de Concessões, o que vem levando a doutrina a afirmar a inaplicabilidade do dispositivo concernente às garantias contratuais nos contratos de concessão de serviços públicos.[130]

Dispositivo diverso do que trata especificamente das garantias contratuais versa sobre os casos em que será exigida

---

[129] Vide §§2º e 3º do art. 56 da Lei nº 8.666/1993.
[130] Sobre o assunto: Souto (2004a:349); Sundfeld e Câmara (1997:244-249).

garantia adicional, estabelecendo a sua exigibilidade de acordo com o cotejo dos valores das propostas oferecidas. Referimo-nos ao art. 48, §§1º e 2º.[131]

Outro ponto que levanta interesse da doutrina é averiguar se a prorrogação do contrato produz efeitos sobre a garantia contratual inicialmente ofertada. A fim de que se aborde o tema da maneira correta, é preciso identificar o prazo de validade da garantia.

Justen Filho leciona que a garantia deve prevalecer se e enquanto persistir a responsabilidade do particular (2005a:500), seja ela quanto à entrega do objeto ou quanto ao dever de fornecer assistência técnica ao mesmo. Ressalta ainda o mesmo autor que nada impede a liberação proporcional da garantia à medida que o contrato for sendo executado, atendendo à diretriz do §4º do art. 56 da Lei de Licitações.

Sendo assim, ciente do dever de restituir a garantia ao contratado ao final da execução do contrato (ou ao longo da mesma), não cabe, pois, à administração, a requisição de substituição ou atualização da garantia inicialmente prestada nos casos em que o contrato estiver em vias de ser prorrogado, de forma que o patrimônio da administração se mantenha assegurado na mesma proporção (Consultoria Zênite, 2002e:958-959; 2002g:793-794).

Quanto às espécies de garantia, entre as quais caberá exclusivamente ao contratado escolher, o seguro-garantia tem-se mostrado o mais viável, tendo em vista que, via de regra, se mostra menos oneroso que os demais. No entanto, ainda é possível prestar garantia por fiança bancária ou por meio de caução em dinheiro ou títulos da dívida pública.

No que concerne especificamente aos títulos da dívida pública, havia grande controvérsia acerca da possibilidade de

---

[131] Sobre o assunto: Mendes (1998:535-564).

serem aceitos títulos do início do século XX como caução idônea, em virtude da insegurança acerca da sua exigibilidade e valor de mercado (Pereira Junior, 2003:582-585). Em tempo, a Lei nº 11.079/2005 veio disciplinar a matéria de forma específica, estabelecendo requisitos para que sejam considerados exigíveis os títulos, entre eles a verificação prévia por parte de sistemas de controle governamental.

Contratos de efeitos pretéritos

Consoante explicado anteriormente, a vedação legal não se destina à formalização posterior de contratos já celebrados,[132] mas à celebração de contratos com a finalidade de abarcar atividades já realizadas.

No entanto, o parágrafo único do art. 59 garante ao particular o direito à indenização pelos prejuízos decorrentes de sua ação sem fundamento em qualquer instrumento contratual válido, mesmo nos casos em que for declarada a nulidade do ajuste. Justamente como exceção à regra anteriormente mencionada, é dado ao administrador celebrar termos de ajuste de contas a fim de indenizar os particulares.

A utilização deste instrumento decorre do princípio da vedação ao enriquecimento sem causa, segundo o qual o interessado (no caso, a administração) não pode se locupletar da execução do objeto por outrem às próprias custas.

A utilização deste instrumento só será cabível quando a contratação se fizer de tal forma urgente que a formalização do contrato ameace a sua finalidade. No entanto, como salienta

---

[132] Vide as hipóteses de contratações diretas com fundamento no art. 24, IV, da Lei nº 8.666/1993.

Souto (2004a:392), a apreciação do conteúdo da urgência está incluída no juízo discricionário do administrador, posto que a lei não o conceitua.

Em que pese à obrigatoriedade de indenização por parte do poder público àquele que executou o objeto, é necessário observar quais serão os valores que estarão incluídos no montante indenizatório.

A Procuradoria Geral do Estado do Rio de Janeiro firmou entendimento de que o montante a ser indenizado compreende apenas os custos decorrentes da execução do objeto, não incluindo, portanto, os lucros do particular.[133] No mesmo sentido, encontra-se a lição de Pereira Junior (2003:613-614), para quem o particular terá direito ao ressarcimento apenas dos seus custos quando tiver concorrido para a invalidade do ajuste.

Não obstante, tal entendimento não reflete a unanimidade da doutrina, uma vez que Justen Filho e Souto aduzem claramente que a indenização deve abarcar os lucros do particular. Sobre o tema, segue o comentário deste último:

> A ninguém é dado causar prejuízo a outrem; no caso, negar o lucro ao colaborador da Administração, que pacientemente emprestou seus esforços em situação emergencial (e só nestas admite-se o termo de ajuste), é impor-lhe trabalhar de graça, violando o princípio da livre iniciativa [Souto, 2004a:392].

Vale lembrar, por fim, que o termo de ajuste de contas não é contrato retroativo (firmado com data pretérita), mas instrumento atual que visa ressarcir o contratado por serviços prestados anteriormente.

---

[133] Parecer nº 4/1994 da lavra do procurador do estado Alexandre Santos de Aragão.

## Responsabilidade subsidiária da administração contratante

Apesar de a Lei nº 8.666/1993 ter disposto expressamente que a inadimplência do contratado não transfere à administração pública a responsabilidade pelo pagamento das obrigações trabalhistas, fiscais e comerciais,[134] a Justiça do Trabalho tem adotado entendimento segundo o qual o inadimplemento destas obrigações pelo contratado impõe responsabilidade subsidiária ao contratante. Sobre o tema, transcreve-se o teor do item IV do Enunciado nº 331 do Tribunal Superior do Trabalho, modificado pela Resolução nº 96/2000 daquela corte:

> IV – O inadimplemento das obrigações trabalhistas, por parte do empregador, implica na responsabilidade subsidiária do tomador dos serviços quanto àquelas obrigações, inclusive quanto aos órgãos da administração direta, das autarquias, das fundações públicas, das empresas públicas e das sociedades de economia mista, desde que tenha participado da relação processual e conste também do título executivo judicial.

Vislumbra-se, portanto, clara incompatibilidade entre o enunciado e a disciplina legal sobre os contratos administrativos.

Inicialmente observa-se que a disciplina legal está em plena vigência, não constando qualquer decisão legal que a tenha declarado inconstitucional; logo, a mesma continua a gozar de presunção de constitucionalidade.

No entanto, a jurisprudência trabalhista fundamenta a responsabilidade da administração na sua eventual culpa, tenha sido ela *in eligendo* ou *in vigilando*.

---

[134] No que concerne aos encargos previdenciários, a Lei de Licitações dispôs expressamente que a responsabilidade é solidária entre o contratado e a administração pública (art. 71, §2º).

O fundamento da configuração da culpa *in eligendo* consistiria na escolha de empresa que não arcasse com suas responsabilidades trabalhistas. Não obstante, nada impede que a irregularidade tenha sido originada em momento posterior à escolha do contratado, que, por sua vez, se dá em geral por meio de procedimento licitatório, o qual se destina a escolher o interessado que objetivamente ofereça à administração a melhor oferta, despida esta decisão de qualquer conteúdo subjetivo.

No que toca à configuração de culpa *in vigilando*, Garcia (2001:184-191) aduz que a competência para fiscalizar as relações de trabalho e as obrigações dela decorrentes é privativa da União, por meio do Ministério do Trabalho e Emprego, conforme estabelecem o art. 21, XXIV, da Constituição da República e a Instrução Normativa GM/Mtb nº 03/1997. Desta forma, não caberia à administração, notadamente dos estados, Distrito Federal e municípios, exercitar poder de polícia neste âmbito.

Em respeito ao princípio da legalidade não caberia aos entes públicos exigir mais que a lei determina, uma vez que esta os obriga a fiscalizar a regularidade dos contratados com a Previdência Social, incluídas aí as obrigações com o Fundo de Garantia do Tempo de Serviço, e a inexistência de trabalho noturno desempenhado por menores de 16 anos, na forma e exceções previstas pelo inciso XXXIII do art. 7º da Constituição da República.

Por fim, é trazido à discussão argumento segundo o qual a responsabilidade subsidiária da administração importaria em pagamento em dobro da mesma, já que os custos trabalhistas oriundos dos contratos incluiriam em si os valores relativos às obrigações trabalhistas assumidas pelo contratado (Garcia, 2001:184-191).

## Questões de automonitoramento

1. Após ler este capítulo, você é capaz de resumir o caso gerador do capítulo 7, identificando as partes envolvidas, os problemas atinentes e as soluções cabíveis?
2. É possível haver reajuste de preços no contrato inferior a 12 meses?
3. Como a jurisprudência vem entendendo acerca da convenção coletiva de trabalho alterando o piso salarial?
4. Quando não prevista cláusula de reajuste no edital e/ou contrato, é possível que ele ocorra? E no que tange à correção monetária, como a jurisprudência vem se posicionando?
5. A legislação brasileira prevê diferença entre o fato do príncipe, caso fortuito ou força maior?
6. Quais são as hipóteses que justificam a exceção ao princípio da anualidade dos créditos orçamentários?
7. As regras de duração dos contratos administrativos são aplicáveis aos chamados "contratos privados da administração"?
8. É juridicamente possível celebrar contrato com data pretérita com a finalidade de assegurar pagamento por serviços já prestados?
9. Pense e descreva, mentalmente, outras alternativas para a solução do caso gerador do capítulo 7.

# 6

# Tendências nas licitações e nos contratos

**Roteiro de estudo**

*Fundamento constitucional da licitação e sua vinculação ao princípio da eficiência*

Como se sabe, o objetivo constitucional da licitação é a seleção da proposta mais vantajosa para a celebração de contratos com a administração, sendo harmonizada por resultados econômicos e por princípios jurídicos, notadamente os da eficiência, da economicidade e da moralidade.

Com vistas ao atendimento de tais princípios, devem ser observados outros, de caráter instrumental,[135] como os da ampla

---

[135] Consagrados, expressamente, no art. 3º da Lei nº 8.666/1993:
"Art. 3º. A licitação destina-se a garantir a observância do princípio constitucional da *isonomia* e a selecionar a proposta mais vantajosa para a Administração e será processada e julgada em estrita conformidade com os princípios básicos da legalidade, da impessoalidade, da moralidade, da *igualdade*, da *publicidade*, da probidade administrativa, da vinculação ao instrumento convocatório, do julgamento objetivo e dos que lhes são correlatos.
§1º É vedado aos agentes públicos:
I – admitir, prever, incluir ou tolerar, nos atos de convocação, cláusulas ou condições que comprometam, *restrinjam ou frustrem o seu caráter competitivo* e estabeleçam pre-

competição nos certames licitatórios, da publicidade de seus atos e do tratamento isonômico entre os participantes da disputa.

Entretanto, o procedimento administrativo licitatório possui natureza jurídica de processo "administrativo", devendo buscar, como um de seus principais objetivos, a verdade real.[136] Em outras palavras, não apenas a verdade que está nos autos deve ser considerada pela administração; mais que isso, deve ser buscada a verdade apresentada na conjuntura econômica dos participantes. Isto porque nem sempre a melhor proposta nos autos é a melhor do mercado, o que faz com que, nestes casos, o procedimento licitatório não atinja tanto o seu fim constitucional como o seu fim econômico.

Assim, os certames devem servir como procedimentos que estimulem o mercado e a competição entre os agentes econômicos, devendo a administração dotar-se de agilidade para acompanhar a realidade econômica dos participantes da competição, sob pena de violação do dever de boa administração.

Isso porque toda a ação da administração pública deve estar comprometida com a garantia e desenvolvimento máximo dos objetivos constitucionais, introduzindo-se, portanto, um elemento finalístico como determinante do agir da administração.

---

ferências ou distinções em razão da naturalidade, da sede ou domicílio dos licitantes ou de qualquer outra circunstância impertinente ou irrelevante para o específico objeto do contrato [grifos nossos];
[...]"
[136] Cassagne (2002:321) aborda exatamente este ponto: "*A diferencia de lo que acontece en el proceso judicial donde el juez circunscribe su función jurisdiccional a las afirmaciones y pruebas aportadas por las partes, siendo ellas el único fundamento de la sentencia, en el procedimiento administrativo, el órgano que lo dirige e impulsa ha de ajustar su actuación a la verdad objetiva o material, con prescindencia o no de lo alegado y probado por el administrado. De esta manera, el acto administrativo resulta independiente de la voluntad de las partes, a la inversa de lo que acontece en el proceso judicial, donde el acuerdo de los litigantes obliga al juez. El principio de la verdad material y objetiva ha sido introducido en la ley de procedimientos administrativos vigente en el orden nacional y aparece reconocido en algunas leyes provinciales*".

Tal direito à boa administração, em tempos de valorização dos direitos fundamentais, é debatido no âmbito da União Europeia, que o consagra, expressamente, no art. 41 de sua Carta de Direitos Fundamentais, proclamada em 7 de dezembro de 2000, nos seguintes termos: "*Toda persona tiene derecho a que las instituciones y órganos traten sus assuntos imparicial y equitativamente y dentro de un plazo razoable*".

Dito de outra forma, a proposta é situar o tema das licitações e contratos da administração no âmbito do direito econômico, com o objetivo de fomentar o desenvolvimento da sociedade, *dando aplicabilidade ao princípio da eficiência*.

Atualmente, chaga-se a falar em uma política pública contratual, como lecionam Pereira Junior e Dotti (2009:31):

> É impossível compreender-se estado democrático de direito operante sem políticas públicas predefinidas e funções administrativas sem o balizamento de normas jurídicas. A atividade contratual da administração pública, mesmo quando no exercício de competências discricionárias, deve exprimir escolhas ditadas por políticas públicas e implementadas de acordo com normas jurídicas que viabilizem a concretização do interesse público.

Finalmente, acreditar-se que a seleção da proposta mais vantajosa seja obtida por meio de um procedimento formal, repleto de burocracia (*como, por exemplo, com a utilização de dezenas de servidores, de arquivos públicos e papel impresso*), que anda na contramão das atuais diretrizes econômicas e de proteção ao meio ambiente, é, no mínimo, fechar os olhos para a realidade.[137] Daí a necessidade de encontrar mecanismos que

---

[137] A superioridade hierárquica originária do direito administrativo clássico, nos albores de sua formação, não mais expressa as relações do Estado com a cidadania; afinal, a sua nova tônica é a consensualidade, como há muito delineado por Moreira Neto (2005:33,

prestigiem a finalidade do procedimento — a busca pela melhor proposta para contratar com a administração —, em detrimento de amarras formais e burocráticas.

## O confronto entre os princípios do procedimento formal e da economicidade

O procedimento formal é composto por duas fases distintas, a saber, a fase interna, na qual se idealiza o objetivo almejado, e a fase externa, na qual se consulta o mercado para realização de um determinado contrato.

A organização administrativa para a fase interna deve gerar três produtos que antecedem a abertura do procedimento, a saber: um regimento interno, um cadastro de preços e fornecedores e, finalmente, um calendário de licitações, que prepara o mercado para a futura contratação por parte da administração. O ideal, no entanto, seria que o mercado se mantivesse permanentemente competitivo e preparado para fornecer, de imediato, bens e serviços para a administração.

99, 129, 141): "Embora a imperatividade seja da própria essência da atuação do Estado, que tem como atributo a concentração monopolista do poder coercitivo, é indubitável que o progresso das relações sociais, notadamente beneficiadas com os avanços nos campos da educação, da informação, da comunicação e, destacadamente, da democracia, tem proporcionado um campo cada vez mais amplo para a atuação consensual do Poder Público. Assim, se tem somado aos tradicionais pactos públicos — contratuais e não contratuais — uma cópia de relações negociadas em que se privilegia o consenso como forma de atingimento mais fácil, mais célere e menos dispendioso de interesses públicos específicos postos a cargo do Estado. Esta abertura se tem dado em amplo espectro, abrangendo a colaboração no planejamento, na tomada de decisão, na execução, no controle e até mesmo na solução de conflitos, com o emprego da conciliação, da mediação e da arbitragem. Pode-se, portanto, afirmar que a consensualidade se vem apresentando como uma alternativa para incrementar a eficiência administrativa". No mesmo sentido são os ensinamentos de Oliveira (2005:172): "Conforme aludiu-se *supra*, é a expansão do consensualismo administrativo que confere novos usos à categoria jurídica contrato no setor público. E em virtude da amplitude desse fenômeno, defende-se a existência de um módulo consensual da administração pública, o qual englobaria todos os ajustes — não somente o contrato administrativo — passíveis de serem empregados pela Administração Pública na consecução de suas atividades e atingimento de seus fins".

Isso não se corrige com a mera manutenção de um cadastro de fornecedores, que serve, apenas, para substituir os documentos de habilitação jurídica, a prova de inscrição na repartição fazendária, entre outros requisitos de habilitação do licitante, não registrando os preços por eles praticados dentro de sua atuação na livre iniciativa.

Não resta dúvida de que os fornecedores vão formular propostas específicas para determinada competição, diferentes, por óbvio, dos preços rotineiramente praticados no mercado, o que desvirtua o objetivo constitucionalmente indicado para a realização de procedimentos licitatórios.

Sob outra ótica vale ressaltar que, para sustentar todo esse aparato, há um enorme dispêndio financeiro paro o erário. Daí a necessidade do implemento de métodos que busquem avaliar os melhores preços praticados no mercado e não dentro de um procedimento realizado para uma contratação específica.

Após essa etapa estrutural da administração, passa-se, então, à requisição do objeto que será licitado, com a especificação das características que permitam a sua perfeita identificação. Ocorre que já existem sistemas organizados com tais informações, permitindo-se, pois, que se promova a estimativa do valor do objeto por meio de dados fornecidos pela iniciativa privada; é o caso das bolsas de mercadorias.

A sistemática da administração exige uma pesquisa de mercado. Normalmente isto se faz mediante consulta a pelo menos três empresas do ramo do objeto que será licitado, adotando-se a média dos valores fornecidos. A administração também pode promover a consulta ao sistema de registro de preços[138] (que não

---

[138] Lei nº 8.666/1993:
"[...]
Art. 34. Para os fins desta Lei, os órgãos e entidades da Administração Pública que realizem frequentemente licitações manterão registros cadastrais para efeito de habilitação, na forma regulamentar, válidos por, no máximo, um ano.
§1º O registro cadastral deverá ser amplamente divulgado e deverá estar permanentemente aberto aos interessados, obrigando-se a unidade por ele responsável a proceder, no

se confunde com cadastro de preços, este sim, que demonstraria a realidade do mercado). Logo, ao que tudo indica, essa pesquisa preliminar que, frise-se, consome tempo, pessoal, espaço, papel, enfim recursos — seja pela estimativa do valor o objeto ou pela consulta ao sistema de registro de preços — *pode não refletir a realidade do mercado, posto que são realizadas propostas diferenciadas quando o contratante é a administração.*

Após todas essas providências é que se chega à fase de elaboração do edital, no qual, novamente, se descreve o objeto, definindo-se as condições de participação na licitação, além da modalidade que será adotada no certame, os critérios de julgamento, a autoridade responsável pela apreciação dos recursos. Neste período, não é impossível que haja mudanças no mercado ou nos preços.

Passada esta etapa, a minuta de edital é analisada pela assessoria jurídica, consoante a exigência prevista no parágrafo único do art. 38 da Lei nº 8.666/1993. Recentes decisões do TCU e do STF têm entendido que tal pronunciamento pode ensejar a responsabilização solidária de pareceristas com as autoridades que celebraram os contratos lesivos à administração.[139]

---

mínimo anualmente, através da imprensa oficial e de jornal diário, a chamamento público para a atualização dos registros existentes e para o ingresso de novos interessados. [...]"

[139] Confira-se, a propósito, a decisão do Supremo Tribunal Federal, proferida nos autos do Mandado de Segurança nº 24.584, quando, por maioria, acompanhando o voto do ministro relator Marco Aurélio, decidiu-se pelo seu indeferimento. O pedido foi feito por procuradores federais contra ato do Tribunal de Contas da União (TCU), que iniciou investigação para fiscalizar atos administrativos que tiveram pareceres jurídicos favoráveis. No mesmo sentido o STF, ao julgar o Mandado de Segurança nº 24.631, impetrado contra ato do Tribunal de Contas da União (TCU) que, aprovando auditoria realizada com o objetivo de verificar a atuação do Departamento Nacional de Estradas de Rodagem (DNER) nos processos relativos a desapropriações e acordos extrajudiciais para pagamento de precatórios e ações em andamento, incluíra o impetrante, o então procurador autárquico, entre os responsáveis pelas irregularidades encontradas, determinando sua audiência, para que apresentasse razões de justificativa para o pagamento de acordo extrajudicial ocorrido em processos administrativos nos quais já havia precatório emitido, sem homologação pela Justiça. Salientando, inicialmente, que a obrigatoriedade ou não da consulta tem influência decisiva na fixação da natureza

Cumpre ter em conta que, *até aqui, um enorme tempo, estrutura e custos foram despedidos, mas ainda não se chegou à fase externa.* Toda essa burocracia é assim explicada por Sundfeld (2008:89), que faz a diferenciação entre o "direito administrativo dos clips" (DAC), que corresponde à valorização do procedimento formal, da burocracia e dos papéis em detrimento dos valores a serem atingidos pela licitação, e o "direito administrativo dos negócios" (DAN), assim definidos pelo autor:

> Ao DAC se opõe o direito administrativo dos negócios (DAN), o dos que se focam em resultados e, para obtê-los, fixam prioridades, e com base nelas gerenciam a escassez de tempo e de recursos. Para esse âmbito, valem práticas opostas à DAC: aumenta a informalidade nos procedimentos; a inação é o pior comportamento possível do agente; soluções devem ser encontradas o mais rápido possível; acordos são desejáveis; evitar custos é fundamental.

Na etapa seguinte serão designados pregoeiros ou comissões de licitação, que serão responsáveis pela condução desse procedimento formal.

---

do parecer, fez-se a distinção entre três hipóteses de consulta: (1) a facultativa, na qual a autoridade administrativa não se vincularia à consulta emitida; (2) a obrigatória, na qual a autoridade administrativa ficaria obrigada a realizar o ato tal como submetido à consultoria, com parecer favorável ou não, podendo agir de forma diversa após emissão de novo parecer; e (3) a vinculante, na qual a lei estabeleceria a obrigação de "decidir à luz de parecer vinculante", não podendo o administrador decidir senão nos termos da conclusão do parecer ou, então, não decidir. Ressaltou-se que, nesta última hipótese, haveria efetivo compartilhamento do poder administrativo de decisão, razão pela qual, em princípio, o parecerista poderia ter que responder conjuntamente com o administrador, pois seria também administrador nesse caso. Entendeu-se, entretanto, que, na espécie, a fiscalização do TCU estaria apontando irregularidades na celebração de acordo extrajudicial, questão que não fora submetida à apreciação do impetrante, não tendo havido, na decisão proferida pela Corte de contas, nenhuma demonstração de culpa ou de seus indícios, e sim uma presunção de responsabilidade. Os Ministros Carlos Britto e Marco Aurélio fizeram ressalva quanto ao fundamento de que o parecerista, na hipótese da consulta vinculante, pode vir a ser considerado administrador.

Essas autoridades devem ser treinadas para examinar certidões, balanços, atos constitutivos de empresas e estatutos sociais, com vistas a garantir a contratação de licitante idôneo. Daí a necessidade da previsão de uma burocrática fase de habilitação que antecede o julgamento das propostas.

*Mais uma vez, gastam-se tempo e recursos públicos, quando a atuação da administração deve ser orientada pelo princípio da economicidade* (art. 70 da CF/88).

## A reforma do Estado e o princípio da eficiência

O princípio da economicidade nas contratações públicas já era disciplinado desde o Código de Contabilidade Pública, sendo, posteriormente, tratado no âmbito do Decreto-Lei nº 200/1967, parcialmente revogado pelo Decreto-Lei nº 2.300/1967, que, por sua vez, foi totalmente substituído pelos preceitos da Lei nº 8.666/1993.

Advirta-se, todavia, que todos esses diplomas legais tinham a preocupação com o procedimento formal para controle da administração, e não com os custos suportados pelo Estado. Isto porque a Lei nº 8.666/1993 foi editada num contexto de inúmeros escândalos de corrupção, acabando por ampliar os entraves burocráticos de controle do procedimento.

Noutro passo, com o advento das emendas constitucionais que implementaram a Reforma do Estado,[140] buscou-se lidar

---

[140] Como cediço, *a Emenda Constitucional nº 6, de 15 de agosto de 1995*, suprimiu o art. 171 da Constituição, que trazia a conceituação de empresa brasileira de capital nacional e admitia a outorga, a ela, de proteção, benefícios especiais e preferências. A mesma emenda modificou, ainda, a redação do art. 176, *caput*, para permitir que a pesquisa e lavra de recursos minerais e o aproveitamento dos potenciais de energia elétrica sejam concedidos ou autorizados a empresas constituídas sob as leis brasileiras, dispensada a exigência do controle do capital nacional. Na mesma direção, a *Emenda Constitucional nº 7, de 15 de agosto de 1995*, modificou o art. 178, não mais exigindo que a navegação de cabotagem e interior seja privativa de embarcações nacionais e que seja brasileira

diretamente com a escassez de recursos e com a melhoria de qualidade dos resultados do setor público, atuando em direta parceria com o setor privado, dando-se real efetividade ao princípio da eficiência.

Sobre o tema, Souto (2008:555) já teve a oportunidade de afirmar que:

> Tudo isso buscando a eficiência por meio da ampla competição. Nesse contexto, impunha-se a apresentação de respostas às criticas quanto ao formato das licitações da Lei nº 8.666/1993, a saber, a *generalidade*, já que a mesma lei se destinava tanto à compra de clips como para a construção de uma usina nuclear; a *burocracia*, eis que a lei estava pensada para um rigoroso

---

a nacionalidade dos armadores, proprietários, comandantes e de, pelo menos, de dois terços dos tripulantes. Trazendo outra inovação, a *Emenda Constitucional nº 36, de 28 de maio de 2002*, permitiu a participação de estrangeiros em até 30% do capital das empresas jornalísticas e de radiodifusão. De outro lado, ocorreu uma segunda linha de reformas que modificaram a feição da ordem econômica brasileira, sendo denominada *flexibilização dos monopólios estatais*. Essa linha de reformas teve início com a promulgação da *Emenda Constitucional nº 5, de 15 de agosto de 1995*, que alterou a redação do §2º do art. 25, abrindo a possibilidade de os estados-membros concederem às empresas privadas a exploração dos serviços públicos locais de distribuição de gás canalizado, que, anteriormente, só podiam ser delegados a empresa sob controle acionário estatal. Da mesma forma ocorreu com relação aos serviços de telecomunicações e de radiodifusão sonora e de sons e imagens. Isto porque a *Emenda Constitucional nº 8, de 15 de agosto de 1995*, modificou o texto dos incisos XI e XII, que só admitiam a concessão a empresa estatal. No setor do petróleo, a *Emenda Constitucional nº 9, de 9 de novembro de 1995*, rompeu, igualmente, com o monopólio estatal, facultando à União federal a contratação com empresas privadas de atividades relativas à pesquisa e lavra de jazidas de petróleo, gás natural e outros hidrocarbonetos fluidos, a refinação do petróleo nacional ou estrangeiro, a importação, exportação e transporte dos produtos e derivados básicos de petróleo (outrora vedados pela CF/88 em seu art. 177 e §1º, e pela Lei nº 2.004/1953). Por fim, foi implementada, com a edição da Lei nº 8.031, de 12 de abril de 1990, que instituiu o Programa Nacional de Privatização, depois substituída pela Lei nº 9.491, de 9 de setembro de 1997, a terceira grande transformação econômica de relevo da ordem econômica — os programas de desestatização, que tinham com principais objetivos: (i) reordenar a posição estratégica do Estado na economia, transferindo à iniciativa privada atividades indevidamente exploradas pelo setor público; (ii) contribuir para a modernização do parque industrial do país, ampliando sua competitividade e reforçando a capacidade empresarial nos diversos setores da economia.

exame de documentos, cada vez mais complexos e detalhistas; instituiu-se um "campeonato de papelada" — vencia quem sabia melhor cumprir a burocracia; a *morosidade*, eis que, como visto, o processo centrado na papelada e não nas propostas se tornava demasiado lento, sem o necessário proveito em termos de qualidade ou de preço; e a *onerosidade*, tanto para a Administração como para o particular [grifos do autor].

Num primeiro momento, as reformas foram sentidas com o surgimento das agências reguladoras, que atuaram[141] nos setores que, com o processo de desestatização, foram transferidos — por outorga ou delegação — para a iniciativa privada. Essas autarquias de regime especial começaram a desenvolver mecanismos diferenciados de licitação, como, por exemplo, a introdução das modalidades de pregão e de consulta no âmbito da Anatel.

A ampliação de tal modalidade deu-se por meio da Medida Provisória nº 2.026/2000, admitindo seu uso pelos entes integrantes da administração federal, com vistas a simplificar a aquisição de bens e serviços comuns; afinal, foi convertida na Lei nº 10.520/2002, que possibilitou a sua utilização pelos demais entes da Federação.

O último passo para a agilização do procedimento licitatório foi a instituição do pregão eletrônico na administração federal, adotando-se, finalmente, a substituição dos papéis pelo implemento dos meios eletrônicos. Procurou-se estabelecer um padrão de produtos e serviços a serem objetivamente definidos pelo edital.

---

[141] Moreira Neto (2002) leciona que a função reguladora é, na verdade, um híbrido de atribuições de natureza variada, inclusive fiscalizadoras e negociadoras, mas também normativas, gerenciais, arbitradoras e sancionadoras. Ela se vale de um complexo de funções clássicas — administrativas, normativas e judicantes —, variando apenas o método decisório. No domínio da função reguladora devem predominar as escolhas técnicas, preservadas das disputas partidárias e das complexidades dos debates congressuais, mais apropriados às escolhas político-administrativas.

Buscou-se, com isso, não valorizar os formalismos inúteis, especialmente por meio da possibilidade da sanatória de documentos. Foram invertidas as fases de habilitação e de julgamento, com o objetivo de agilizar o certame.

Desta forma, aberta a sessão, os interessados e seus representantes apresentarão declaração de que cumprem plenamente os requisitos de habilitação; encerrada a fase de competição entre as propostas, os pregoeiros, só então, abrirão os documentos de habilitação do vencedor do certame.

Ressalte-se, por derradeiro, que, apesar de tais esforços, o legislador continuou a exigir um procedimento formal e específico para cada contratação da administração, o que nem sempre viabiliza o alcance do seu real objetivo: a busca da melhor proposta, dentro de um mercado que se encontra em constante mutação.

## A função regulatória das licitações

Como já dito, a licitação é um processo administrativo, baseado na busca na verdade material, que tem por objetivo a seleção da proposta mais vantajosa dentro de um mercado regulado.

Nesse contexto, não se pode olvidar que o mercado, muitas das vezes, apresenta falhas. Estas justificam a intervenção do Estado na economia, embora tal expressão não se apresente como uma situação que foge à normalidade, como ensina Nusdeo (1997:216):

> A figura mesma do Estado intervencionista se supera, pois a palavra intervenção traz em si o signo da transitoriedade, conota uma arremetida seguida de retirada, trai, em suma, uma situação excepcional, anormal. Não é essa, porém, a nova realidade. O Estado não mais intervém no sistema econômico.

Integra-o. Torna-se um seu agente e um habitual partícipe de suas decisões. O intrometimento e posterior retirada poderão ocorrer neste ou naquele setor, nesta ou naquela atividade. Jamais no conjunto. Daí as diversas expressões para caracterizar o novo estado de coisas: economia social de mercado, economia dirigida; economia de comando parcial e tantas outras.

Uma das falhas mais acentuadas nos processos licitatórios é a existência de barreiras à entrada de empresas em mercados dominados. Em razão disso, preconiza-se que a adoção de mecanismos de defesa do mercado é uma poderosa ferramenta na prossecução dos objetivos constitucionais da licitação. Sob esse enfoque é que entra a atuação do direito econômico.

O direito econômico atribui tais misteres ao direito antitruste ou ao direito regulatório. Entretanto, o direito concorrencial (antitruste), no ordenamento pátrio, é passivo, isto é, toda operação que possa culminar numa infração à ordem econômica deve ser submetida ao Cade, com vistas à aplicação das respectivas penalidades. É o que dispõe, com efeito, o art. 54 da Lei nº 8.884/1994:

> Art. 54. Os atos, sob qualquer forma manifestados, que possam limitar ou de qualquer forma prejudicar a livre concorrência, ou resultar na dominação de mercados relevantes de bens ou serviços, *deverão ser submetidos* à apreciação do Cade [grifos nossos].

Daí por que a regulação apresenta-se como instrumento muito mais amplo e eficaz de defesa contra a dominação de mercados, pois envolve uma função legiferante (edição de normas regulatórias), executiva (como, por exemplo, na fiscalização de determinada atividade) e judicante (com a composição de eventuais litígios).

A regulação tem por objetivo a interpretação do conceito de eficiência dos agentes econômicos, criando, recriando ou preservando um mercado adequado à livre concorrência. Em outras palavras, a aplicação de um metodologia regulatória pressupõe a ponderação, por meio de uma metodologia regulatória, de todos os interesses que estão aparentemente envolvidos. Sobre o tema, vejam-se as lições de Guerra (2008:211-212):

> Ao contrário da atuação executiva estatal por meio de largas margens de opção em torno do juízo de oportunidade, conveniência e modo de intervir, o atual Estado Regulador tem de atuar, de acordo com as bases da regulação administrativa, sob novos fundamentos decorrentes dos valores e princípios constitucionais voltados à precaução quanto aos riscos e à mediação, o que esvazia significativamente o espaço de conveniência e oportunidades administrativas.

Por esta razão, torna-se imperioso o exercício da "função regulatória" nas contratações pelo poder público, como leciona Souto (2002:291-292):

> A licitação representa o início do processo de implementação da regulação, desde a elaboração do edital, que pode ou não caber ao agente regulador, até a definição dos critérios de participação na competição e escolha do contratado, para a qual a administração não é livre, estando constitucionalmente obrigada a preceder as suas contratações de competição, com ampla divulgação, para obter o maior número possível de ofertas e, dentre essas, escolher a mais vantajosa, mediante julgamento objetivo, tudo segundo normas gerais da União. Ao definir o formato do contrato desejado, de modo a possibilitar o julgamento objetivo (fruto da necessidade de tratamento

isonômico), a Administração exerce seu poder de contratação (muitas das vezes chamado de poder de compra) para regular os mercados.

Essa função regulatória das contratações públicas tem relevância no estímulo da concorrência, servindo, inclusive, como ferramenta para integração de mercados econômicos. Explicitando a importância dessa função regulatória no âmbito da União Europeia, ensina Dromi (1995:222):

> *La normativa comunitaria busca, entonces, atenuar los efectos que sobre el mercado común puedan producir las regulaciones de los Estados miembros en tanto contengan restricciones en favor de los contratistas nacionales. De esta suerte, a partir de 1992 la contratación pública es considerada uno de los instrumentos necesarios para la realización del mercado interior único, que es el objetivo prioritario de la Comunidad. La regulación de la contratación pública, por su importancia para la economía de la Comunidad Europea, tiene como objetivo la liberalización para lograr la libre concurrencia, es decir, la remoción de toda clase de obstáculos que, como prácticas administrativas y normas legales y reglamentarias, favorezcan aios nacionales por sobre los demás interesados de los otros Estados miembros. Considerada la importancia de la contratación pública, se verificó que sólo las cláusulas de no discriminación previstas en los Tratados constitutivos de la Unión Europea, eran insuficientes para garantizar un mercado abierto. Por ello, se han dictado disposiciones especiales para lograr la transparencia de la contratación pública a fin de evitar la discriminación y asegurar una mayor apertura en las contrataciones, con los consiguientes efectos dinámicos en cuanto a la mayor competencia en innovación, inversión y desarrollo para toda la Comunidad.*

No campo das licitações, com o fim de regular mercados, autoriza-se até mesmo, em diversos casos, um sistema de preferências entre licitantes, para fomentar a construção de um mercado livre de concentrações e de abusos do poder econômico. Registre-se, como exemplos, a preferência pela contratação de licitantes nacionais,[142] a admissão da contratação direta da União com objetivo de intervenção no domínio econômico, a criação de entidades com o único objetivo de atendimentos às necessidades do Estado.[143] A função regulatória das licitações pode, ainda, se materializar por meio da contratação direta de determinados agentes econômicos, com o objetivo de proteção a interesses da sociedade. Esse foi o posicionamento adotado no âmbito do estado do Rio de Janeiro, por sua Procuradoria

---

[142] Lei nº 8.666/1993:
"[...]
Art. 3º. A licitação destina-se a garantir a observância do princípio constitucional da isonomia e a selecionar a proposta mais vantajosa para a Administração e será processada e julgada em estrita conformidade com os princípios básicos da legalidade, da impessoalidade, da moralidade, da igualdade, da publicidade, da probidade administrativa, da vinculação ao instrumento convocatório, do julgamento objetivo e dos que lhes são correlatos.
[...]
§2º Em igualdade de condições, como critério de desempate, será assegurada preferência, sucessivamente, aos bens e serviços:
I – *produzidos ou prestados por empresas brasileiras de capital nacional*;
II – *produzidos no País*;
III – *produzidos ou prestados por empresas brasileiras*;
IV – *produzidos ou prestados por empresas que invistam em pesquisa e no desenvolvimento de tecnologia no País*. (Incluído pela Lei nº 11.196, de 2005)" (grifos nossos).
[143] Lei nº 8.666/1993:
[...]
"Art. 24. É dispensável a licitação:
[...]
VI – quando a União tiver que *intervir no domínio econômico* para regular preços ou normalizar o abastecimento;
[...]
VIII – *para a aquisição, por pessoa jurídica de direito público interno, de bens produzidos ou serviços prestados por órgão ou entidade que integre a Administração Pública* e que tenha sido criado para esse fim específico em data anterior à vigência desta Lei, desde que o preço contratado seja compatível com o praticado no mercado; (Redação dada pela Lei nº 8.883, de 1994)" (grifos nossos).

Geral, no Parecer nº 3/2004, da lavra do ilustre procurador do estado e jurista Flávio Amaral Garcia, e cuja transcrição de trecho se impõe:

> Ora, no caso em tela, o objetivo é a tutela do *interesse público primário da sociedade*, seja na defesa de interesses coletivos de produtores rurais, como também, e, principalmente, na defesa do interesse difuso de toda a população fluminense ver preservada a atividade econômica em âmbito estadual, conforme salientado pelo Estado do Rio de Janeiro na peça exordial da ação civil pública mencionada. O que está em jogo, portanto, não é apenas a compra de leite em pó — que poderia ser feita com a utilização da via da licitação — mas "valores que transcendem a própria licitação", como a manutenção da atividade econômica de pecuária leiteira das regiões Norte e Noroeste do Estado e a repercussão social do não pagamento de débitos que atingiriam milhares de pessoas que dependem única e exclusivamente desta atividade para sua sobrevivência. Daí estar o administrador público autorizado a ponderar tais interesses e optar, no caso concreto, pela contratação direta, mormente se restar caracterizado que a licitação prestará um desserviço ao atendimento do interesse público.

Devem ser adotadas medidas calcadas no princípio da proporcionalidade da intervenção do Estado na economia,[144]

---

[144] No âmbito do Estado do Rio de Janeiro, como relatou Souto (2005a:85-89), na licitação da concessão de serviço público de loteria online o edital continha exigências questionadas por um licitante, relacionadas à instalação local da central de operação — atendimento e sistema. A exigência, no entender do licitante, violaria o *princípio da necessidade*, em virtude da evolução tecnológica (não seria indispensável — CF, art. 37, XXI, *in fine*), criando distinção entre brasileiros (princípio federativo — CF, art. 19). Acusou-se a administração de violação do *princípio da economicidade* — a perda da economia de escala resulta em aumento de custos. Também acusou-se a administração de desvio de finalidade, com violação do *princípio da impessoalidade*, eis que a exigência veio para atingir a impetrante (ao se vedar o fornecimento a concorrentes

restringindo-se, assim, a formação de mercados dominados por agentes econômicos.

## Das inúmeras tentativas de alteração do Estatuto das Licitações e Contratos

O Ministério do Planejamento coordenou a elaboração de um anteprojeto de lei de contratações públicas, que foi colocado em debate público. A proposta trazia discussões que visavam agilizar os procedimentos licitatórios, destacando-se, pela pertinência com a linha acima apresentada, o instituto da "cotação permanente", que tinha por objetivo aferir a real condição dos preços de determinado mercado.

Além disso, foi prevista uma mudança nos procedimentos das contratações administrativas, com novas modalidades de licitação, mantidas, no entanto, aquelas já previstas na Lei nº

---

da Loterj, que, por força da legislação de loterias, é a CEF, já atendida pela impetrante; logo, quem opera loterias da CEF não pode operar as da Loterj). Como resposta, a Loterj informou que a impetrante já opera as loterias da Caixa Econômica Federal (CEF), empresa pública que atua em todo o Brasil; se vencesse no estado do Rio de Janeiro criaria um monopólio; a violação à isonomia e impessoalidade só tutela quem está no mesmo plano jurídico, o que não é o caso do dominador; não se trata de dar preferências injustificadas, mas prevenir a dominação do mercado. Invocou-se a lição de Marçal Justen Filho: "Se a restrição for necessária para atender o interesse público, nenhuma irregularidade existirá em sua previsão". Cabe fazer a análise da razoabilidade da restrição, à luz do princípio da supremacia do interesse público. No caso, prevaleceu o dever de fomentar a competição (em especial, no caso de loteria, definida como serviço público — Lei nº 8.987/1995, art. 29, XI). Atuou o poder público na prevenção do abuso de poder econômico — CF/88, art. 173, §4º, caracterizado pela dominação dos mercados (motivada pelo exercício de posição dominante) — pelo que o Exmo. sr. juiz João Marcos Castello Branco Faninato indeferiu a liminar, em 6 de dezembro de 2001, destacando a prevenção do monopólio, o que foi mantido e não foi objeto de apelação. Essa prevenção da dominação ocorreu também no caso do fornecimento de alimentação preparada aos presídios do estado do Rio de Janeiro. Como sempre só uma empresa se sagrava vencedora, não permitindo que as demais se estruturassem para competir em larga escala, deu-se a vedação de participação dessa empresa que já vinha fornecendo no mercado. O objetivo foi viabilizar o ingresso de novas empresas. Entretanto, a cláusula foi excluída porque fazia menção ao princípio da moralidade, embora sua validade tenha sido defendida pela Procuradoria Geral do Estado.

8.666/1993 para as obras e serviços de engenharia. Previu-se, também, possibilidade do afastamento do uso de cláusulas exorbitantes em todo e qualquer contrato, bem como a possibilidade da resolução de conflitos pelo uso da arbitragem. O texto, contudo, não teve prosseguimento no Congresso Nacional.

Não teve melhor sorte o PL nº 146/2003, que mantinha as rotinas e modalidades da Lei nº 8.666/1993, com alguns ajustes que buscavam dar maior celeridade,[145] sem tocar em questões como a inversão de fases e o procedimento recursal.

O poder público federal conduziu novo processo interno de debates, novamente no âmbito do Ministério do Planejamento, ao longo de 2006-2007, tendo por roteiro um anteprojeto produzido por procuradores do estado da Bahia. Foram ouvidos vários juristas que se manifestaram tão somente quanto à política legislativa a ser adotada e em duas vertentes, quais sejam: uma lei com normas gerais para as entidades federadas e normas específicas para a União *ou* uma lei com normas gerais para as entidades federadas e regulamento baixado por decreto de cada entidade federada. Nada disso teve sequência.

Afinal, no âmbito das medidas do PAC foi encaminhado, pelo governo federal, o PLC nº 32/2007, do Senado, que tem como principal objetivo conferir maior agilidade aos certames, além de propiciar a redução do preço dos bens e serviços adquiridos pela administração.

---

[145] Como, por exemplo, facilitar a comunicação entre a administração e os licitantes. Veja-se o que dispunha o §3º do art. 36 do PL nº 146/2003:
"Art. 36. Para participar da licitação, o interessado deve indicar pelo menos um representante.
[...]
§3º Ressalvada a publicação do aviso do edital, dos atos de habilitação ou inabilitação, de classificação ou desclassificação da proposta, de homologação da licitação, da contratação direta e do contrato, e da anulação ou revogação da licitação, todos os demais procedimentos desta Lei que visem a assegurar o conhecimento dos atos pelos interessados podem ser realizados por meio de comunicação dirigida ao indicado."

O primeiro objetivo da proposta foi possibilitar que o processo seja realizado por meio de um sistema eletrônico para as outras modalidades de licitação, possibilitando a avaliação de sua utilização de acordo com a situação em concreto.

O projeto também pretendeu implementar a obrigatoriedade de que os atos relativos à licitação sejam publicados em sítios oficiais da administração pública, podendo tal modalidade, eventualmente, vir a substituir a publicação na imprensa oficial. Confira-se o inciso IV do art. 21 do PL em comento:

Art. 21. A publicidade oficial das licitações será veiculada:
[...]
IV – no sítio oficial da administração pública da União, do Estado, do Distrito Federal ou do Município, conforme o caso, devendo ser os atos assinados digitalmente, nos termos do parágrafo único do art. 6º desta Lei, e providos de carimbo de tempo nos padrões definidos pelo Observatório Nacional.
[...]
§5º *A publicidade em sítios oficiais da administração pública não substitui a publicação na imprensa oficial, salvo determinação em contrário contida em decreto do Poder Executivo da respectiva esfera de governo* [grifos nossos].

Outro objetivo do PLC nº 32/2007 foi a inversão das fases de habilitação e de julgamento das propostas,[146] podendo a administração avaliar, primeiramente, a proposta de preços dos licitantes para, só então, examinar os documentos de habilitação do licitante vencedor do certame, além de incluir a possibilidade de

---

[146] "Art. 43. [...].
§1º Obedecidos os princípios da eficiência e economicidade, e considerando as peculiaridades do objeto licitado, *será facultado à Administração inverter as fases do processo licitatório*, observado o seguinte procedimento nas licitações do tipo menor preço: [...]" (grifos nossos).

resolução dos conflitos por meio da utilização da arbitragem,[147] nos termos da Lei nº 9.307, de 23 de setembro de 1996.

Também foi trazida pelo projeto de lei a otimização da fase recursal, podendo ser diminuído o prazo de cinco para dois dias úteis, mesmo prazo que será fornecido aos demais licitantes para apresentação de suas impugnações.

O projeto prevê, ainda, a criação de um cadastro nacional de registro de preços, com administração da União, que será disponibilizado às demais unidades federadas, conferindo a possibilidade de comparação de preços praticados em outras localidades, evitando-se, assim, a disparidade de valores pagos pela administração nas diversas localidades do país. Confira-se:

> Art. 34. Para os fins desta Lei, a União, os Estados e o Distrito Federal manterão registros cadastrais para efeito de habilitação, na forma regulamentar, válidos por, no máximo, um ano.
> [...]
> §3º O Sistema de Cadastramento Unificado de Fornecedores — Sicaf, instituído e sob responsabilidade da União, *fica disponibilizado aos demais entes* [grifos nossos].

O projeto torna possível a aplicação da teoria da desconsideração da personalidade jurídica nos casos das sanções de suspensão ao direito de licitar e de declaração de inidoneidade,

---

[147] "Art. 40. O edital conterá no preâmbulo o número de ordem em série anual, o nome do setor e da repartição interessada, a modalidade, a forma de realização da licitação — presencial ou eletrônica, o regime de execução e o tipo da licitação, a menção de que será regida por esta Lei, o local, dia e hora para recebimento da documentação e proposta, bem como para início de sua abertura, e indicará, obrigatoriamente, sempre que cabível, o seguinte:
[...]
§5º *O edital poderá prever o emprego dos mecanismos privados de resolução de disputas, inclusive a arbitragem, a ser realizada no Brasil e em língua portuguesa, nos termos da Lei nº 9.307*, de 23 de setembro de 1996, para dirimir conflitos decorrentes ou relacionados ao contrato, sem prejuízo dos mecanismos judiciais cabíveis" (grifos nossos).

ampliando a sua aplicação também aos seus diretores, gerentes ou representantes legais, quando praticarem atos com excesso de poder ou com infração à lei. Confira-se:

> Art. 87. Pela inexecução total, parcial ou pela execução deficiente do contrato, a Administração poderá, garantida a prévia defesa, aplicar ao contratado as seguintes sanções:
> [...]
> §4º As sanções previstas nos incisos III e IV aplicam-se também aos proprietários e aos diretores das pessoas jurídicas de direito privado contratadas, quando praticarem atos com excesso de poder, abuso de direito ou infração à lei, contrato social ou estatutos, bem como na dissolução irregular da sociedade.

No entanto, a única preocupação parece ter sido com a celeridade da votação do PL, por estar a temática das licitações incluída no PAC, *desconsiderando-se todo esse histórico de debates*.

Em resumo, em nome de prioridades políticas, desconsiderou-se o custo do processo administrativo, sendo mantida toda a estrutura arcaica e burocrática do início do século passado, deixando de ser dado um importante passo para o avanço do regime de contratações da administração pública. Resta, portanto, a indagação final: *o que se poderia pensar para ampliar a eficiência nas licitações?*

## Questões de automonitoramento

1. Após ler este capítulo, você é capaz de resumir o caso gerador do capítulo 7, identificando as partes envolvidas, os problemas atinentes e as soluções cabíveis?
2. Descreva alternativas para a solução do caso gerador do capítulo 7.

# 7

# Sugestões de casos geradores

Julgamento e classificação das propostas. Tipos de licitação. Recursos administrativos. Anulação e revogação das licitações. Impacto da LC nº 123/2006 (cap. 1)

Determinado estado da Federação promove licitação tendo por objeto a contratação de uma empresa para gerenciar programa de desenvolvimento sustentável de uma região de seu território.

A licitação transcorre dentro da normalidade, e uma das licitantes é declarada vencedora do certame.

Contudo, sob a alegação de ocorrência de fatos supervenientes que modificaram a necessidade de contratação da empresa gestora, a licitação é revogada pela autoridade competente.

Os referidos fatos supervenientes alegados pela autoridade competente foram: ausência de recursos orçamentários suficientes; necessidade de melhor aproveitamento dos escassos recursos disponíveis e, assim, inexistência de reserva orçamentária; e demonstração, após o início do programa de desenvolvimento sustentável, de que a própria administração estava apta a realizar parte do projeto, possibilitando uma melhor gestão dos recursos, em atendimento aos princípios da eficiência e economicidade. A revogação é lícita? Os motivos apresentados são bastantes a justificá-la? É devida indenização à licitante vencedora?

### Contratação direta (cap. 2)

Desempenhando a função de assessor jurídico da Secretaria de Fazenda de determinado estado da Federação, chega ao seu gabinete processo referente à necessidade de contratar diretamente, por dispensa de licitação (art. 24, XIII, da Lei nº 8.666/1993), instituto de pesquisa habilitado a realizar pesquisas de mercado sobre preços de cervejas e refrigerantes no varejo, a fim de permitir a atualização dos mecanismos de cobrança de ICMS sobre tais produtos.

O processo vem instruído com pesquisa de mercado que indica existirem quatro instituições aptas a realizar tal serviço, e que a diferença entre a cotação apresentada pela melhor ofertante e a que ofereceu maiores custos é ínfima em relação ao montante previsto para tal contratação.

Considerando que duas das instituições não possuem natureza lucrativa, e o ordenador de despesas atesta que o serviço é de natureza singular, opine fundamentadamente quanto à legalidade da contratação, e, caso a considere ilegal, aponte os dispositivos aplicáveis.

### Aspectos gerais dos contratos (cap. 3)

Determinado estado da Federação, após regular procedimento legislativo, editou, com fundamento no art. 173, §1º, III, da CF/88, um Estatuto Jurídico (lei) de Licitações e Contratos para todas as empresas estatais a ele vinculadas.

Tal lei estadual previa, entre outras questões, a possibilidade de adoção de cláusulas de arbitragem nos contratos realizados pelas estatais, além da aplicação do Código de Defesa do Consumidor (CDC) em suas relações contratuais.

Entretanto, em face de tal lei estadual foi regularmente proposta uma Ação Direta de Inconstitucionalidade, sustentando, basicamente, a violação ao art. 22, inciso XXVII, da CF/88, e também afronta ao princípio da indisponibilidade do interesse público (tendo em vista a previsão de uso da arbitragem para a solução dos conflitos das respectivas estatais).

Analise as questões apresentadas, inclusive quanto à possibilidade ou não de aplicação do CDC aos contratos realizados pelas estatais, à luz dos posicionamentos doutrinários sobre o tema.

## Cláusulas exorbitantes (cap. 4)

Após regular procedimento licitatório, determinada empresa pública constituída pela União para atuar no mercado financeiro contrata com a empresa X a construção da nova filial, conforme previsto nos projetos básico e executivo apresentados, com base nos quais a empresa vencedora formulou sua proposta.

Entretanto, por uma série de fatores, a obra adjudicada somente vem a se iniciar um ano depois, reajustando-se seu cronograma.

Ocorre que a referida empresa pública, após o início das obras de fundação, resolve ampliar o projeto, de forma a contemplar mais dois andares no novo prédio, tendo em vista as novas atribuições que recebeu do ministério a que se vincula, as quais requerem, para o seu bom desempenho, uma significativa ampliação dos setores de atendimento ao público. Assim, invocando o interesse público como justificativa, a estatal procedeu a uma típica alteração qualitativa, modificando o projeto executivo, acarretando um aumento de 24,8% do valor inicial da obra, com a construção de mais dois pavimentos, sem, no entanto, alterar os prazos para a conclusão da empreitada.

Considerando que o art. 65, §1º, da Lei nº 8.666/1993 dispõe que o contratado está obrigado a aceitar os acréscimos ou supressões que se fizerem necessários até o limite máximo de 25%, e considerando também tratar-se de uma alteração unilateral imposta pela empresa pública, pergunta-se: estaria a empresa contratada obrigada a aceitar a alteração do objeto contratual que lhe pretende impor a empresa estatal?

## Equilíbrio econômico-financeiro e duração dos contratos administrativos (cap. 5)

A Empresa Brasileira de Infraestrutura Aeroportuária (Infraero), após o devido processo licitatório, celebrou com a empresa particular Francas Free (F&F) contrato cujo objeto era a permissão para instalar e explorar, a título precário, lojas francas destinadas à comercialização de mercadorias importadas na Zona Primária do Aeroporto Internacional dos Guararapes, município de Recife (PE). Em contrapartida à permissão obtida, a permissionária se obrigaria a recolher ao Fundo Especial de Desenvolvimento e Aperfeiçoamento das Atividades de Fiscalização (Fundaf), a título de ressarcimento, um percentual sobre a receita bruta mensal auferida e, à Infraero, o mesmo percentual proposto ao Fundaf, a título de pagamento da parte variável do preço mensal pela utilização das áreas do aeroporto.

Ocorre que, aproximadamente um ano após o início das operações, a permissionária requereu a revisão do contrato de permissão com a consequente redução, a partir daquele momento, dos valores por ela pagos ao Fundaf e à Infraero. Fundou seu requerimento na teoria da imprevisão, alegando, em síntese, que se verificou, naquele primeiro ano, discrepância a menor entre a quantidade de passageiros internacionais no Aeroporto Internacional dos Guararapes e a média projetada pela Infraero para o período. Alegou, ainda, que já naquele primeiro ano de execução contratual foi possível perceber que os passageiros internacionais que desembarcavam naquele aeroporto gastavam uma média bem inferior na compra de produtos do que aquela também projetada pela Infraero, sendo certo que a permissionária havia formulado sua proposta com base nos dados fornecidos.

Entretanto, o pedido da permissionária foi negado sob a justificativa de que, no caso, não se observara a quebra da relação inicialmente pactuada entre as partes contratantes porque o forte descompasso entre encargos e retribuições do permissionário já estaria presente desde o início da execução contratual, e que, na licitação, foram considerados como critérios de julgamento e classificação das propostas o percentual aplicado sobre a receita bruta mensal auferida com as vendas e o valor mínimo mensal oferecido pelas concorrentes, tendo a permissionária se sagrado vencedora em razão dos valores que ofereceu como base de cálculo para a contraprestação que seria paga ao Fundaf e à Infraero.

Levando em conta a comutatividade dos contratos, e considerando também que a teoria da imprevisão autoriza a revisão das condições contratuais em razão da ocorrência de eventos imprevisíveis, ou previsíveis mas de consequências incalculáveis, que acarretem onerosidade excessiva, opine a respeito do pleito da permissionária.

## Tendências nas licitações e nos contratos (cap. 6)

Edital que define as normas que deverão ser obedecidas por todas as empresas interessadas em participar da rodada de licitações para concessões de exploração de petróleo foi elaborado de acordo com as disposições da Lei nº 9.478/1997; da Portaria ANP nº 174, de 25 de outubro de 1999; das resoluções do CNPE nº 8, de 21 de julho de 2003, nº 2, de 2 de abril de 2006, nº 3 de 2 de agosto de 2006, e demais disposições legais pertinentes.

Foi ajuizada ação civil pública pela Associação dos Engenheiros da Petrobras (Aepet) em face, inicialmente, da Agência Nacional do Petróleo (ANP), alegando que devem ser anulados tanto a licitação quanto os contratos de concessão da exploração de blocos de petróleo.

Sustenta a autora que a ANP teria errado, no "edital de licitação", ao aplicar lei supletiva, ou seja, a Lei nº 9.478/1997, em detrimento da Lei Geral de Licitações, entendendo que a primeira dispõe apenas sobre técnica referente à especialidade da matéria no campo do petróleo e, portanto, por ser especial e, por conseguinte, supletiva, não pode ser fundamento para comandar licitações dessa magnitude.

Devem ser anuladas as licitações de blocos de petróleo já processadas pela Lei do Petróleo e pelas normas da ANP e não pela Lei nº 8.666/1993, que trata das normas gerais de licitação?

As empresas poderão apresentar ofertas para diversos blocos em cada setor. Serão aplicáveis, *no entanto, restrições ao número de ofertas vencedoras por operador*. Na apuração de vencedores dentro de cada setor, assim que uma empresa atingir o *limite de ofertas vencedoras* como operadora, os demais blocos onde ela aparece como operadora que tenham sido selecionados na oferta constante do envelope não serão considerados nem processados pelo sistema.

Diante disso, indaga-se: são legais as restrições estabelecidas por meio do ato administrativo infralegal?

# Conclusão

À medida que a consciência jurídica da sociedade evolui e os cidadãos ampliam seu acesso à justiça, seja através do Poder Judiciário ou de meios alternativos de solução de conflitos, cresce a importância do estudo do direito.

O direito está permeado como um dos elementos de transformação modernizadora das sociedades tradicionais, principalmente nos países em desenvolvimento. Evidencia-se, a cada dia, que o direito público não pode ser insensível ao que ocorre no sistema econômico, e que o direito tem papel relevante na organização da sociedade.

O objetivo deste livro foi o de desenvolver discussões e estudos sobre a nova disciplina jurídica aplicada aos contratos administrativos e ao processo licitatório, bem como sobre as diversas implicações da chamada reforma do Estado. Pretende-se imprimir mais segurança aos passos necessários para o constante aperfeiçoamento do sistema jurídico nacional.

O estabelecimento de um sistema legal que funcione adequadamente é condição essencial para um bom nível de crescimento do país, seja em termos econômicos, seja em relação às suas instituições.

Nossa intenção é contribuir com o fomento a estudos específicos e aprofundados sobre o tema, tarefas que devem ser cada vez mais estimuladas no país, baseando-se na crença de que uma Justiça mais eficiente também acarretará um direito mais efetivo.

# Referências

ALMEIDA, Aline Paola C. B. Câmara de. O regime licitatório das empresas estatais. In: SOUTO, Marcos Juruena Villela (Coord.). *Direito administrativo empresarial*. Rio de Janeiro: Lumen Juris, 2006.

AMARAL, Antônio Carlos Cintra. *Ato administrativo; licitações e contratos administrativos*. São Paulo: Malheiros, 1995.

AMORIM, Maria Denise Vargas de. Licitação. Inexigibilidade por notória especialização. Contratação de anteprojeto arquitetônico e de engenharia da primeira etapa do Centro de Excelência Ibero-Americano em Tecnologia Eletrônica Avançada — Ceitec. *Boletim de Direito Administrativo*, São Paulo, v. 21, n. 3, p. 345-349, mar. 2005.

ARAGÃO, Alexandre Santos de. Serviços públicos e direito do consumidor: possibilidades e limites da aplicação do CDC. *Revista de Direito da Procuradoria Geral do Estado do Rio de Janeiro*, Centro de Estudos Jurídicos (Cejur), n. 60, p. 27-49, 2006.

ARIMATÉIA NETO, José de. Dos prazos especiais nos contratos administrativos. *Informativo de Licitações e Contratos (ILC)*, Curitiba, n. 49, p. 232-236, mar. 1998.

BOLETIM DE LICITAÇÕES E CONTRATOS (BLC), São Paulo, ano XX, n. 2, fev. 2007. Perguntas e respostas.

BIERWAGEN, Monica Yoshizato. *Princípios e regras de interpretação dos contratos*: novo Código Civil. 2. ed. São Paulo: Saraiva, 2005.

BITAR, Claudia. Noções sobre contratos administrativos. *Boletim de Licitações e Contratos (BLC)*, São Paulo, v. 18, n. 7, jul. 2005.

BLANCHET, Luiz Alberto. *Parcerias público-privadas*: comentários à Lei nº 11.079, de 30 de dezembro de 2004. Curitiba: Juruá, 2005.

BORGES, Alice Gonzales. Reflexos do Código Civil nos contratos administrativos. *Jus Navigandi*, Teresina, ano 9, n. 846, 27 out. 2005. Disponível em: <http://jus2.uol.com.br/doutrina/texto.asp?id=7509>. Acesso em: 5 set. 2006.

BORGES, Nelson. *A teoria da imprevisão no direito civil e no processo civil*. São Paulo: Malheiros, 2002.

BRUNO, Reinaldo Moreira. *Recursos do processo licitatório*. Belo Horizonte: Del Rey, 2005.

CAMMAROSANO, Márcio. Aumentos quantitativos e qualitativos do contrato e limites do art. 65 da Lei nº 8.666/1993. *Informativo de Licitações e Contratos (ILC)*, Curitiba, n. 41, p. 520-522, jul. 1997.

CARNEIRO, Cristiane Dias. Adoção de cláusulas de arbitragem nos contratos da administração pública e, em especial, pelas estatais. In: SOUTO, Marcos Juruena Villela (Coord.). *Direito administrativo empresarial*. Rio de Janeiro: Lumen Juris, 2006.

CASSAGNE, Juan Carlos. *Derecho administrativo II*. ed. actual Buenos Aires: Abeledo-Perrot, 2002.

CHARLES, Ronny. *Leis de licitações públicas comentadas*. Salvador: JusPodivm, 2008.

CONSULTORIA FÓRUM. Manipulação fraudulenta da autonomia da pessoa jurídica e a execução da garantia dos contratos administrativos.

Fórum de Gestão e Contratação Pública, Belo Horizonte, n. 25, p. 3257-3259, jan. 2004.

_____. Cláusula contratual, é legal vincular o prazo dado à garantia dos serviços à vigência contratual, tratando-se de serviços de reforma de prédio público? Fórum de Gestão e Contratação Pública, Belo Horizonte, p. 618, maio 2002.

CONSULTORIA ZÊNITE. Informativo de Licitações e Contratos (ILC), Curitiba, n. 54, p. 767, ago. 1998a.

_____. Informativo de Licitações e Contratos (ILC), Curitiba, n. 58, p. 1088-1089, dez. 1998b.

_____. Os contratos de locação:observação ao §3º do art. 57 (prazo determinado). Informativo de Licitações e Contratos (ILC), Curitiba, n. 92, p. 858-862, out. 2001.

_____. Contratos. Levantamento da garantia. Cumulação de perdas e danos com incidência de multa contratual. Informativo de Licitações e Contratos (ILC), Curitiba, n. 95, p. 23-32, jan. 2002a.

_____. Contrato. Valor inicial atualizado. Significado da expressão para fins de prorrogação. Informativo de Licitações e Contratos (ILC), Curitiba, n. 97, p. 206-207, mar. 2002b.

_____. Informativo de Licitações e Contratos (ILC), Curitiba, n. 81, p. 956-957, nov. 2002c.

_____. Informativo de Licitações e Contratos (ILC), Curitiba, n. 81, p. 957-958, nov. 2002d.

_____. Informativo de Licitações e Contratos (ILC), Curitiba, n. 81, p. 958-959, nov. 2002e.

_____. Informativo de Licitações e Contratos (ILC), Curitiba, n. 102, p. 698-699, ago. 2002f.

_____. Informativo de Licitações e Contratos (ILC), Curitiba, n. 103, p. 793-794, set. 2002g.

_____. *Informativo de Licitações e Contratos (ILC)*, Curitiba, n. 104, p. 876-877, out. 2002h.

COSTA, Paulo Barbosa. Caução em dinheiro mediante retenção de valor de fatura. Devolução ulterior. Correção monetária e juros. Contrato misto de fornecimento e prestação de serviços. *Informativo de Licitações e Contratos (ILC)*, Curitiba, n. 117, p. 961-964, nov. 2003.

CRETELLA JÚNIOR, José. As cláusulas "de privilégio" nos contratos administrativos. *Revista de Direito Administrativo*, Rio de Janeiro, v. 161, jul./set. 1985.

CUNHA, Eunice Leonel. Aplicabilidade das disposições constantes do Código de Defesa do Consumidor à administração pública. *Boletim de Direito Administrativo (BDA)*, São Paulo, v. 16, p. 660-665, set. 2000.

DALLARI, Adilson Abreu. *Aspectos jurídicos da licitação*. 5. ed. São Paulo: Saraiva, 2000.

_____. Contrato administrativo. Inadimplemento do poder público. Consequências. *Boletim de Licitações e Contratos (BLC)*, São Paulo, v. 12, n. 11, nov. 1999.

_____. Limites à alterabilidade do contrato de obra pública. *Boletim de Licitações e Contratos (BLC)*, São Paulo, v. 9, n. 10, out. 1996.

DI PIETRO, Maria Sylvia Zanella. *Parcerias na administração pública*. 3. ed. São Paulo: Atlas, 1999.

_____. *Direito administrativo*. 14. ed. São Paulo: Atlas, 2002.

_____. *Direito administrativo*. 15. ed. São Paulo: Atlas, 2003.

_____. *Direito administrativo*. 17. ed. São Paulo: Atlas, 2004.

_____. *Direito administrativo*. 22. ed. São Paulo: Atlas, 2009.

_____. *Direito administrativo*. 23. ed. São Paulo: Atlas, 2010.

DOTTI, Marinês Restellato. A Lei Complementar nº 123, de 14 de dezembro de 2006: implicações jurídicas e soluções operacionais.

Fórum de Contratação e Gestão Pública (FCGP). Belo Horizonte, ano 6, n. 65, maio 2007.

DROMI, Roberto. *Licitación publica*. 2. ed. actual. Buenos Aires: Ediciones Ciudad Argentina, 1995.

DUARTE, Fabrício de Souza. As inovações da Lei Complementar nº 123/06 no que tange a licitações para micro e pequenas empresas. *Fórum de Contratação e Gestão Pública (FCGP)*, Belo Horizonte, ano 6, n. 65, p. 40, maio 2007.

DUARTE, João Ribeiro Mathias. *Desenvolvimento do procedimento licitatório*. São Paulo: Unesp, 2004.

FERNANDES, Jorge Ulisses Jacoby. A inexigibilidade de licitação e a notória especialização. Algumas reflexões. *Boletim de Licitações e Contratos (BLC)*, São Paulo, v. 9, n. 8, p. 387 e segs., ago. 1996.

_____. Alterações na Lei nº 8.666/1993. *Informativo de Licitações e Contratos (ILC)*, Curitiba, n. 52, p. 565-570, jun. 1998.

_____. *Contratação direta sem licitação*: modalidades, dispensa e inexigibilidade de licitação. 5. ed. Brasília: Brasília Jurídica, 2000.

_____. Convênios administrativos. *Informativo de Licitações e Contratos (ILC)*, Curitiba, n. 99, p. 344, maio 2002.

_____. *Vade-mecum de licitações e contratos*: legislação selecionada e organizada com jurisprudência, notas e índices. Belo Horizonte: Fórum, 2004.

_____. O Estatuto Nacional da Microempresa e da Empresa de Pequeno Porte, a Lei de Licitações e Contratos e a Lei do Pregão, p. 7, [s.d.]. Disponível em: <www.jacoby.pro.br/Artigo_ProfessorJacoby.pdf>. Acesso em: 5 ago. 2009.

FERRAZ, Sérgio; DALLARI, Adilson Abreu. *Processo administrativo*. São Paulo: Malheiros, 2001.

FERREIRA, Leila Fonseca dos Santos Vasconcellos et al. Licitações & contratos: orientações básicas — Tribunal de Contas da União. *Fórum de Contratação e Gestão Pública (FCGP)*, Belo Horizonte, ano 3, n. 28, abr. 2004.

FERREIRA, Sérgio de Andréa. A arbitragem e a disponibilidade de diretório no *ius publicum* interno. In: MARTINS, Pedro; GARCEZ, José Maria. (Coords.). *Reflexões sobre arbitragem: in memoriam* do desembargador Cláudio Vianna de Lima. São Paulo: RT, 2002.

FIGUEIREDO, Lucia Valle. *Curso de direito administrativo*. 3. ed. São Paulo: Malheiros, 1998.

_____. *Curso de direito administrativo*. 8. ed. São Paulo: Malheiros, 2006.

_____; FERRAZ, Sérgio. *Dispensa e inexigibilidade de licitação*. São Paulo: Malheiros, 1994.

FRANÇA, Maria Adelaide de Campos. *Comentários à lei de licitações e contratos da administração pública*. São Paulo: Saraiva, 2008.

FURTADO, Lucas Rocha. *Curso de licitações e contratos administrativos*. Belo Horizonte: Fórum, 2007.

GARCIA, Flávio Amaral. Da inexistência de responsabilidade subsidiária da administração pública nas terceirizações. *Revista de Direito da Procuradoria Geral do Estado do Rio de Janeiro*, n. 54, p. 184-191, 2001.

_____. *Parecer nº 1/2003*. Procuradoria Geral do Estado do Rio de Janeiro Rio de Janeiro, Rio de Janeiro, [s.n.], 2003.

_____. *Parecer nº 3/2004*. Procuradoria Geral do Estado do Rio de Janeiro, [s.n.], 2004.

_____. Aspectos polêmicos da cláusula de reajuste nos contratos administrativos. In: _____. *Direito administrativo*: estudos em homenagem a Diogo de Figueiredo Moreira Neto. Rio de Janeiro: Lumen Juris, 2006a.

_____. O Estado como consumidor. *Revista de Direito da Procuradoria Geral do Estado do Rio de Janeiro*, Centro de Estudos Jurídicos (Cejur), n. 60, p. 50-58, 2006b.

_____. *Licitações e contratos administrativos*: casos e polêmicas. 2. ed. Rio de Janeiro: Lumen Juris, 2009.

GASPARINI, Diógenes. Padronização. Escolha da marca. Inexigibilidade de licitação. *Boletim de Licitações e Contratos (BLC)*, São Paulo, v. 9, n. 5, p. 217-225, maio 1996a.

_____. Terceirização. Serviços jurídicos. Cadastramento. Inexigibilidade de procedimento licitatório. *Boletim de Direito Administrativo (BDA)*, São Paulo, v. 12, n. 5, p. 276-289, maio 1996b.

_____. Cautelas e formalidades necessárias no processo de contratação por dispensa. Inexigibilidade por notória especialização: contratação de advogados e demais serviços técnicos. Preços superfaturados ou inexequíveis e a responsabilidade da autoridade competente. *Boletim de Licitações e Contratos (BLC)*, São Paulo, v. 10, n. 11, p. 531-535, nov. 1997.

_____. *Direito administrativo*. 6. ed. São Paulo: Saraiva, 2001a.

_____. Reequilíbrio econômico-financeiro do contrato. *Boletim de Licitações e Contratos (BLC)*, São Paulo, v. 14, n. 7, p. 406-417, jul. 2001b.

_____. *Direito administrativo*. 8. ed. São Paulo: Saraiva, 2003.

_____. *Disregard* administrativa. In: WAGNER JÚNIOR, Luiz Guilherme da Costa (Org.). *Direito público*: estudos em homenagem ao professor Adilson Abreu Dallari. Belo Horizonte: Del Rey, 2004.

_____. *Direito administrativo*. 11. ed. São Paulo: Saraiva, 2006.

GASPARINI, Lesley. Aspectos gerais dos contratos administrativos. *Boletim de Licitações e Contratos (BLC)*, São Paulo, v. 19, n. 1, p. 7, jan. 2006.

GOMES, Marcos Correia. Os consórcios públicos na Lei Federal nº 11.107/2005. *Boletim de Direito Administrativo (BDA)*, São Paulo, v. 21, n. 12, p. 1353-1362, dez. 2005.

GOMES, Orlando. *Contratos*. 18. ed. São Paulo: Forense, 1998.

_____. *Contratos de adesão, condições gerais dos contratos*. São Paulo: RT, 1972.

GUERRA, Sérgio. *Discricionariedade e reflexividade*. Belo Horizonte: Forense, 2008.

INFORMATIVO DE LICITAÇÕES E CONTRATOS (ILC), Curitiba, ano IV, n. 39, maio 1997. Perguntas e respostas.

_____. Curitiba, ano V, n. 52, jun. 1998. Jurisprudência.

_____. Curitiba, ano XI, n. 125, jul. 2004. Perguntas e respostas.

_____. Curitiba, ano XIV, n. 158, abr. 2007a. Perguntas e respostas.

_____. Curitiba, ano XIV, n. 159, maio 2007b. Perguntas e respostas.

JUSTEN FILHO, Marçal. Cautelas e formalidades necessárias no processo de contratação por dispensa. Inexigibilidade por notória especialização: contratação de advogados e demais serviços técnicos. Preços superfaturados ou inexequíveis e a responsabilidade da autoridade competente. *Boletim de Licitações e Contratos (BLC)*, São Paulo, v. 10, n. 6, p. 271-275, jun. 1997a.

_____. Limites às alterações de contratos administrativos. *Informativo de Licitações e Contratos (ILC)*, Curitiba, n. 42, p. 605-615, ago. 1997b.

_____. Reajuste de preços e garantias constitucionais. *Informativo de Licitações e Contratos (ILC)*, Curitiba, n. 61, mar. 1999.

_____. *Comentários à Lei de Licitações e Contratos Administrativos*. 8. ed. São Paulo: Dialética, 2000.

_____. *Comentários à Lei de Licitações e Contratos Administrativos.* 9. ed. São Paulo: Dialética, 2002.

_____. *Teoria geral das concessões de serviço público.* São Paulo: Dialética, 2003.

_____. *Comentários à Lei de Licitações e Contratos Administrativos.* 11. ed. São Paulo: Dialética, 2005a.

_____. Parecer elaborado sobre a proposta legislativa de criação de consórcios públicos. *Revista Eletrônica de Direito do Estado,* Salvador, Instituto de Direito Público da Bahia, n. 3, jul./ago./set. 2005b. Disponível em: <www.direitodoestado.com.br>. Acesso em: 21 fev. 2006.

_____. *O estatuto da microempresa e as licitações públicas.* São Paulo: Dialética, 2007.

_____. *Comentários à Lei de Licitações e Contratos Administrativos.* 13. ed. São Paulo: Dialética, 2009.

LIMA, Jonas Sidnei Santiago de Medeiros. *A defesa da empresa na licitação:* processos administrativos e judiciais. Campinas, SP: LZN, 2006.

LÍRIO DO VALLE, Vanice Regina. *Informativo de Licitações e Contratos (ILC),* Curitiba, p. 34 e segs., jan. 1998.

LÔBO, Paulo Luiz Netto. Princípios sociais dos contratos no CDC e no novo Código Civil. *Jus Navigandi,* Teresina, ano 6, n. 55, mar. 2002. Disponível em: <http://jus2.uol.com.br/doutrina/texto.asp?id=2796>. Acesso em: 7 set. 2006.

MARQUES, Cláudia Lima. *Contratos no Código de Defesa do Consumidor.* 4. ed. São Paulo: Revista dos Tribunais, 2002.

MARQUES NETO, Floriano de Azevedo. O desequilíbrio financeiro gerado por prorrogação de prazo contratual e o dever de revisão dos preços pactuados. *Boletim de Licitações e Contratos (BLC),* São Paulo, v. 10, n. 12, dez. 1997.

_____. Contrato administrativo: superveniência de fatores técnicos dificultadores da execução da obra — inaplicabilidade dos limites de 25% de acréscimo. *Boletim de Licitações e Contratos (BLC)*, São Paulo, v. 14, n. 2, fev. 2001.

_____. Breves considerações sobre o equilíbrio econômico financeiro nas concessões. *Revista de Direito Administrativo*, Rio de Janeiro, n. 227, jan./mar. 2002.

_____. Inexigibilidade de licitação por razão de segurança nacional. *Boletim de Licitações e Contratos (BLC)*, São Paulo, v. 16, n. 10, p. 667-675, out. 2003.

_____. Contratos administrativos. *Boletim de Licitações e Contratos (BLC)*, São Paulo, v. 19, n. 1, p. 1, jan. 2006.

MARQUESI, Roberto Wagner. Os princípios do contrato na nova ordem civil. *Jus Navigandi*, Teresina, ano 9, n. 513, 2 dez. 2004. Disponível em: <http://jus2.uol.com.br/doutrina/texto.asp?id=5996>. Acesso em: 7 set. 2006.

MATTIETTO, Leonardo. A arbitragem nos contratos de parceria público-privada. *Revista de Direito da Associação dos Procuradores do Novo Estado do Rio de Janeiro*, Rio de Janeiro, [s.d.].

MEDAUAR, Odete. (Coord.). *Processo administrativo*: aspectos atuais. São Paulo: Cultural Paulista, 1998.

_____. *Direito administrativo moderno*. 5. ed. rev. e atual. São Paulo: Revista dos Tribunais, 2001.

MEIRELLES, Hely Lopes. *Licitação e contrato administrativo*. 10. ed. São Paulo: Malheiros, 1991.

_____. *Direito administrativo brasileiro*. São Paulo: Malheiros, 1993a.

_____. *Direito municipal brasileiro*. 6. ed. São Paulo: Malheiros, 1993b.

_____. *Licitação e contrato administrativo*. 11. ed. São Paulo: Malheiros, 1996.

_____. *Direito administrativo brasileiro*. 22. ed. São Paulo: Malheiros, 1997.

_____. *Licitação e contrato administrativo*. 12. ed. São Paulo: Malheiros, 2000.

_____. *Licitação e contrato administrativo*. 14. ed. São Paulo: Malheiros, 2006.

MELLO, Celso Antônio Bandeira de. Licitação. Inexigibilidade. Serviço singular. *Boletim de Licitações e Contratos (BLC)*, São Paulo, v. 9, n. 9, p. 415-423, set. 1996.

_____. *Curso de direito administrativo*. 11. ed. São Paulo: Malheiros, 1999.

_____. *Curso de direito administrativo*. 12. ed. São Paulo: Malheiros, 2000.

_____. Contrato administrativo. *Boletim de Licitações e Contratos (BLC)*, São Paulo, v. 15, n. 4, 2002.

_____. *Curso de direito administrativo*. 17. ed. São Paulo: Malheiros, 2004.

MELLO, Oswaldo Aranha Bandeira de. *Princípios gerais de direito administrativo*. 3. ed. São Paulo: Malheiros, 2007. v. 1, Introdução.

MENDES, Renato Geraldo. O que muda nas licitações e contratos com a edição da Lei nº 9.648, de 27 de maio de 1998. *Informativo de Licitações e Contratos (ILC)*, Curitiba, n. 52, p. 535-564, jun. 1998.

_____; ALMEIDA, Anadricea Vicente V. de. Prorrogações contratuais realizadas em caráter excepcional com fundamento no §4º do art. 57 da Lei nº 8.666/1993: limites impostos à incidência da norma. *Informativo de Licitações e Contratos (ILC)*, Curitiba, n. 65, p. 504-510, jul. 1999.

MIQUELOTO, Simone. Da vigência e da prorrogação dos contratos por prazo certo. *Informativo de Licitações e Contratos (ILC)*, Curitiba, n. 63, p. 363-369, maio, 1999.

MIRAGEM, Bruno Nubens Barbosa. Convênios e consórcios administrativos: instrumentos jurídicos do federalismo brasileiro. *Jus Navigandi*, Teresina, ano 5, n. 46, 1 out. 2000. Disponível em: <http://jus.uol.com.br/revista/texto/457>. Acesso em: 12 jan. 2011.

MONTEBELLO, Mariana. Os tribunais de contas e a *disregard doctrine*. In: OSÓRIO, Fábio Medina; SOUTO, Marcos Juruena Villela (Orgs.). *Direito administrativo*: estudos em homenagem a Diogo de Figueiredo Moreira Neto. Rio de Janeiro: Lumen Juris, 2006.

MORAIS, Dalton Santos de. A repactuação de preços à luz do princípio da preservação do equilíbrio econômico-financeiro nos contratos administrativos de serviços contínuos da esfera federal. *Revista de Direito Administrativo*, v. 233, p. 245-260, 2003.

MOREIRA, Egon Bockman. *Processo administrativo*. São Paulo: Malheiros, 2007.

MOREIRA NETO, Diogo de Figueiredo. *Curso de direito administrativo*. Rio de Janeiro: Forense, 1992.

_____. *Direito da regulação*. Rio de Janeiro: Renovar, 2002.

_____. *Curso de direito administrativo*: parte introdutória, parte geral e parte especial. 13. ed. Rio de Janeiro: Forense, 2003a.

_____. *Curso de direito administrativo*. 13. ed. Rio de Janeiro: Forense, 2003b.

_____. *Curso de direito administrativo*. 14. ed. Rio de Janeiro: Forense, 2005.

_____. O futuro das cláusulas exorbitantes nos contratos administrativos. *Revista de Direito da Associação dos Procuradores do Novo Estado do Rio de Janeiro*, Rio de Janeiro, v. XVIII, 2006. (Número temático, Parcerias público-privadas.)

MOTTA, Amílcar. Contratos administrativos e convênios: conceituação e distinção. Outros atos de natureza convencional. *Revista de Direito da Procuradoria-Geral do Estado do Rio de Janeiro*, v. 37, p. 198-211, 1985. Parecer nº 36/83-AM.

MOTTA, Carlos Pinto Coelho. *Eficácia nas licitações e contratos*: estudos e comentários sobre as leis nºˢ 8.666/1993 e 8.987/95, com a redação dada pela Lei nº 9.648, de 27-5-98. 8. ed. Belo Horizonte: Del Rey, 1999.

_____. *Eficácia nas licitações e contratos administrativos*. 9. ed. Belo Horizonte: Del Rey, 2000.

_____. *Curso prático de direito administrativo*. 2. ed. Belo Horizonte: Del Rey, 2004.

_____. Sistema "S" — Serviços sociais autônomos e a LC nº 123/2006. *Boletim de Licitações e Contratos (BLC)*, São Paulo, v. 20, n. 7, jul. 2007.

MUKAI, Ana Cândida de Mello Carvalho. Aspectos controvertidos dos contratos administrativos. *Boletim de Licitações e Contratos (BLC)*, São Paulo, v. 19, n. 8, p. 734, ago. 2006.

MUKAI, Toshio. A incidência (obrigatória) dos reajustes e da correção monetária desde a aferição até o efetivo pagamento, em face da Lei nº 8.666/1993. *Boletim de Licitações e Contratos (BLC)*, São Paulo, v. 6, n. 10, out. 1993.

_____. *Licitações e contratos públicos*. São Paulo: Saraiva, 1998.

_____. *Licitações e contratos públicos*. 5. ed. São Paulo: Saraiva, 1999.

NEVES, Marcelo. Extensão da exigência de regularidade fiscal na fase de habilitação — breve comentário sobre a nova lei complementar nº 123/2006. *Informativo de Licitações e Contratos (ILC)*, Curitiba, n. 156, fev. 2007.

NIEBURR, Joel de Menezes. *Dispensa e inexigibilidade de licitação pública*. São Paulo: Dialética, 2003.

_____. Repercussões do estatuto das microempresas e das empresas de pequeno porte em licitação pública. *Informativo de Licitações e Contratos (ILC)*, Curitiba, n. 157, mar. 2007.

NORMANDO, Fernando. Os tipos de licitação. *Boletim de Licitações e Contratos (BLC)*, São Paulo, v. 9, n. 4, p. 179-183, abr. 1996.

NUSDEO, Fábio. *Curso de economia*: introdução ao direito econômico. São Paulo: RT, 1997.

OLIVEIRA, Gustavo Henrique Justino de. *O contrato de gestão na administração pública brasileira*. Tese (Doutorado) — Universidade de São Paulo/Faculdade de Direito, São Paulo, 2005.

PÉRCIO, Gabriela Verona. Prorrogação contratual: interpretação do art. 57, §4º da Lei nº 8.666/1993. *Informativo de Licitações e Contratos (ILC)*, Curitiba, n. 61, p. 187-190, mar. 1999.

PEREIRA JUNIOR, Jessé Torres. A inexecução contratual ocasionada pela quebra do equilíbrio econômico-financeiro. Consequências. Aplicação da teoria da imprevisão. Aspectos da prorrogação e da renovação. Limitações à prorrogação do contrato durante sua execução. *Boletim de Licitações e Contratos (BLC)*, São Paulo, v. 10, n. 6, jun. 1997.

_____. *Comentários à Lei das Licitações e Contratações da Administração Pública*. 6. ed. Rio de Janeiro: Renovar, 2003.

_____. Contratações diretas por dispensa e inexigibilidade. *Boletim de Licitações e Contratos (BLC)*, São Paulo, v. 18, n. 1, p. 1-11, jan. 2005.

_____. Contratos administrativos. *Boletim de Licitações e Contratos (BLC)*, São Paulo, v. 19, n. 7, p. 613, jul. 2006.

_____. *Políticas públicas nas licitações e contratações administrativas*. Belo Horizonte: Fórum, 2009.

_____; DOTTI, Marinês Restellato. *Políticas públicas nas licitações e contratações administrativas*. Belo Horizonte: Fórum, 2009.

PIMENTEL, Maria Helena Pessoa. A administração pública como consumidora nas relações de consumo. *Boletim de Direito Administrativo (BDA)*. São Paulo, v. 17, n. 4, p. 276-282, abr. 2001.

REVISTA DE DIREITO da Associação dos Procuradores do Novo Estado do Rio de Janeiro, Rio de Janeiro, v. XVII, 2006. (Número temático, Parcerias público-privadas, coord. Flávio Amaral Garcia.)

RIGOLIN, Ivan Barbosa. *Manual prático das licitações*. São Paulo: Saraiva, 1995.

_____. *Manual prático das licitações*. 3. ed. São Paulo: Saraiva, 1999.

_____. Micro e pequenas empresas em licitações: a LC nº 123/2006, 14-12-06. Comentários aos arts. 42 a 49. *Fórum de Contratação e Gestão Pública (FCGP)*, Belo Horizonte, ano 6, n. 61, jan. 2007.

SAMPAIO, Ricardo Alexandre. A questão das preferências das micro e pequenas empresas no pregão. *Informativo de Licitações e Contratos (ILC)*, Curitiba, ano XIV, n. 157, mar. 2007.

SANTOS, João Adão Figueiredo dos. Consulta sobre critérios de julgamento de licitação. *Informativo de Licitações e Contratos (ILC)*, Curitiba, n. 84, p. 112-118, fev. 2001.

SANTOS, Márcia Walquiria Batista dos et al. *Temas polêmicos sobre licitações e contratos*. 2. ed. São Paulo: Malheiros, 1995.

SARAI, Leandro. Regime jurídico dos contratos administrativos. *Jus Navigandi*, Teresina, ano 8, n. 255, 19 mar. 2004. Disponível em <http://jus2.uol.com.br/doutrina/texto.asp?id=4968>. Acesso em: 5 set. 2006.

SOUTO, Marcos Juruena Villela. *Licitações e contratos administrativos*. 3. ed. Rio de Janeiro: Esplanada, 1998a.

_____. *Parecer nº 39/98 — MJVS*. Procuradoria Geral do Estado do Rio de Janeiro, Rio de Janeiro, [s.n.], 1998b.

_____. *Direito administrativo regulatório*. Rio de Janeiro: Lumen Juris, 2002.

_____. *Direito administrativo contratual*. Rio de Janeiro: Lumen Juris, 2004a.

_____. *Direito administrativo das concessões*. 5. ed. Rio de Janeiro: Lumen Juris, 2004b.

_____. *Direito administrativo em debate*. Rio de Janeiro: Lumen Juris, 2004c.

_____. *Direito administrativo das parcerias*. Rio de Janeiro: Lumen Juris, 2005a.

_____. *Licitações e contratos administrativos*: em tópicos. 5. ed. Rio de Janeiro: Esplanada, 2005b.

_____. Licitações e controle de eficiência. Repensando o princípio do procedimento formal à luz do "placar eletrônico". In: ARAGÃO, Alexandre Santos de; MARQUES NETO, Floriano Azevedo (Orgs.). *Direito administrativo e seus novos paradigmas*. Belo Horizonte: Fórum, 2008.

SUNDFELD, Carlos Ari. *Licitação e contrato administrativo*: de acordo com as leis n[os] 8.666/1993 e 8.883/1994. São Paulo: Malheiros, 1994.

_____. *Licitação e contrato administrativo*. 2. ed. São Paulo: Malheiros, 1995.

_____. *Parcerias público-privadas*. São Paulo: Malheiros, 2005.

_____. O direito administrativo entre os clips e os negócios. In: ARAGÃO, Alexandre Santos de; MARQUES NETO, Floriano Azevedo (Orgs.). *Direito administrativo e seus novos paradigmas*. Belo Horizonte: Fórum, 2008.

_____; CÂMARA, Jacinto de Arruda. Os limites à exigência de garantias para contratos de concessão de serviço público: o problema da aplicabilidade às concessões do art. 56 e §§ da Lei nº 8.666/1993.

*Informativo de Licitações e Contratos (ILC)*, Curitiba, n. 37, p. 244-249, mar. 1997.

SZKLAROWSKY, Leon Fredja. Duração dos contratos administrativos. In: MUKAI, Toshio (Coord.). *Curso avançado de licitações e contratos públicos*. São Paulo: Juarez de Oliveira, 2000a.

_____. Publicação e eficácia dos contratos e de outros instrumentos hábeis In: MUKAI, Toshio (Coord.). *Curso avançado de licitações e contratos públicos*. São Paulo: Juarez de Oliveira, 2000b.

_____. O Código de Proteção e Defesa do Consumidor e os contratos administrativos. *Jus Navigandi*, Teresina, ano 3, n. 30, abr. 1999. Disponível em: <http://jus2.uol.com.br/doutrina/texto.asp?id=470>. Acesso em: 5 set. 2006.

TÁCITO, Caio. Contrato administrativo: alteração quantitativa e qualitativa; limites de valor. *Boletim de Licitações e Contratos (BLC)*, São Paulo, v. 10, n. 3, 1997.

TANAKA, Sônia Hiroshi K. Sistema de credenciamento. Hipótese de inexigibilidade de licitação. Requisitos necessários. Considerações. *Boletim de Licitações e Contratos (BLC)*, São Paulo, v. 16, n. 5, p. 333-336, maio 2003.

TARTUCE, Flávio. *A função social dos contratos*: do Código de Defesa do Consumidor ao novo Código Civil. São Paulo: Método, 2005.

TRIBUNAL DE CONTAS DA UNIÃO. *Licitações e contratos*: orientações básicas. 3. ed. rev. atual. e ampl. Brasília: TCU/Secretaria de Controle Interno, 2006.

VENOSA, Silvio Savo. *Direito civil*. 3. ed. São Paulo: Atlas, 2003. v. 2 — Teoria das Obrigações e Teoria Geral dos Contratos.

# Organizadores

Na contínua busca pelo aperfeiçoamento de nossos programas, o Programa de Educação Continuada da FGV Direito Rio adotou o modelo de sucesso atualmente utilizado nos demais cursos de pós-graduação da Fundação Getulio Vargas, no qual o material didático é entregue ao aluno em formato de pequenos manuais. O referido modelo oferece ao aluno um material didático padronizado, de fácil manuseio e graficamente apropriado, contendo a compilação dos temas que serão abordados em sala de aula durante a realização da disciplina.

A organização dos materiais didáticos da FGV Direito Rio tem por finalidade oferecer o conteúdo de preparação prévia de nossos alunos para um melhor aproveitamento das aulas, tornando-as mais práticas e participativas.

**Joaquim Falcão** – diretor da FGV Direito Rio

Doutor em educação pela Université de Génève. *Master of laws* (LL.M) pela Harvard University. Bacharel em direito pela Pontifícia Universidade Católica do Rio de Janeiro (PUC-Rio).

Diretor da Escola de Direito do Rio de Janeiro da Fundação Getulio Vargas (FGV Direito Rio).

**Sérgio Guerra** — vice-diretor de pós-graduação da FGV Direito Rio

Doutor e mestre em direito. Professor titular da FGV Direito Rio (graduação e mestrado), na qual ocupa o cargo de vice-diretor de pós-graduação (*lato* e *stricto sensu*). Diretor-executivo da *Revista de Direito Administrativo* (RDA) e coordenador do mestrado profissional em Poder Judiciário. Possui pós-graduação (especialização) em direito ambiental, direito processual civil e direito empresarial e cursos de educação continuada na Northwestern School of Law e University of California – Irvine.

**Rafael Almeida** — coordenador de pós-graduação

*Master of laws* (LL.M) em *international business law* pela London School of Economics and Political Science (LSE). Mestre em regulação e concorrência pela Universidade Candido Mendes (Ucam). Formado pela Escola de Magistratura do Estado do Rio de Janeiro (Emerj). Bacharel em direito pela Universidade Federal do Rio de Janeiro (UFRJ) — onde cursa doutorado em economia — e em economia pela Ucam. Coordenador dos cursos de pós-graduação da FGV Direito Rio.

**Rodrigo Vianna** — coordenador de pós-graduação

*Master of Laws* (LL.M) em *alternative dispute resolution* pela Kingston University London. Bacharel em direito pela PUC-Rio. Coordenador de comunicação e dos cursos de pós-graduação da FGV Direito Rio.

# Colaboradores

Os cursos de pós-graduação da FGV Direito Rio foram realizados graças a um conjunto de pessoas que se empenhou para que ele fosse um sucesso. Nesse conjunto bastante heterogêneo, não poderíamos deixar de mencionar a contribuição especial de nossos professores e pesquisadores em compartilhar seu conhecimento sobre questões relevantes ao direito. A FGV Direito Rio conta com um corpo de professores altamente qualificado que acompanha os trabalhos produzidos pelos pesquisadores envolvidos em meios acadêmicos diversos, parceria que resulta em uma base didática coerente com os programas apresentados. Nosso especial agradecimento aos colaboradores da FGV Direito Rio que participaram deste projeto:

**Aline Paola C. B. Camara de Almeida**

Procuradora do estado do Rio de Janeiro. Mestre em direito e economia, pela Universidade Gama Filho (UGF). Advogada do escritório Juruena & Associados — Advogados. Chefe da Assessoria Jurídica da Presidência do Tribunal Regional do Trabalho (TRT) da Primeira Região.

### Fernando Barbalho Martins

Mestre em direito público pela Universidade do Estado do Rio de Janeiro (Uerj). Professor dos programas de pós-graduação da Fundação Getulio Vargas (FGV), da Universidade Candido Mendes (Ucam) e da Escola Superior de Advocacia Pública da Procuradoria Geral do estado do Rio de Janeiro (PGE-RJ). Procurador do estado e advogado no Rio de Janeiro. Autor de *Do direito à democracia* e coautor de *Direito administrativo*.

### Flávio Amaral Garcia

Mestre em Direito Empresarial pela Ucam. Professor de pósgraduação da FGV, da Ucam e da Escola Superior de Advocacia Pública (Esap). Procurador do estado do Rio de Janeiro. Sócio do escritório Juruena & Associados — Advogados.

### Leonardo Coelho Ribeiro

Pós-graduando (LL.M. Litigation — Novos desafios dos contenciosos) pela FGV Direito Rio, onde é pesquisador. Consultor jurídico externo do Instituto Brasileiro de Administração Municipal (Ibam). Membro do Instituto de Direito Administrativo do Estado do Rio de Janeiro (Idaerj). Sócio do escritório Juruena & Associados — Advogados.

### Lívia de Almeida Carvalho

Mestre em propriedade intelectual e inovação pelo Instituto Nacional da Propriedade Industrial (Inpi). Colaboradora da Coordenação de Publicações e pesquisadora da FGV Direito Rio. Advogada.

## Marcos Juruena Villela Souto (em memória)

Doutor em direito econômico e sociedade pela UGF. Professor visitante da Université de Poitiers (França). Professor do mestrado em direito da Ucam e da UGF. Presidente da Comissão de Direito Administrativo do Instituto de Arquitetos do Brasil (IAB). Membro do Idaerj. Procurador do estado do Rio de Janeiro. Sócio do escritório Juruena & Associados — Advogados.

## Paolo Henrique Spilotros Costa

Mestre em direito pela Ucam. Procurador do estado do Rio de Janeiro. Autor de *Planejamento e regulação do transporte metroviário* e de diversas obras em conjunto (*Licitações e contratações municipais*, *Direito empresarial público*, entre outras). Professor de direito administrativo na pós-graduação da Universidade Federal Fluminense (UFF), da Ucam, da FGV e da Esap.

## Paulo César Melo da Cunha

Mestre e pós-graduado em direito empresarial pela Ucam. Pós-graduado em direito tributário pelas Faculdades Integradas Bennett. Professor de pós-graduação em direito da FGV e da Ucam. Assessor jurídico da Presidência do Tribunal de Contas do Município do Rio de Janeiro. Advogado e sócio do escritório Juruena & Associados — Advogados.

## Rafael Véras de Freitas

Especialista em direito do Estado e da regulação pela FGV Direito Rio. Especialista em direito administrativo empresarial pela Ucam. Pesquisador da FGV. Membro do Idaerj. Sócio do escritório Juruena & Associados — Advogados.

**Thaís Teixeira Mesquita**

Graduada em letras, com habilitação em português e literaturas de língua portuguesa, na Uerj. Pós-graduanda em língua portuguesa no Liceu Literário Português. Atua como revisora do material didático dos cursos de extensão e especialização da FGV Direito Rio. Também atua como professora, lecionando língua portuguesa e literatura nos ensinos fundamental e médio.

Este livro foi impresso nas oficinas gráficas da Editora Vozes Ltda.,
Rua Frei Luís, 100 – Petrópolis, RJ.